N COLLECTION

ttérature
et Engagement

de Pascal à Sartre

Du même auteur

Pierre Mertens : La Littérature malgré tout
sous la direction de Benoît Denis et Danièle Bajomée
Complexe, 1998

Georges Simenon - André Gide, *... sans trop de pudeur.*
Correspondance 1938-1950,
Paris, Omnibus, coll. « Carnets », 1999.
Édition établie et annotée par Benoît Denis

Benoît Denis

Littérature et Engagement

de Pascal à Sartre

Éditions du Seuil

CET OUVRAGE EST PUBLIÉ DANS LA COLLECTION
POINTS ESSAIS SÉRIE « LETTRES »
DIRIGÉE PAR JACQUES DUBOIS

ISBN 2-02-036158-2

© Éditions du Seuil, février 2000

À Anne, qui sait pourquoi,
et à Pierre, qui saura un jour.

C'est donc ici que notre enquête doit commencer, dans ce moment où les écrivains (…), définis et rassemblés par les opinions qu'ils professent, les mots d'ordre qu'ils défendent, les manifestes qu'ils signent, les congrès auxquels ils assistent et les revues dans lesquelles ils écrivent, *s'effacent pourtant devant leur œuvre*, imposent le silence à leur personne et laissent apparaître derrière eux la littérature dans sa solitude et son énigme, debout sous le regard véritable de l'Histoire.

Roland Barthes

Présentation

Il sera donc question ici de l'*engagement* en littérature. Le terme et toutes les formules qui en dérivent (« littérature engagée », « écrivain engagé », voire même le pléonasme « intellectuel engagé ») sont suffisamment divulgués dans le discours littéraire pour renvoyer sans peine à un phénomène relativement circonscrit, et cela même si ce phénomène est par ailleurs objet de controverses répétées. En gros, chacun sait que l'expression « littérature engagée » désigne une pratique littéraire associée étroitement à la politique, aux débats qu'elle génère et aux combats qu'elle implique (un écrivain engagé, ce serait somme toute un auteur qui « fait de la politique » dans ses livres). Chacun situe également le cadre historique de l'engagement littéraire et en identifie les acteurs principaux : il s'est développé de part et d'autre de la Seconde Guerre, est souvent associé à l'essor du communisme, dont beaucoup d'écrivains furent les « compagnons de route », et trouve en Jean-Paul Sartre sa figure de proue.

Cela posé, on constate pourtant que la notion d'engagement a subi une usure importante, que ses arêtes les plus vives se sont émoussées et qu'elle est devenue une idée floue et passe-partout, renvoyant indistinctement à la vision du monde d'un auteur, aux idées générales qui traversent son œuvre ou même à la fonction qu'il assigne à la littérature. Il n'est pas rare de lire ainsi un

critique sondant l'« engagement de X » ou dissertant de
la « littérature engagée selon Y », tous auteurs dont on
sait par ailleurs que la politique n'affleure nulle part
dans leur œuvre : le paradoxe que le commentateur
explore alors avec sérieux – et non sans raison sans
doute – serait que le refus de l'engagement est encore
une forme d'engagement, peut-être la plus authentique… On voit ainsi se dessiner un horizon de réflexion
et de discours qui tout à la fois réfute l'engagement tel
que défini sommairement précédemment, et qui continue pourtant d'interroger la notion. Ce qui revient à dire
que, même si l'on refuse de voir la littérature « se
mêler » de politique, on ne renonce pas pour la cause à
vouloir déterminer la portée d'une œuvre, ses enjeux
idéologiques et intellectuels, ou son importance pour la
société présente… Toutes choses que la notion d'engagement permet fort opportunément de rassembler sous
une dénomination commode et très souple. Il est vrai
d'ailleurs, et les adeptes les plus radicaux de l'engagement l'ont reconnu sans difficulté, que toute œuvre littéraire est à quelque degré engagée, au sens où elle propose une certaine vision du monde et qu'elle donne
forme et sens au réel. Et il est tout aussi exact qu'il n'y
a pas d'écrivain qui, consciemment ou inconsciemment,
n'attribue à son entreprise une certaine finalité. Envisagé sous cet angle cependant, l'engagement se dissout :
il est partout et nulle part, et devient le propre de toute
littérature.

On pourrait, de la même manière, remonter dans
le temps et, sans prendre trop de précaution, faire
d'Agrippa d'Aubigné ou de Voltaire d'authentiques
écrivains engagés. De même que le *Tartuffe* de Molière
ou les fables de La Fontaine, considérés sous un certain
angle, peuvent apparaître comme des œuvres engagées.
Et ici encore, il est indéniable qu'il a toujours existé une
littérature de combat, soucieuse de prendre part aux

controverses politiques ou religieuses : le théâtre d'Aristophane ou les *Catilinaires* de Cicéron, *Les Provinciales* de Pascal ou les discours de Bossuet, la poésie célébrant la gloire de Louis XIV ou les *Lettres persanes* de Montesquieu, tout cela représente en effet une littérature en prise directe sur le politique. Pareillement, le pouvoir s'est toujours soucié des écrivains et de leurs œuvres : depuis les réflexions de Platon dans La *République* sur la place des poètes dans la Cité jusqu'à la façon dont le pouvoir royal organise l'édition et la censure au XVIIIe siècle, tout indique que la littérature n'a jamais été un objet neutre et indifférent en termes politiques.

Pourtant, quel intérêt y a-t-il à unifier sous une même appellation des phénomènes aussi divers dans leur réalisation et à ce point disparates dans le temps ? Que gagne-t-on à amalgamer des écrivains et des œuvres qui n'ont en réalité que si peu de rapports entre eux ? Rien, sinon de dissoudre à nouveau la notion d'engagement pour en faire une des dimensions intemporelles du fait littéraire (*grosso modo*, parler d'engagement reviendrait à s'interroger sur la portée intellectuelle, sociale ou politique d'une œuvre, sans autre précision).

Dès lors, et pour des raisons exposées dans le chapitre qui ouvre ce volume, il nous est apparu qu'il fallait réserver l'expression de « littérature engagée » au XXe siècle (en gros, de l'affaire Dreyfus à nos jours) : c'est en effet durant cette période que cette problématique s'est développée et formulée précisément, qu'elle a pris cette appellation et qu'elle est devenue l'un des axes majeurs du débat littéraire. En procédant de la sorte, on évite l'indistinction qui guette la notion d'engagement et l'on se donne les moyens d'examiner en toute rigueur ce qu'elle recouvre et quelle a été son évolution. En revanche, et puisqu'il a toujours existé une littérature de combat et de controverse, et que certains de ses représentants ont parfois servi de modèles ou de caution aux écrivains engagés de ce siècle, on parlera de « littérature d'engagement » pour désigner ce vaste ensemble transhistorique de la littérature à portée politique. Rhétorique dans un premier temps, cette solution élégante et commode met un peu d'ordre dans la vaste nébuleuse de l'engagement littéraire et offre à terme le moyen d'y introduire une relative cohérence.

Une autre constatation a également guidé notre approche : la notion d'engagement apparaît et se développe au moment où, précisément, l'engagement en littérature cesse d'aller de soi et où la « mission sociale » de l'écrivain ne constitue plus une évidence. En d'autres termes, la problématique de l'engagement surgit à partir d'un sentiment de manque ou de difficulté : la littérature, telle que la modernité la conçoit, n'est pas naturellement « branchée » sur le politique (elle n'est pas *a priori* un discours politique) et il n'est pas sûr qu'elle puisse facilement combler le fossé qui la sépare ainsi de l'univers social.

Envisagée sous cet angle, l'histoire de la littérature engagée n'est pas d'abord une histoire politique de la littérature, qui décrirait en priorité les choix idéologiques ou les affiliations politiques des écrivains (et, éventuellement, leur retranscription dans les œuvres) : ce travail, qui a déjà été fait dans les différentes histoires des intellectuels disponibles (il n'en manque pas de bonnes et d'accessibles : voir, par exemple, Ory et Sirinelli, 1986 ; Julliard et Winock, 1996 ; Winock, 1999), n'est pas l'objet privilégié de ce livre, même si cet aspect de la question sera régulièrement évoqué. Celle-ci se pose avant tout en termes littéraires et esthétiques : l'engagement implique en effet une réflexion de l'écrivain sur les rapports qu'entretient la littérature avec le politique (et avec la société en général) et sur les moyens spécifiques dont il dispose pour inscrire le politique dans son œuvre. Pour ne prendre qu'un exemple, tous les genres n'ont pas semblé également propices à l'engagement, et les choix d'écriture ont varié fortement au cours du temps : Hugo puis Péguy ont pratiqué la poésie tandis que Sartre ou Barthes la jugeaient inengageable ; le roman à thèse barrésien a constitué un modèle de littérature engagée à la fois incontournable et très contesté ; l'essai a souvent servi de support à l'engagement, mais possède un statut littéraire incertain ; etc.

Afin d'aborder cet ensemble de questions avec rigueur et de dégager quelques lignes de fuite donnant une certaine cohérence à l'ensemble littéraire très disparate qui est notre objet, nous avons pris le parti d'accorder une importance centrale à la réflexion de Jean-Paul Sartre. Ce choix pourra paraître contestable ou excessif, dans la mesure où la figure de Sartre est aujourd'hui le repoussoir de bien des rancœurs ou même de fantasmes. Il n'en reste pas moins que *Qu'est-ce que la littérature ?* continue d'être le texte qui a envisagé le plus complètement la question de l'engagement en littérature : ses outrances et son dogmatisme même permettent d'identifier les arêtes les plus vives et les limites d'une démarche plus complexe qu'on ne le croit. De plus, Sartre est idéalement situé pour induire une relative unité dans l'histoire de la littérature engagée : loin d'être une attitude isolée et inédite, sa démarche est profondément imprégnée et orientée par l'expérience de ses prédécesseurs, tandis que son radicalisme a suscité par rapport à la question de l'engagement des critiques et des réévaluations décisives pour notre appréhension actuelle du phénomène.

Enfin, l'exposé procédera en trois temps : d'abord une réflexion théorique sur l'engagement littéraire, afin de fixer les coordonnées de cette problématique ; ensuite, une partie consacrée aux figures tutélaires de l'engagement, c'est-à-dire à des écrivains qui, de Pascal à Hugo, ont été des points de référence ou des cautions pour les écrivains engagés du XXᵉ siècle ; pour finir, une histoire cursive de la littérature engagée, des suites de l'affaire Dreyfus à nos jours.

Le parcours ainsi proposé ne peut en aucun cas prétendre à l'exhaustivité et c'est à bon droit qu'on pourra regretter certaines absences ou certaines évocations trop rapides. La vocation synthétique de ce livre impliquait néanmoins que de tels choix soient opérés, afin de privilégier une mise en perspective cohérente du phénomène de l'engagement littéraire. C'est pourquoi, par exemple, le féminisme n'est nulle part abordé dans ces pages : il nous a semblé que l'importance du mouvement et la spécificité de ses enjeux méritaient mieux qu'un traitement superficiel et que cette problématique exigeait un examen particulier, que nous n'avions pas les moyens de faire ici. En recentrant le propos de la sorte, nous espérons avoir gagné en profondeur descriptive, sans restreindre pour la cause l'étendue du phénomène étudié.

PREMIÈRE PARTIE

Qu'est-ce que la littérature engagée ?

CHAPITRE I

L'inscription historique
de la littérature engagée

Avant même de s'attacher à définir en quoi consiste la littérature engagée, il convient de s'interroger sur l'inscription historique du phénomène : la description qu'on peut en proposer dépend au premier chef des repères chronologiques qu'on fixe pour en rendre compte. La notion de littérature engagée, de même que celle d'engagement, est en effet susceptible de deux acceptions qui, dans l'usage, sont rarement distinguées : la première tend à considérer la littérature engagée comme un phénomène historiquement situé, que l'on associe généralement à la figure de Jean-Paul Sartre et à l'émergence, dans l'immédiat après-guerre, d'une littérature passionnément occupée des questions politiques et sociales, et désireuse de participer à l'édification du monde nouveau annoncé, dès 1917, par la Révolution russe ; la seconde acception propose de l'engagement une lecture plus large et plus floue et accueille sous sa bannière une série d'écrivains, qui de Voltaire et Hugo à Zola, Péguy, Malraux ou Camus, se sont préoccupés de la vie et de l'organisation de la Cité, se sont faits les défenseurs de valeurs universelles telles que la justice et la liberté et ont, de ce fait, souvent pris le risque de s'opposer par l'écriture aux pouvoirs en place.

La littérature engagée peut donc être envisagée sous deux angles : soit elle est considérée comme un « moment » de l'histoire de la littérature française, c'est-à-dire comme un courant ou une doctrine qui a connu son rayonnement le plus intense entre 1945 et 1955 avant de céder la place à d'autres conceptions ou pratiques de l'écriture littéraire, qui lui furent au moins partiellement opposées (le nouveau roman, la pensée structuraliste, la Nouvelle Critique, etc.) ; soit l'engagement en littérature fait figure de possible littéraire transhistorique, que l'on retrouve sous d'autres noms et sous d'autres formes tout au long de l'histoire de la littérature.

Avec une forte nuance interrogative, c'est vers cette dernière interprétation que semblait pencher Roland Barthes en 1960, qui écrivait dans un article consacré à Kafka :

> Notre littérature serait-elle donc toujours condamnée à ce va-et-vient épuisant entre le réalisme politique et l'art-pour-l'art, entre une morale de l'engagement et un purisme esthétique, entre la compromission et l'asepsie ? (Barthes, 1964 : 138.)

Certes, Barthes avançait cette alternance de l'art pur et de l'art social sans trop y croire, et en refusant en tout cas de s'en satisfaire. Mais son hypothèse, valable dans le cadre de la modernité littéraire, laisse néanmoins entrevoir que, pour le critique, la problématique de l'engagement dépasse de loin le seul courant incarné par Sartre et l'équipe des *Temps modernes*. Elle s'étend à l'ensemble de l'histoire littéraire et figure comme l'un des termes d'une alternative définissant les rapports possibles entre littérature et société (« réalisme politique » et « art-pour-l'art » ; « morale de l'engagement » et « purisme esthétique »). La proposition de Barthes présente ainsi le double avantage d'inscrire la question de l'engagement dans la longue durée et d'en faire un possible littéraire fondamental. Quels que soient la commodité et l'attrait de cette hypothèse, on doit néanmoins se garder d'en surfaire la portée et la pertinence : à trop vouloir la suivre, on court le risque de réduire l'histoire de la littérature à un balancement mécanique entre art pur et art social, à un mouvement d'alternance cyclique entre deux possibles littéraires toujours identiques, ce qui reviendrait à produire de la littérature et de son évolution une vision par trop simpliste.

Aussi, pour traiter la question de l'engagement dans la longue durée tout en respectant les singularités historiques de chaque période, faut-il plutôt renverser la perspective adoptée par Barthes et partir de la littérature engagée, telle qu'elle s'est présentée au XXe siècle : en se discutant et en se définissant au cours de ce siècle, l'engagement a pris une valeur transhistorique et il est devenu un possible littéraire susceptible de s'appliquer à d'autres moments ou d'autres époques de l'histoire littéraire. C'est donc à partir de la manière dont il a été pensé par Sartre et ses contemporains qu'on peut essayer de remonter dans le temps et examiner de quelle façon des écrivains ou des hommes de lettres ont voulu développer une conception et une pratique « engagées » de l'écriture, en des temps où la notion d'engagement n'existait pas comme telle.

On l'aura donc compris : pour nous, la littérature engagée apparaît d'abord comme historiquement située. Si sa phase de forte émergence date de la fin de la Seconde Guerre, le phénomène couvre cependant une période plus longue. La question de l'engagement a en effet littéralement obsédé les générations d'écrivains qui se sont succédé depuis la Grande Guerre, au point qu'on peut considérer qu'elle a été au cœur du débat littéraire au XXe siècle et qu'elle en a constitué l'axe structurant majeur. L'apparition de la littérature engagée, dans la configuration spécifique qui fut la sienne au cours de ce siècle, a été déterminée par la conjonction singulière de trois facteurs :

1°) L'apparition, aux alentours de 1850, d'un *champ littéraire autonome*, indépendant dans son principe et dans son fonctionnement de la société générale et des instances de pouvoir qui la régissent, les écrivains ne se soumettant désormais qu'à la juridiction de leurs pairs. Ce phénomène d'autonomisation, que Pierre Bourdieu a abondamment décrit et analysé (Bourdieu, 1971, 1991, 1992), a eu plusieurs conséquences : pour constituer la littérature en un repli spécialisé du social, les écrivains ont adopté une série d'attitudes et de postures destinées à les distinguer du commun des hommes et à les regrouper au sein d'une aristocratie symbolique ; ils ont également élaboré des « règles du jeu » littéraire propres à assurer et à faire reconnaître la spécificité de leur activité. Toutes ces mesures ont eu pour effet d'établir une coupure très forte entre la littérature et la société générale, la première relevant d'une logique qui prend le contre-pied de celle qui a cours dans la seconde. Cette clôture du champ littéraire s'est notamment affirmée dans la distance prise par l'écrivain avec l'actualité politique et sociale et dans la focalisation de son activité sur le travail de la forme, seul capable de garantir la spécificité et l'autonomie de sa pratique. S'instaure donc vers 1850 une vision de la littérature, qui a pris nom de modernité, en vertu de laquelle l'écrivain refuse de se sentir redevable ou solidaire de la société générale et, partant, de prendre part aux débats et aux luttes qui l'agitent, cette position de retrait s'assimilant peu ou prou à celle de l'art-pour-l'art que Barthes opposait à l'engagement.

2°) L'apparition, à la charnière des XIXe et XXe siècles, d'un *nouveau rôle social* qui se situe aux marges de la littérature et de l'Université, celui de l'*intellectuel*. Christophe Charle (1990 : *Naissance des « intellectuels »*) a bien montré comment la fonction intellectuelle s'était constituée et avait acquis ses lettres de noblesse à la faveur de l'affaire Dreyfus, et de quelle logique relevait son apparition : il y a « invention de l'intellectuel » lorsqu'un agent, utilisant et mettant en jeu le prestige et la compétence acquis dans un domaine d'activité spécifique et limité (littérature, philosophie, sciences, etc.), s'autorise de cette compétence qu'on lui reconnaît pour produire des avis à caractère général et intervenir dans le débat sociopolitique. La fonction intellectuelle tend dès lors à se superposer aux fonctions traditionnellement dévolues à l'écrivain et à l'écriture. Il s'opère une redistribution des rôles, au terme de laquelle la littérature voit paradoxalement son prestige renforcé (l'écrivain qui fait œuvre d'intellectuel reste un écrivain et c'est ce prestige-là qu'il met en jeu dans son intervention), alors même que sa distance à l'actualité politique et sociale s'accuse encore, puisque l'intellectuel accapare le champ de l'intervention sociopolitique.

Cette situation ne pose guère de problème aussi longtemps que les intellectuels sont majoritairement issus et symboliquement dépendants de la sphère littéraire ; sitôt néanmoins que la fonction intellectuelle s'autonomise par rapport à la littérature, comme c'est le cas dans les années vingt et trente, les difficultés surgissent : l'autorité et le prestige dont jouit la littérature se trouvent concurrencés par un nouveau type de parole ou de discours, auquel Barthes proposait d'associer la figure de l'« écrivant » (Barthes, 1964 : 147-154). Dans ces conditions, il s'agit pour l'écrivain de savoir comment la littérature, avec ses moyens spécifiques, peut reconquérir le terrain de la prédication sociopolitique. Elle ne peut le faire qu'à travers l'*engagement* et l'invention de ce que Barthes encore appelait « un type bâtard » : l'« écrivain-écrivant » (*ibid.* : 153-154), appellation derrière laquelle on a reconnu l'écrivain engagé, et dont Sartre est sans doute l'incarnation majeure.

Même si dans la pratique les deux rôles se superpo-

sent souvent jusqu'à se confondre, il faut donc distinguer en droit l'intellectuel (l'écrivant) de l'écrivain
engagé (l'écrivain-écrivant) : à la différence de l'intellectuel qui se constitue comme tel en quittant le terrain
de la littérature, l'écrivain engagé souhaite faire paraître
son engagement dans la littérature elle-même ; ou, pour
le dire autrement, souhaite faire en sorte que la littérature, sans renoncer à aucun de ses attributs, soit partie
prenante du débat sociopolitique.

3°) Le troisième facteur qui commande l'apparition
de la problématique de l'engagement est la révolution
d'Octobre 1917. Il s'avère décisif, dans la mesure où il
s'agit là d'une manière d'événement absolu et fondateur, dont la puissance d'attraction s'est exercée d'emblée sur le personnel littéraire et intellectuel de l'entre-
deux-guerres. Les causes de l'installation durable de
ce « tropisme » révolutionnaire sont multiples. Il y a
d'abord un attachement typiquement français à l'idée
de révolution : pour beaucoup, 1917 prolonge 1789 et
représente ainsi l'accomplissement d'un processus historique inauguré en France, les figures de Lénine ou de
Trotski répondant en quelque sorte à celles de Robespierre, Saint-Just ou Danton. À cela s'ajoute le désastre
de 14-18 : face à la boucherie de la Première Guerre,
qui laisse l'Europe exsangue et sans avenir, la Révolution russe est comme la réalisation d'une utopie qui
compense heureusement la dépression consécutive à
une guerre inédite par sa durée et sa violence. Enfin, la
révolution est porteuse d'une nouvelle universalité, utopique elle aussi, dont l'écrivain veut pourtant se saisir :
celle de la société sans classe, dans laquelle il faudra
bien qu'il trouve sa place et son rôle (voir p. 54-58).

L'effet le plus visible de ce tropisme révolutionnaire
est, dans les années vingt et trente, une très large politi-
sation du champ littéraire, que l'on voit se diviser non
seulement entre droite et gauche, mais surtout entre

écrivains engagés et non engagés. Il est cependant une autre conséquence de ce phénomène, moins visible sans doute, mais tout aussi fondamentale : une importante renégociation des rapports entre champs politique et littéraire s'engage à cette époque. L'irruption du tropisme révolutionnaire tend en effet à modifier les règles du jeu littéraire, telles qu'elles s'étaient installées à la faveur de l'autonomisation du champ : en reconnaissant la primauté du processus révolutionnaire et en cherchant à s'en faire l'agent ou le porte-parole, l'écrivain se voit aussi forcé de reconnaître l'hégémonie de l'instance politique qui incarne ce processus – le parti communiste – et de lui concéder un droit de regard sur la vie littéraire, s'il veut en échange obtenir de sa part une délégation pour incarner la révolution en littérature.

C'est donc rien de moins que l'autonomie du champ littéraire qui se trouve mise en question avec la révolution d'Octobre, à travers la confrontation qu'elle induit entre champ littéraire et parti communiste. Les années d'entre-deux-guerres sont ainsi marquées par les débats et les crises que provoque cette recherche d'un nouvel ajustement entre littérature et politique : en portent témoignage les nombreuses rencontres qui, du congrès de Kharkov (1930) au Congrès pour la défense de la culture (1935), réunissent les écrivains sur ce thème. Et ces débats ne concernent pas seulement une minorité d'écrivains engagés ou militants : du débat sur la littérature prolétarienne, dont Jean-Michel Péru a indiqué l'importance décisive (Péru, 1991), au *Second Manifeste du surréalisme*, de Breton à Gide, d'Aragon à Malraux, de Bataille à Rolland ou Guéhenno, c'est véritablement l'ensemble du champ qui se trouve requis par la problématique de la révolutionnarité littéraire.

La conjonction de ces trois facteurs (autonomie du champ, invention de l'intellectuel, révolution d'Octobre), active dès la fin de la Première Guerre, a schématiquement produit, au sein du champ littéraire, deux types de réponses. La première est celle de l'*avant-garde* : elle consiste à postuler une homologie structurale entre rupture esthétique et révolution politique. Pour l'artiste d'avant-garde (le surréaliste par exemple), il y a en effet une homologie structurale entre sa position en littérature et celle du révolutionnaire en politique, l'un et l'autre se situant à la pointe extrême de ce qu'autorisent, en termes de possibles, leurs champs respectifs. L'avant-garde se perçoit donc comme « naturellement » révolutionnaire, sa volonté de rupture avec les formes artistiques antérieures (sur laquelle elle considère que le politique n'a strictement aucune prise) participant de cette subversion généralisée qui prélude à la révolution. Or, Jean-Pierre Morel, dans *Le Roman insupportable* (Morel, 1985), a montré que tout le débat entre les communistes et les artistes d'avant-garde avait précisément porté sur la compatibilité entre novation littéraire et révolution prolétarienne, et qu'il avait abouti à l'évacuation par les instances communistes de la plupart des formes de novation artistique, qu'elles soient d'avant-garde (constructivisme de Maïakovski en Russie, surréalisme en France) ou modernistes (le roman simultanéiste à la façon de Boris Pilniak ou John Dos Passos), au motif qu'elles restaient le produit d'un art élitiste et bourgeois.

Face à la réponse des avant-gardes, et prenant son contre-pied, s'esquisse dès l'entre-deux-guerres une autre solution, qui est celle de la *littérature engagée* – quoiqu'elle ne se soit pas d'emblée appelée ainsi. Récusant la validité de l'homologie entre novation artistique et révolution politique établie par l'avant-garde, l'écrivain engagé entend participer *pleinement et directement*, par ses œuvres, au processus révolutionnaire, et non plus symboliquement, par la médiation d'une homologie structurale. C'est dire qu'à la différence de

l'attitude d'avant-garde qui, sur ce point, est foncièrement soucieuse de préserver la spécificité de la littérature et de l'art, la position de l'écrivain engagé ques-
tionne l'autonomie du champ littéraire, telle qu'elle a
pris forme avec la modernité. Il ne s'agit pas pour lui
d'abdiquer cette autonomie, sans quoi il ferait de la littérature de propagande ; il est plutôt question d'en modifier le sens, en cessant d'en faire une fin en soi pour tenter de la *faire servir* (à la révolution, aux luttes sociales
et politiques en général, etc.). Tout se passe un peu
comme si l'écrivain engagé avait pris conscience que la
participation de la littérature au processus révolutionnaire exigeait certaines contreparties : le renoncement à
certains prestiges et privilèges liés au statut d'écrivain
(la question de sa responsabilité – voir p. 44-46), une
modification partielle de la représentation de la valeur
littéraire (la mise en cause de la primauté du travail formel), la recherche d'une nouvelle articulation entre le
littéraire et le social, etc. Pour le dire schématiquement,
tout en restant intégralement littérature, la littérature
engagée ne se pense plus exactement comme une fin en
soi, mais comme susceptible de devenir un moyen au
service d'une cause qui excède largement la littérature,
possibilité que l'artiste moderniste ou avant-gardiste
refusera toujours.

Tout ce qui précède dit bien que, au sens strict,
l'engagement littéraire est un phénomène propre au
XXᵉ siècle. Son développement pourrait d'ailleurs se
décrire selon trois phases : la première, annoncée dès
l'affaire Dreyfus, couvre l'entre-deux-guerres et peut
être considérée comme une période de débats et de
mises au point durant laquelle s'est définie la problématique de la littérature engagée ; la deuxième, liée à
l'hégémonie sartrienne, représente le moment « dogmatique » de l'engagement et dure une dizaine d'années
à partir de la fin de la Seconde Guerre ; au milieu des

années cinquante s'inaugure avec Roland Barthes une troisième phase, qu'on pourrait qualifier de « reflux », au cours de laquelle la conception sartrienne de l'engagement se verra contestée au profit d'une autre définition du rapport entre le littéraire et le social. On pourrait ajouter que, avec la fin de l'utopie révolutionnaire, c'est aujourd'hui la question même de l'engagement en littérature qui paraît avoir perdu sa pertinence.

Ainsi défini, l'engagement s'avère une notion historiquement située. Néanmoins, et comme il a été dit plus haut, les débats et polémiques dont il fut l'objet ont également eu pour effet de lui conférer une valeur transhistorique, l'engagement apparaissant aussi comme une attitude fondamentale que prend l'écrivain par rapport à la littérature. Dans les discussions sur la littérature engagée, on a ainsi vu invoquer un grand nombre d'auteurs antérieurs, tant pour évaluer la qualité de leur engagement (Flaubert, les Goncourt, Zola ou même Gide ont pu subir ce genre de procès) que pour les élever au rang de modèles ou de figures tutélaires (dans une perspective sartrienne, Pascal, Voltaire ou Hugo jouent ce rôle de référence, tandis que chez un Barthes, c'est plutôt Brecht ou Kafka qui orientent la réflexion). Il s'est ainsi constitué une manière de panthéon de l'engagement que la seconde partie de ce livre évoquera. Ceci signifie qu'on assumera résolument l'idée que faire de Voltaire ou de Hugo des écrivains engagés, c'est nécessairement porter sur eux un regard biaisé, constitué par une certaine expérience de la littérature et une certaine vision de son histoire, qu'eux-mêmes ne possédaient pas, mais qui est aujourd'hui constitutive de leur image.

On ne peut cependant méconnaître tout ce qui nous sépare d'écrivains tels que Voltaire, Germaine de Staël ou Hugo : leur conception de la littérature, le contexte dans lequel s'est développée leur pratique, les obstacles qu'ils devaient affronter pour écrire sont suffisamment différents pour fonder chez eux une conscience littéraire largement distincte de la nôtre. Le sens de ce que nous pouvons rétrospectivement nommer leur engagement est donc différent, puisqu'il s'inscrit dans un autre contexte et dans un autre univers de valeurs : la gamme des choix littéraires qui s'offrent au philosophe des Lumières n'est pas la même que celle de l'écrivain moderne, et l'on aurait grand tort de négliger ces différences. L'« espace des possibles » dans lequel se meut l'écrivain n'est pas identique à chaque époque ; il est en constante mutation et ne cesse de se reconfigurer, donnant à chaque période de l'histoire littéraire son profil singulier. Aussi la définition de ce qu'est la littérature engagée se singularise-t-elle du même pas que l'espace des possibles dans lequel elle s'inscrit.

Ainsi il est pertinent d'opposer, comme le faisait Barthes, littérature engagée et art pur dans le contexte de la modernité : s'il peut exister une littérature engagée à partir de 1850, c'est parce que en contrepoint s'installe au même moment la tentation permanente de l'art-pour-l'art, c'est-à-dire que s'esquisse pour la littérature la possibilité d'exister comme repli autonome et indépendant de la société générale. Par contre, la notion d'art pur n'a aucun sens dans le siècle des Lumières, et si les philosophes font aujourd'hui figure d'écrivains « naturellement » engagés, il faut rester attentif au fait que leur représentation de la littérature n'était pas la nôtre et qu'elle était travaillée par des tensions très différentes de celles que nous connaissons. Pour ne prendre qu'un exemple très limité, mais indicatif, l'œuvre de Voltaire nous apparaît par excellence comme celle d'un écrivain authentiquement et pleinement engagé : cela est vrai lorsqu'on prend en considération cette vaste production qui, des *Lettres philosophiques* aux contes, en passant par la correspondance et les pamphlets, constitue pour nous le visage de Voltaire ; mais c'est oublier un peu vite que le XVIIIe siècle voyait surtout en lui le plus grand poète de l'époque, et que lui-même comptait bien moins sur ses textes « engagés » pour lui assurer une gloire posthume que sur ses tragédies de facture classique, que nous ne lisons plus guère et qui nous apparaissent comme un à-côté anecdotique de son œuvre. Cela indique que la vision que Voltaire possédait de la littérature n'était pas unifiée et univoque, mais qu'elle présentait des lignes de fracture qu'il faut prendre en considération pour évaluer la portée singulière de son engagement.

La petite histoire de la littérature engagée que nous proposons dans la suite se développera donc selon deux grandes périodes qui se situent de part et d'autre de 1850, cette date représentant le moment où s'instaure la modernité littéraire, conçue comme pratique autonome de l'écriture. Ce parcours de presque quatre siècles de littérature consistera à s'arrêter sur quelques grandes figures ou quelques moments forts du panthéon de l'engagement, afin de décrire de qui et de quoi celui-ci est composé, de voir comment il s'est constitué et surtout de comprendre quelles furent les formes successives et singulières prises par ce phénomène multiple et complexe que nous nommons « littérature engagée ».

Au préalable cependant, il convient de fixer un cadre général dans lequel penser les notions de littérature engagée et d'engagement. Les chapitres qui suivent ont ainsi vocation à proposer une approche réflexive du phénomène, à partir notamment de la définition que Jean-Paul Sartre en a élaborée. Figure majeure de l'engagement, dont il fut le promoteur le plus fervent et le plus en vue, il en a surtout donné la formulation théorique la plus fouillée et la plus complète dans *Qu'est-ce que la littérature ?*, essai paru d'abord en plusieurs livraisons dans *Les Temps modernes* de 1947 et repris l'année suivante en volume dans *Situations, II*. Loin de l'image simpliste et caricaturale que l'on propose souvent de la littérature engagée, cet ouvrage décrit avec précision les présupposés qui fondent la démarche de l'écrivain engagé et fournit à cette entreprise sa justification philosophique et littéraire. Aussi constitue-t-il le texte majeur qu'on ait écrit sur l'engagement et l'horizon de référence de toute tentative de description du phénomène, et cela malgré son caractère parfois dogmatique.

CHAPITRE II

Le sens de l'engagement

Au sens premier et littéral, *engager* signifie *mettre ou donner en gage* ; *s'engager*, c'est donc *donner sa personne ou sa parole en gage*, *servir de caution* et, par suite, *se lier par une promesse ou un serment contraignants*. D'emblée apparaît donc l'idée que l'engagement relève d'une manière de contrat entre diverses parties, qu'il s'agit là d'une forme d'échange ou de transaction, socialement admise et fixée, entre plusieurs instances mises en relation. S'agissant de littérateurs et de littérature, on perçoit immédiatement que, ce qui est en cause dans l'engagement, ce sont fondamentalement les rapports du littéraire et du social, c'est-à-dire la fonction que la société attribue à la littérature et le rôle que cette dernière entend y jouer. Au sens strict, l'*écrivain engagé* est celui qui a pris, explicitement, une série d'engagements par rapport à la collectivité, qui s'est en quelque sorte lié à elle par une promesse et qui joue dans cette partie sa crédibilité et sa réputation. Plus fort encore, *engager la littérature*, cela semble bien signifier qu'on la met en gage : on l'inscrit dans un processus qui la dépasse, on la fait servir à quelque chose d'autre qu'elle-même, mais, en plus, on la met en jeu, au sens où elle devient partie prenante d'une transaction dont elle est en quelque sorte la caution, et dans laquelle elle risque donc sa propre réalité. Cette petite variation libre sur l'étymologie du verbe *engager* suffit à indiquer

l'importance de la problématique de l'engagement littéraire, et la hauteur de l'enjeu : c'est la littérature elle-
même.

Par ailleurs, au sens propre, *s'engager* signifie aussi
prendre une direction. Il y a ainsi dans l'engagement
l'idée centrale d'un choix qu'il faut faire. Au figuré,
s'engager, c'est dès lors prendre une certaine direction,
faire le choix de s'impliquer dans une entreprise, de se
mettre dans une situation déterminée, et d'accepter
les contraintes et les responsabilités contenues dans
ce choix. Par suite, et de façon figurée toujours, s'engager consiste à *poser un acte*, volontaire et effectif,
qui manifeste et matérialise le choix effectué en conscience.

Mettre en gage, faire un choix, poser un acte ; voilà
les trois composantes sémantiques essentielles qui
déterminent le sens de l'engagement, dans l'acception
utilisée et glosée par Sartre et ainsi définie par les dic-
tionnaires : « participation, par une option conforme à
ses convictions profondes et en assumant les risques de
l'action, à la vie sociale, politique, intellectuelle ou religieuse de son temps » *(Trésor de la langue française)* ;
« acte ou attitude de l'intellectuel, de l'artiste qui, prenant conscience de son appartenance à la société et au
monde de son temps, renonce à une position de simple
spectateur et met sa pensée ou son art au service d'une
cause » *(Petit Robert)*.

Historiquement, Sartre ne fut ni le premier à « faire »
de la littérature engagée ni même le premier à utiliser
ce terme. Dans l'acception ici envisagée, le verbe *engager* et ses dérivés *(engagement, engagé*, etc.) apparaissent de façon de plus en plus systématique dès l'entre-
deux-guerres dans le discours des critiques et des
intellectuels. Plus précisément, il semble que ce soit
dans le sillage de l'existentialisme chrétien que s'est
progressivement élaborée la définition de l'engagement

sur laquelle Sartre s'est appuyé. Ainsi, Gabriel Marcel
écrivait dès 1919 dans son *Journal* :

> Il me semble que vouloir c'est en somme s'enga-
> ger, j'entends par là engager ou jouer sa propre réa-
> lité : c'est se mettre dans ce qu'on veut. (Marcel,
> 1935 : 183.)

L'engagement, selon Marcel, est la manifestation
d'une fidélité à soi-même : c'est l'acte volontaire et
effectif par lequel la personne se définit et se choisit,
selon une démarche qui comporte d'ailleurs une part de
risque et d'inconnu (« jouer sa propre réalité »). Cette
insistance sur la *personne*, caractéristique de l'existentialisme chrétien, restera au cœur de l'engagement littéraire sartrien (voir p. 43-48). Mais il faut aussi souligner que cette démarche de réalisation de soi débouche
nécessairement sur l'action et la participation à la vie
collective, puisque c'est sur le théâtre des questions
sociales, politiques, intellectuelles ou même religieuses
que peut se manifester le sens du choix posé : l'Autre
est toujours le témoin de l'engagement pris et il en cer-
tifie en quelque sorte l'authenticité. Pour Mounier,
Marcel ou Maritain, l'engagement est donc le point où
se rencontrent et se nouent l'individuel et le collectif,
où la personne traduit en actes et pour les autres le choix
qu'elle a fait pour elle-même. De ce fait, s'engager
relève d'une décision d'ordre moral, par laquelle l'individu entend mettre en accord son action pratique et
ses convictions intimes, avec tous les risques que cela
comporte.

La définition de l'engagement élaborée dans l'entre-
deux-guerres par les existentialistes chrétiens – lesquels
témoignaient d'un vif intérêt pour la vie littéraire – a
influencé plus qu'on ne le croit le sens de l'engagement
en littérature. La doctrine sartrienne doit notamment à

ses prédécesseurs l'un de ses axiomes essentiels, qui supporte tout l'édifice de la littérature engagée : il s'agit de l'affirmation selon laquelle, dans l'acte d'écriture, la *visée proprement esthétique* ne peut se suffire à elle-même et se double nécessairement d'un *projet éthique* qui la sous-tend et la justifie. Ce que Sartre, après avoir pris soin de distinguer la littérature des autres arts (musique, peinture ou sculpture), exprimait en ces termes : « bien que la littérature soit une chose et la morale une tout autre chose, au fond de l'impératif esthétique nous discernons l'impératif moral » (Sartre, 1948a : 69), cet impératif moral étant identifié par Sartre à la réalisation plénière de la liberté pour soi et pour les autres, à travers l'échange qu'induit la communication littéraire.

Cette présence d'un projet éthique au cœur de la démarche de l'écrivain engagé ne laisse pas d'être problématique, tant elle s'oppose à une certaine représentation instituée de la littérature. On connaît en effet la phrase célèbre de Gide selon laquelle « on ne fait pas de bonne littérature avec de bons sentiments ». Et il est vrai que, dans une perception communément répandue, une littérature vertueuse ou civique, préoccupée de morale ou de règles de vie, nous semblera toujours en deçà de la « haute » littérature, laquelle n'a pas à s'inquiéter de ce type de questions, parce que sa fonction est précisément de les dépasser. Reste que la littérature engagée ne saurait être et ne s'est jamais identifiée à une littérature des « bons sentiments » : son intervention morale se situe à un tout autre niveau.

En effet, s'il ne peut être question pour elle d'être l'expression d'une morale constituée, et *a fortiori* d'un moralisme quelconque, la littérature engagée pose en permanence la question éthique, en l'appliquant au fait littéraire lui-même. Et c'est bien là que réside le « scandale » de l'engagement : découvrir au cœur de l'inten-

tion esthétique un impératif éthique, c'est refuser de
concevoir l'œuvre littéraire comme une « finalité sans
fin », à elle-même son propre principe et sa propre fin.
En d'autres termes, l'écrivain engagé ne croit pas que
l'œuvre littéraire ne renvoie qu'à elle-même et qu'elle
trouve dans cette autosuffisance sa justification ultime.
Au contraire, il la pense traversée par un projet de
nature éthique, qui comporte une certaine vision de
l'homme et du monde, et il conçoit de ce fait la littérature comme une *entreprise*, qui s'annonce et se définit
par les fins qu'elle poursuit dans le monde. Pour le dire
autrement encore, l'écrivain engagé est celui qui
demande à la littérature de *donner ses raisons*, et qui
soutient que ces raisons ne peuvent se trouver dans une
essence de la littérature définie *a priori*, mais dans la
fonction que la littérature entend remplir dans la société
ou dans le monde. Pour lui, écrire revient à poser un acte
public dans lequel il engage toute sa *responsabilité*.
Cette question des rapports de la littérature et du monde
restera au centre des réflexions de ceux qui, de Barthes
aux théoriciens de Tel Quel, contesteront la conception
sartrienne de l'engagement tout en refusant d'en revenir
à une littérature de l'art-pour-l'art.

Cela signifie également que, contrairement à une opinion répandue, la littérature engagée n'est pas d'abord
politique ; elle ne l'est qu'en vertu d'une nécessité
secondaire, qui veut que les questions morales ou
éthiques, posées concrètement et collectivement, débouchent presque inévitablement sur des considérations
politiques, parce que « c'est notre tâche d'écrivain que
de faire entrevoir les valeurs d'éternité qui sont impli-
quées dans les débats sociaux ou politiques » (Sartre,
1948b : 15). C'est là ce qui distingue la littérature engagée de la littérature militante : la première vient à la
politique parce que c'est sur ce terrain que trouve à s'incarner la vision de l'homme et du monde dont elle est

porteuse, tandis que la seconde est toujours déjà politique. Aussi l'écrivain engagé est-il finalement rarement affilié à un parti et ne se sent-il guère le porte-parole d'une doctrine politique; ses textes manifestent plutôt les contradictions et les difficultés d'une entreprise où la politique, évaluée à l'aune de la morale, apparaît souvent comme un mal nécessaire plutôt que comme un choix positif.

Cette dernière remarque permet également de reconnaître un autre trait essentiel que l'engagement sartrien a hérité du personnalisme : sa dimension *volontaire et réfléchie*. Pour Sartre en effet, il ne saurait y avoir de littérature « dégagée » : « l'écrivain n'est ni Vestale ni Ariel : il est "dans le coup", quoi qu'il fasse, marqué, compromis, jusque dans sa plus lointaine retraite » (Sartre, 1948b : 12). Tout comme Camus, Sartre fera d'ailleurs sienne la formule pascalienne « nous sommes embarqués » (Sartre, 1948a : 83), c'est-à-dire placés dans une situation qui nous contraint, nous définit et définit pour nous certaines obligations; autrement dit, toute œuvre littéraire, quelles que soient sa nature et sa qualité, est engagée, au sens où elle est porteuse d'une vision du monde située et où, qu'elle le veuille ou pas, elle s'avère ainsi prise de position et choix. Pour l'écrivain, il n'y a pas d'échappatoire possible, même par le silence : « se taire, ce n'est pas être muet, c'est refuser de parler, donc parler encore » (*ibid.* : 30). Ce qui caractérise dès lors l'engagement, c'est le refus de la passivité par rapport à cette inévitable implication dans le monde. Puisqu'on ne peut éluder le choix, il faut le poser volontairement et lucidement, plutôt que d'*être choisi* par les circonstances ou la situation. « Un écrivain est engagé lorsqu'il tâche à prendre la conscience la plus lucide et la plus entière d'être embarqué, c'est-à-dire lorsqu'il fait passer pour lui et pour les autres l'engagement de la spontanéité immédiate au réfléchi » (*ibid.* : 84).

On voit donc qu'il serait vain d'opposer à la littérature engagée une littérature *dégagée*. Tout au plus, et ce n'est pas jouer sur les mots, peut-on avancer qu'il existe une possibilité de *désengagement*, qui consisterait pour l'écrivain à choisir le silence. Il s'agirait là d'une volonté d'échapper au monde et à ses déterminations par l'adoption d'une attitude de retrait et d'impassibilité qui excepte l'écrivain de la condition commune des hommes. C'est d'ailleurs là la tentation fondamentale de la littérature moderne, laquelle, de Flaubert à Kafka en passant par Mallarmé, n'a cessé de caresser le rêve d'un retrait idéal de l'écrivain hors du monde et d'une littérature totalement désituée. C'est aussi pourquoi les contradicteurs de Sartre, à commencer par Roland Barthes, ont constamment cherché à montrer que ce désengagement de l'écrivain était en fait la forme la plus authentique de l'engagement littéraire, celle par laquelle la littérature réalise pleinement sa fonction primordiale : se retrancher intégralement (pour paraphraser Mallarmé) du monde, suspendre en quelque manière sa réalité, pour mieux l'interroger et faire peser sur lui un questionnement sans réponse, qui est le seul capable de porter véritablement atteinte au donné. Preuve qu'il n'était pas aussi dogmatique qu'on veut parfois le faire croire, Sartre lui-même, dans l'ouvrage inachevé qu'il avait entamé sur Mallarmé (1986 : *Mallarmé. La lucidité et sa face d'ombre*), a été très proche de reconnaître la pertinence et la validité de ce désengagement, voyant dans la rigueur et la cohérence du projet conçu par l'auteur du *Coup de dés* le seul engagement praticable pour la poésie dans le contexte historique de la fin du XIXe siècle.

Malgré cette hésitation au sujet de Mallarmé, l'engagement, tel que Sartre l'a conçu, se caractérise essentiellement comme prise de position réfléchie, conscience lucide de l'écrivain d'appartenir au monde et volonté de le changer. En ce sens, la tension entre *engagement* et *distanciation* que Norbert Elias (1996) voyait à l'œuvre dans les sciences humaines n'a pas lieu d'être en littérature : pour l'écrivain, le dégagement n'est pas possible et, dès lors, la prise de distance impliquée par l'adoption d'une posture d'impassibilité face au monde ne peut garantir que le regard porté sur lui soit plus juste ou concoure plus activement et plus efficacement à son changement. Il est donc plus pertinent et plus parlant de voir en la littérature engagée une littérature de la *participation*, qui s'oppose à une littérature de l'*abstention* ou du *repli* : là se trouve la tension essentielle à laquelle l'écrivain engagé est soumis, ayant à choisir entre retrait et volonté de se commettre dans le monde, voire de s'y compromettre, en faisant participer la littérature à la vie sociale et politique de son temps.

La volonté de participation active qui caractérise la littérature engagée induit également pour elle une temporalité sensiblement distincte de celle dans laquelle évolue traditionnellement la littérature moderne. On connaît en effet le mot d'ordre sartrien d'« écrire pour son époque », qui fut à la Libération le signe de ralliement des écrivains engagés et de l'équipe des *Temps modernes*. Cela signifie que l'engagement procède dans une large mesure de la conscience que l'écrivain possède de son historicité : il se sait situé dans un temps précis, qui le détermine et détermine son appréhension des choses ; pour qu'écrire s'identifie dès lors au projet de changer le monde, pour que la littérature soit une authentique entreprise de changement du réel, il faut que l'écrivain accepte d'écrire pour le présent et veuille « ne rien manquer de [son] temps » :

> Puisque l'écrivain n'a aucun moyen de s'évader, nous voulons qu'il embrasse étroitement son époque ; elle est sa chance unique : elle est faite pour lui et il est fait pour elle. (Sartre, 1948b : 12-13.)

Ce souci de contemporanéité, qui se manifeste souvent dans les titres des volumes rassemblant les textes « de circonstance » des écrivains engagés (les *Situations* de Sartre ou les *Actuelles* de Camus), produit aussi un effet sur l'écriture que Barthes, dans sa distinction fameuse entre « écrivains et écrivants » (Barthes, 1964 : 147-154), avait parfaitement identifié : l'aspect *urgent* de la parole engagée. Soumise aux exigences toujours neuves du temps présent, la littérature engagée revêt une « fonction de manifestation immédiate » (*ibid.* : 152). Elle se doit de réduire autant que possible l'épaisseur temporelle qui sépare l'événement de sa prise en charge par l'écriture. C'est pourquoi beaucoup d'écrivains engagés ont été fascinés par l'écriture journalistique et s'y sont essayés (Aragon et Nizan dans les quotidiens communistes, Guéhenno ou Chamson dans ceux du Front populaire, Camus ou Cassou dans ceux de la Résistance et de la Libération) : de toutes les formes d'écriture, celle du journal est peut-être celle qui « colle » le plus étroitement à l'événement, celle qui se trouve par rapport à lui dans la plus grande immédiateté, et l'on s'explique ainsi la singulière valeur que Sartre accordait au reportage :

> Il nous paraît, en effet, que le reportage fait partie des genres littéraires et qu'il peut devenir un des plus importants d'entre eux. La capacité à saisir intuitivement et instantanément les significations, l'habileté à regrouper celles-ci pour offrir au lecteur des ensembles synthétiques immédiatement déchiffrables sont les qualités les plus nécessaires au reporter ; ce sont celles que nous demandons à tous nos collaborateurs. (Sartre, 1948b : 30.)

Cette volonté d'adhésion à l'époque et au présent détermine en outre chez l'écrivain engagé une hantise

caractéristique de son rapport à l'écriture, celle du
retard. Car pour lui, le texte arrive toujours trop tard ; il
est toujours en décalage par rapport à l'événement dont
il se saisit et il perd dans ce délai une partie de son efficacité et de sa raison d'être. Denis Hollier a ainsi montré comment Sartre avait finalement laissé inachevé son
cycle des *Chemins de la liberté* (et abandonné le
roman), faute précisément d'avoir trouvé une technique
romanesque susceptible de « rend[re] à l'événement sa
brutale fraîcheur, son ambiguïté, son imprévisibilité »
(Sartre, 1948a : 226), technique romanesque dont Hollier voyait la meilleure approximation dans les repor-
tages relatant la libération de Paris que Sartre avait
écrits pour *Combat* (Hollier, 1982 : 51-74).

De façon plus banale, beaucoup de textes engagés
sont ainsi marqués par les signes du retard : il suffit pour
s'en convaincre de lire les préfaces ou avant-propos qui
en accompagnent souvent la publication en volume ;
Camus, par exemple, présentait ainsi *Actuelles III*,
recueil de ses « Chroniques algériennes » :

> Ce volume était déjà composé et sur le point de
> paraître lorsque les événements du 13 mai [1958]
> ont éclaté. Après réflexion, il m'a paru que sa
> publication restait souhaitable, qu'il constituait
> même un commentaire direct de ces événements
> (…). (Camus, 1965 : 889.)

On perçoit ici l'hésitation, voire le repentir, manifes-
tée par Camus : il semble qu'il découvre à l'occasion de
cette réédition la contradiction à laquelle s'affronte tout
écrivain engagé et qui consiste dans la tension entre
l'urgence dont procède ce qui est donné à lire et son inscription dans une durée plus longue, où le texte voit son
actualité se réduire et sa substance première se perdre ;
il fut un temps virulent, actif, en prise sur son époque ;

il est devenu, par la force des choses, un document, un témoignage sur des combats déjà dépassés.

La littérature engagée est ainsi vouée à une obsolescence rapide : l'actualité, le temps qui passe, le monde qui change limitent en quelque manière l'espérance de vie de cette littérature qui a choisi d'épouser étroitement la temporalité du monde des hommes. L'écrivain engagé refuse donc d'écrire pour la postérité, et Sartre a multiplié les formules pour le faire bien entendre :

> Nous ne souhaitons pas gagner notre procès en appel et nous n'avons que faire d'une réhabilitation posthume : c'est ici même et de notre vivant que les procès se gagnent ou se perdent. (Sartre, 1948b : 14-15.)

> N'est-il pas offensant que le secret de notre époque et l'exacte estimation de nos fautes appartiennent à des gens qui ne sont pas encore nés et à qui nos fils et petits-fils donneront des fessées longtemps encore après notre mort. Nous voulons couper l'herbe sous le pied de ces morveux et nous désirons établir tout de suite et pour toujours ce qu'il faudra qu'ils pensent de nous. (*Ibid.* : 41.)

L'écrivain engagé renonce donc à miser sur la postérité et choisit résolument de répondre aux exigences du temps présent. Et il assume le sacrifice de sa gloire posthume comme inhérent à son engagement, y voyant un salutaire exercice de modestie qui atteste de sa volonté de rejoindre le monde des hommes et de prendre part aux débats qui l'agitent.

Le refus de la postérité et la réintégration de la littérature dans une temporalité socialisée et dimensionnée par la vie humaine constituent une rupture considérable par rapport à la représentation de l'œuvre que la modernité

nous a léguée : Baudelaire, on le sait, avait défini l'idéal
esthétique de l'art moderne comme consistant à « éter-
niser le transitoire » ; dans cette perspective, la temporalité de l'œuvre réside dans une dialectique de l'instant
et de l'éternité, qui lui permet de dépasser la suite du
passé, du présent et du futur constitutive de la temporali-
lité sociale et humaine. Une bonne part du prestige dont
l'œuvre artistique ou littéraire jouit dans notre société
réside ainsi dans la capacité qu'on lui prête de s'arracher au temps humain, de nier son écoulement pour se
placer dans une tout autre dimension temporelle. Littéra-
rature de l'urgence, la littérature engagée n'épouse plus
le *tempo* moderne, et c'est dès lors l'image même de
l'œuvre littéraire qui se trouve modifiée, puisqu'elle
n'est plus écrite pour la postérité, mais pour le temps
présent, puisqu'elle n'a plus le temps devant elle pour
faire son chemin, mais qu'il lui faut atteindre son but *ici
et maintenant*.

Choix éthique, volonté de participation, urgence, tous
ces traits qui caractérisent en première instance la littéra-
rature engagée, telle que Sartre l'a définie et imposée au
sortir de la Seconde Guerre, en signalent un autre,
moins apparent sans doute : la littérature engagée ques-
tionne en permanence l'idée que nous nous faisons de
la littérature tout entière ; parce qu'elle rompt avec la
représentation communément partagée de l'écrivain et
de l'œuvre, elle met en quelque sorte le fait littéraire en
crise et conteste les évidences apparentes sur lesquelles
sa représentation est fondée. Il ne faut donc pas s'étonner que Sartre ait été qualifié de « fossoyeur de la littéra-
rature » : la littérature engagée porte en effet atteinte à
une certaine image de l'écrivain et de l'écriture, héritée
de la modernité et qui a nourri toute notre appréhension
de la littérature.

Si l'engagement peut ainsi apparaître comme attenta-
toire à l'essence que nous prêtons à la littérature, il faut

cependant signaler que cette vision critique est compensée chez Sartre par un autre discours, qui tient dans le mot d'ordre récurrent de « sauver la littérature » et qui constitue le *pathos* de l'engagement : tout se passe comme si, face à l'urgence du temps présent, face à l'importance des enjeux sociaux et politiques de l'époque et à la perspective d'un bouleversement total du monde, l'écrivain engagé craignait qu'une littérature uniquement préoccupée d'elle-même et coupée du monde ne perde sa raison d'être et qu'elle cesse d'être nécessaire. « Sauver la littérature » par l'engagement consiste dès lors à parier sur elle et à affirmer hautement qu'elle a un rôle à jouer et qu'elle doit compter dans la vie des hommes. On ne saurait dire plus clairement que l'engagement représente malgré tout *une certaine façon de croire encore en la littérature* et en ses pouvoirs. Ce que Sartre, dans la conclusion de *Qu'est-ce que la littérature ?* indiquait par une formule lapidaire :

> Bien sûr, tout cela n'est pas si important : le monde peut fort bien se passer de littérature. Mais il peut se passer de l'homme encore mieux. (Sartre, 1948a : 294.)

CHAPITRE III

L'écrivain engagé :
une présence totale

Dans la pratique, la littérature engagée revêt une très grande diversité de formes, s'exprimant en des genres (roman, théâtre, essai, pamphlet, etc.) et en des lieux (journal, revue, livre, etc.) trop multiples pour qu'on puisse, *a priori*, isoler le profil idéal d'une œuvre engagée. Néanmoins, cette très grande variabilité dans les manifestations littéraires de l'engagement n'empêche pas qu'on puisse y découvrir un dénominateur commun : tous les textes redevables de l'engagement sont marqués par l'accent qu'ils mettent sur la personne de leur scripteur. Au point que Camus, en 1945, discutant de la validité de l'engagement, soutenait qu'il reposait en quelque sorte sur « le double jeu d'une œuvre et d'une vie » (Camus, 1965 : 313), façon pour lui de souligner que ce qui authentifie partiellement le texte engagé, c'est avant tout l'engagement de l'écrivain, selon un processus d'échange entre l'œuvre et son auteur plus complexe et plus ambigu qu'il n'y paraît.

Dans cette perspective, c'est peut-être Simone de Beauvoir qui, dans ses mémoires, a donné la définition la meilleure, parce que la plus compréhensive, de l'engagement. Selon elle, celui-ci, « somme toute, n'est pas autre chose que la présence totale de l'écrivain à l'écriture » (Beauvoir, 1963 : 65). La formule pourra paraître lénifiante et consensuelle : certes, tout écrivain pénétré des exigences qui commandent son entreprise a tendance à s'y investir tout entier et à s'absorber totalement dans le travail d'écriture. Mais Beauvoir, en évoquant une « présence totale », va plus loin : elle insiste sur le fait que l'écrivain ne s'engage pas seulement tout entier dans la réussite de son œuvre, mais qu'il y engage la *totalité de sa personne*, au sens où il y met l'ensemble des valeurs auxquelles il croit et par lesquelles il se définit. Pour cela, l'écrivain engagé met en jeu bien plus que sa réputation littéraire ; il se risque lui-même intégralement dans l'écriture, en y faisant paraître sa vision du monde et les choix qui dirigent son action.

Au cœur dès lors de la problématique de l'engagement se pose la question de la *responsabilité* : si s'engager consiste ainsi à mettre sa personne en première ligne dans l'œuvre littéraire, cela signifie aussi que l'écrivain assume l'idée qu'il puisse être jugé d'après ses œuvres. L'autonomie dont jouit la littérature ne peut le préserver de la sanction morale ou sociale ; il sera abject ou magnifique, lâche ou courageux, selon que les faits et les hommes lui donnent tort ou raison. S'engager consiste donc pour l'écrivain à accepter de subir un jour ce genre de procès, sans que l'alibi de la liberté créatrice ou de l'incommensurabilité de l'exigence littéraire par rapport à la morale commune ou sociale ne le protège du jugement que la collectivité pourra porter sur la qualité de son engagement.

Au-delà pourtant de l'argument parfois terroriste du procès de l'écrivain – que Sartre ne s'est pas privé de pratiquer et qu'on lui retourne aujourd'hui complaisamment –, il importe de mettre l'accent sur la conscience renouvelée que l'écrivain engagé prend de sa responsabilité. Pour lui, il ne s'agit pas de remettre en cause l'autonomie dont bénéficie en droit la littérature depuis le milieu du XIXe siècle : c'est là une conquête des Lumières, et il ne saurait être question de rétablir une forme quelconque de censure ou de contrôle social de la littérature. Ce qui est en cause, c'est plutôt la tournure qu'a prise avec la Modernité cette revendication légitime d'autonomie : l'écrivain, désormais, n'a de compte à rendre à personne et n'est soumis qu'à la juridiction esthétique de ses pairs ; il est libre de choisir ses sujets et de leur imposer le traitement qu'il a décidé ; plus globalement, il n'appartient qu'à lui de fixer le sens de son entreprise. Que cela se traduise par l'apparition d'une littérature repliée sur elle-même, coupée du monde et refusant toute forme de commerce avec lui, voilà qui inquiète davantage l'écrivain engagé : la tentation moderne de faire une littérature à ce point gratuite et désintéressée qu'elle s'en trouve condamnée à l'impuissance et à voir sa force de rupture et de subversion atténuée, voire annulée, par le seul fait qu'elle s'est radicalement retirée de la vie sociale et de l'Histoire.

C'est pourquoi Sartre, dénonçant l'idée moderne selon laquelle « l'écrivain a pour premier devoir de provoquer le scandale et pour droit imprescriptible d'échapper à ses conséquences » (Sartre, 1948a : 140), insiste sur le risque qu'il y a à assimiler l'autonomie de la pratique littéraire à une forme d'irresponsabilité, au sens judiciaire du terme : la collectivité ne pourrait pas juger l'écrivain d'après ses œuvres parce qu'il n'est pas socialement responsable, tout comme un enfant ou un fou ne peuvent être tenus pour responsables de leurs actes. Ce serait ouvrir la porte à une dévaluation générale de la littérature, identifiée à une activité sans rime ni raison, qui ne peut porter à conséquence (et n'avoir donc aucune efficacité) puisqu'elle est irresponsable, donc dépourvue de sens. Ce serait la priver du pouvoir d'ébranler les consciences, de donner de la signification à la vie ou au monde, puisqu'on l'assimile alors à l'acte d'un fou ou d'un mineur. Au contraire, ce qui donne son prix à la liberté de l'écrivain, c'est la responsabilité totale qu'elle implique : le pouvoir de dire et d'écrire ce qu'on veut

n'a de sens que si on l'exerce dans un but précis, qui
dépasse la seule volonté d'exhibition de cette autonomie reconnue de la littérature.

Camus, pareillement, dénoncera la « frivolité » d'une
littérature uniquement soucieuse d'elle-même, et le
« mensonge luxueux » que représentent ces œuvres fer-
mées sur elles-mêmes, se voulant de purs objets esthétiques, détachés des contingences humaines et des devoirs
qu'impose l'état présent du monde. Car, pour lui, « Créer
aujourd'hui, c'est créer dangereusement. Toute publication est un acte, et cet acte expose aux passions d'un siècle
qui ne pardonne rien » (Camus, 1965 : 1080). Il y a donc
une gravité de l'engagement : écrire est une tâche ou un
devoir qui s'impose à la liberté de l'écrivain. Et le texte
engagé est plus que la manifestation de cette liberté ; il en
est la réalisation plénière, et, en cela, l'écrivain engagé est
totalement présent à l'écriture : fruit de sa liberté souve-
raine, son œuvre ne la concrétise pleinement qu'à condition qu'il assume l'entière responsabilité de ce qu'il écrit.

En somme, l'engagement, en ce qu'il recèle cet appel
fort à la responsabilité de l'auteur, procède du désir de
rendre aux mots leur poids et leur sens. Il vise à faire en
sorte qu'un livre (re)devienne quelque chose qui compte
vraiment, afin qu'on ne puisse plus balayer son propos
d'un revers de main en disant « tout cela n'est que littérature ». De ce point de vue, l'engagement sartrien, malgré ses outrances, a exercé une réelle séduction sur les
écrivains. Sur Michel Leiris par exemple, qui, s'étant
rapproché de Sartre pendant la Seconde Guerre, justifiait
ainsi le projet autobiographique de *L'Âge d'homme* :

> Un problème tourmentait [l'auteur], qui lui donnait
> mauvaise conscience et l'empêchait d'écrire : ce
> qui se passe dans le domaine de l'écriture n'est-il
> pas dénué de valeur si cela reste « esthétique »,
> anodin, dépourvu de sanction, s'il n'y a rien, dans

le fait d'écrire une œuvre, qui soit un équivalent
[…] de ce qu'est pour le *torero* la corne acérée du
taureau, qui seule – en raison de la menace matérielle qu'elle recèle – confère une réalité humaine à
son art, l'empêche d'être autre chose que grâces
vaines de ballerine ? (Leiris, 1946 : 10.)

L'intérêt de l'intervention de Leiris est qu'elle ne
relève de l'engagement que de façon minimale – l'inté-
ressé souligne lui-même qu'il « s'agissait moins là de
ce qu'il est convenu d'appeler "littérature engagée" que
d'une littérature dans laquelle [il] essayai[t] de [s']enga-
ger tout entier » (*ibid.* : 15). Mais elle permet de cerner,
à travers la préoccupation autobiographique, quelques-
unes des conséquences de cette « présence totale de
l'écrivain à l'écriture ».

D'abord, en ce qu'il nécessite le passage du spontané au
réfléchi, l'engagement comporte pour l'écrivain une exigence centrale de lucidité vis-à-vis de lui-même : il lui faut
se reconnaître *situé*, déterminé par une série de contraintes
qui orientent sa vision du monde. En cela – et c'est ce que
Leiris retient surtout –, la démarche d'engagement est animée par un désir d'objectivation de soi par et dans l'écriture : écrire est une entreprise de connaissance de soi, et
s'engager consiste à pousser l'expérience jusqu'au bout,
en refusant autant que possible toutes les formes de dénégation (par rapport à l'imprégnation de l'idéologie, au travail souterrain de l'inconscient, etc.) qui limitent la validité de cette auto-objectivation : derrière cette volonté
d'analyse, il y a l'idée, typiquement intellectuelle, que la
prise de conscience lucide des conditionnements qui
pèsent sur le sujet le rend plus libre vis-à-vis d'eux.

Mais le paradoxe de cette entreprise d'ascèse intellectuelle est qu'elle tend par ailleurs, de multiples
manières, à procéder à une *mise en scène de soi*. L'écrivain engagé, quelles que soient sa rigueur et son honnê-

teté, ne peut éviter de souscrire à une certaine mythologie héroïque de l'engagement, dont la valeur n'apparaît jamais si bien que lorsqu'elle se mesure au risque encouru : l'image du torero menacé par la corne du taureau chez Leiris, la nécessité de « créer dangereusement dans un siècle qui ne pardonne rien » chez Camus, entre autres exemples, signalent la représentation héroïque qui sous-tend la démarche de l'écrivain engagé. Voltaire roué de coups ou embastillé, Hugo exilé à Guernesey, Zola condamné pour « J'accuse », Péguy soumis en permanence aux aléas de la précarité matérielle, les écrivains résistants torturés et déportés, toutes ces images imprègnent la représentation de l'écrivain engagé, parce qu'elles permettent d'évaluer la valeur de l'engagement à l'aune du danger concrètement rencontré. La littérature devient alors vraiment un acte et atteint à cette participation effective que recherche l'écrivain engagé. Aussi ses textes sont-ils souvent traversés par cette vision, entre stoïcisme et tragédie, du rôle qu'il se prête : elle est en quelque sorte la contrepartie du travail d'ascèse qu'il effectue sur lui-même.

Ainsi la définition camusienne du « double jeu d'une œuvre et d'une vie » s'avère-t-elle exacte. Il y a une duplicité de l'engagement qui consiste en ce va-et-vient entre la personne de l'écrivain et son œuvre, entre la mise en avant de l'auteur et l'utilisation des ressources et des séductions qu'offre la littérature. Du coup, la littérature engagée se meut dans un espace incertain et ambigu, mais extraordinairement riche : comme l'a bien vu Jacques Derrida à propos de Sartre et de Blanchot (Derrida, 1996), le « lieu » de l'engagement se dessine à la croisée du *témoignage*, qui en constitue le « degré zéro », et de la *fiction*, qui en est la modalité la plus haute et peut-être la plus authentique.

Le témoignage, parce qu'il réalise pleinement cet accord d'une œuvre et d'une vie, est la forme basique de l'engagement : quand Gide dénonce les dérives de l'entreprise coloniale ou les déviations du communisme stalinien, il publie son journal de voyage, et cette façon de procéder assure à son intervention une écoute maximale. Mais le témoignage est aussi la malédiction de l'écrivain engagé, la forme pauvre par excellence, parce qu'elle est à peine littéraire, dépourvue de cette puissance d'évocation et de transformation qu'on prête à la fiction. C'est à son apparence de littérature de témoignage que la littérature prolétarienne doit par exemple son échec, incapable qu'elle fut d'imposer d'elle-même une image autre que celle du récit à valeur « humaine » et documentaire sur la condition ouvrière.

Aussi, pour manifester la dimension proprement littéraire de son intervention, l'écrivain engagé a-t-il souvent tendance à recourir aux pouvoirs de la fiction, transposant, avec une intensité variable, les faits qu'il entend rapporter, les soumettant à cette réélaboration qui, paradoxalement, est la seule à pouvoir les faire signifier pleinement. Se dégage ainsi un espace ambivalent qu'on pourrait nommer avec Serge Doubrovsky l'« autofiction » (Doubrovsky, 1980) : quoique cette catégorie dépasse de loin les limites de la littérature engagée, elle permet de rendre compte des enjeux littéraires et existentiels qui l'animent ; par l'autofiction, le matériau biographique, emprunté au vécu et à la réalité contemporaine, et qui atteste l'engagement de l'auteur, se trouve revisité et réorganisé par l'écriture, produisant une manière de « mentir-vrai », qui est comme la condition de possibilité d'une littérature engagée authentiquement littérature et pleinement engagée. Toute l'œuvre d'un Conrad Detrez, par exemple, joue sur cette ambivalence de la fiction et du témoignage : transposition baroque et carnavalesque de son expérience dans la guérilla brésilienne pendant les années soixante, son livre le plus célèbre, *L'Herbe à brûler* (1978), se présente

comme une « autobiographie hallucinée », déjouant de
la sorte les lectures simplistes ou dogmatiques pour
faire voir l'inextricable complexité de sentiments et de
motivations qui préside à tout engagement.

Outre le travail spécifique de transposition qu'elle
induit, cette présence totale de l'auteur possède également une fonction organisatrice au sein de l'ensemble de
sa production. En effet, l'œuvre d'un écrivain engagé
relève toujours quelque peu de la polygraphie et est dès
lors souvent multiple et éclatée, répondant de diverses
manières aux urgences de l'heure, elles aussi diverses et
variées. Pour ne prendre que le cas de Sartre, celui-ci se
présente dans l'après-guerre simultanément comme philosophe, essayiste, biographe, critique, romancier, dramaturge et journaliste politique ; la variété des sujets qu'il
aborde, des genres qu'il pratique et des publics auxquels
il s'adresse (le lecteur d'un traité de philosophie n'est
assurément pas le même que le spectateur de théâtre)
donne à sa production les allures d'une vaste nébuleuse
dont il est parfois difficile d'apercevoir la cohérence
interne. Et pour cause : ce qui assure la cohésion de
l'œuvre sartrienne à cette époque est moins l'unité des
thèmes ou du style que la permanence d'un projet (l'engagement) dont le garant est l'auteur lui-même, seul
capable de déterminer en quoi consiste ce projet global
et d'attester, en plaçant sa personne en première ligne,
que tous ses textes, malgré leur diversité, procèdent d'une
même intention générale. En cela, l'auteur engagé en
appelle aussi à la confiance de son lecteur, lui demandant
en quelque sorte de le croire sur parole.

Cependant, cette fonction régulatrice et unificatrice de
l'auteur ne s'affiche pas qu'extérieurement, dans un nom
placé sur la couverture d'un ouvrage ou une signature
apposée au bas d'un article ou d'une pétition. Elle tend à
se manifester plus subtilement à l'intérieur même du
texte, par ce que Barthes, évoquant nommément les

revues *Esprit* et *Les Temps modernes*, appelait « un langage professionnel de la présence », langage qui, « de lieu privilégié tend à devenir signe suffisant de l'engagement » (Barthes, 1953 : 23). Le critique entendait ainsi déplorer que, pour l'auteur engagé, la prise de parole soit une condition suffisante de l'engagement et n'implique pas une interrogation critique sur le langage qu'emprunte l'intervention engagée. Il faudra certes revenir sur cette question (voir p. 67-70), mais on peut dès à présent noter ceci : dans l'écriture engagée, la présence de l'écrivain ne se traduit pas par un travail formel précis et concerté et elle se manifeste à peine dans le style ; elle apparaît plutôt dans le *ton* du texte : le ton est ici comme la marque de l'auteur, ce qui passe dans l'écriture de sa voix et de ses inflexions, ce qui indique diffusément sa présence. Et tous les grands écrivains engagés ont ainsi un ton, difficile à décrire, mais qui n'appartient qu'à eux et qui est immédiatement reconnaissable. Qu'on pense à Charles Péguy et à cette écriture circulaire et ressassante jusqu'à l'écœurement qui le caractérise : elle ne vise pas tant à emporter l'adhésion qu'à manifester l'obstination têtue et l'intransigeance farouche d'un auteur qui ne concédera rien. Et celle de Sartre, faite de ruptures de rythme, d'accélérations soudaines du propos où une longue et patiente démonstration se clôt brusquement sur une formule brillante et sans réplique, façon de faire sentir cette volonté inflexible d'avoir raison et d'emporter le morceau quoi qu'il arrive…

On le voit, dans la littérature engagée, l'auteur est partout, et cette présence, nécessaire à la validation de son projet, risque cependant d'être quelque peu écrasante : sorte de tribun de l'écrit, l'écrivain engagé ne fait guère le partage entre ce qu'il a à dire et ce qu'il est. Toute son activité tournerait au monologue si, en face de lui, ne venait s'interposer une autre image et un autre pôle régulateur : celui du public auquel il s'adresse.

CHAPITRE IV

Le public : l'appel au profane

Au début de ses énigmatiques *Fleurs de Tarbes* (1941), Jean Paulhan – personnage insaisissable dont on ne peut certes pas faire le prototype de l'écrivain engagé – faisait la réflexion suivante :

> Chacun sait qu'il y a, de nos jours, deux littératures : la mauvaise, qui est proprement illisible (on la lit beaucoup). Et la bonne, qui ne se lit pas. C'est ce que l'on a appelé, entre autres noms, le divorce de l'écrivain et du public. (Paulhan, 1941 : 32.)

Paulhan exprimait ainsi une préoccupation qui allait être par excellence celle de la génération sartrienne : constatant ce « divorce » entre l'écrivain et le (grand) public, la littérature engagée s'est conçue comme une tentative de réconciliation entre ces deux « partenaires » essentiels de l'entreprise littéraire. Sur ce point, qui oriente le débat vers une problématique de la *réception*, l'engagement s'apparente à une mise en question des rapports entre littérature et société : par une sorte d'effet pervers, il semble que l'autonomie de la pratique littéraire – que personne ne songe à contester ou à restreindre – a créé un fossé entre les écrivains et la collectivité, et qu'une distance infranchissable s'est instaurée entre la littérature et la société qui l'accueille, mais ne la lit pas.

Cette irruption du grand public sur la scène littéraire de l'entre-deux-guerres s'explique par de multiples facteurs. Le premier d'entre eux tient aux changements de la morphologie sociale et à la façon dont la littérature en intègre plus ou moins (et plutôt moins que plus) les données. Dans ses régions les plus hautes et les plus consacrées, cette dernière reste en effet dépendante d'une conception élitiste et aristocratique de la pratique littéraire : pour les héritiers de la grande littérature bourgeoise du XIXᵉ siècle que sont les Gide ou les Valéry, celle-ci reste une activité à usage et à diffusion restreints, s'adressant à une audience choisie de pairs et d'initiés, seuls capables d'en apprécier la valeur ; tendanciellement, un succès de librairie est toujours suspect, parce que pèse sur lui le soupçon de concessions faites au goût « douteux » du « gros public ».

Or, les premières décennies du XXᵉ siècle en France ont connu une progression sensible et profonde de la scolarisation, caractérisée notamment par l'ouverture des filières d'études nobles à des étudiants issus de la moyenne et de la petite bourgeoisies (voir Ory, 1994 : 46-51). Si l'on ne peut ici parler d'une véritable démocratisation de l'école, il n'empêche qu'apparaît ainsi un nouveau lectorat potentiel, doté de dispositions cultivées et désireux d'accéder à la littérature dans ses formes les plus hautes. Cette situation accuse évidemment l'écart entre une représentation sacralisante de la littérature, qui exclut symboliquement la majeure partie de ses lecteurs, et ces lecteurs eux-mêmes, qui demandent à lire et à être reconnus comme tels : le divorce entre l'écrivain et le public est là, qui devient insupportable pour beaucoup, parce qu'il se justifie de moins en moins.

À cela s'ajoute un autre phénomène. Le début du siècle voit le développement de nouveaux médias s'adressant à un vaste public : dans le prolongement de celle du XIXᵉ siècle se développe une presse populaire à grand tirage, faisant largement appel à l'image et en particulier à la photographie ; à partir de 1925 (première station de TSF), la radio fait progressivement son apparition dans les familles françaises ; le cinéma enfin devient une véritable industrie et remporte un succès grandissant, le passage au parlant (1927) renforçant son emprise malgré le scepticisme des partisans du muet. Tous ces nouveaux médias suscitent l'apparition d'un public également neuf qui s'appellera bientôt « de masse ». Les écrivains ne peuvent rester indifférents : vont-ils laisser s'échapper ce formidable réservoir de lecteurs, qui paraît se dérober à eux aussitôt qu'ils l'ont aperçu, capté qu'il est par d'autres formes d'expression ? Le cinéma, en particulier, cristallise ces inquiétudes et ces interrogations : pour certains, comme Georges Duhamel, il représente un danger pour la culture et menace d'abrutir les spectateurs ; auprès de beaucoup d'autres par contre, il suscite un authentique enthousiasme, notamment en ce qu'il réconcilie tous les publics dans l'obscurité des salles : la poésie de *Charlot*, par exemple, atténue la frontière entre le lettré et le populaire et séduit également surréalistes et ouvriers. (Sartre lui-même, fervent amateur de cinéma depuis son enfance, intitulera sa revue *Les Temps modernes* en hommage à Chaplin.)

Enfin, à côté de cette culture de masse en gestation, les masses elles-mêmes font leur entrée sur la scène publique. Elles ont notamment payé un lourd tribu à la guerre entre 1914 et 1918 et elles ont en quelque sorte conquis ainsi un droit de présence et de parole qu'elles ne se privent pas d'exercer : en France, les associations d'anciens combattants (qui ont alors trente ou quarante ans) constituent une force politique active et mobilisée, capable de faire pression sur le pouvoir. De plus, partout en Europe, naissent des démagogues qui s'appuient sur des foules conquises et exaltées : les grands rassemblements publics qui rythment la vie politique de l'Italie mussolinienne ou de l'Allemagne hitlérienne proposent l'image simultanément fascinante et terrifiante d'une masse fusionnelle et fanatisée dont la puissance impressionne. Et puis, il y a cette « lueur à l'Est », la Révolution soviétique qui a instauré la « dictature du prolétariat » : l'utopie communiste paraît désormais réalisable et le prolétariat devient la classe porteuse d'avenir et d'universalité, puisque c'est par lui que peut se concrétiser le rêve d'une société réconciliée et sans classe.

Dans l'imaginaire de l'époque, les masses prennent donc une importance cardinale : elles cessent d'être considérées comme un ensemble passif et inerte, sur lequel il est parfois bon de se pencher avec commisération ; elles deviennent actives, en ce qu'elles se révèlent force agissante et qu'elles interviennent désormais dans le débat public. De nombreux écrivains perçoivent cette nouvelle donne sociale et s'en préoccupent. Ainsi, l'unanimisme d'un Jules Romains, conçu dès avant la Première Guerre, peut apparaître comme une vision poétique, voire mystique, du rôle social des masses. Plus largement, se pose la question de savoir comment les écrivains doivent réagir, car il y a là pour eux un public neuf et vaste qu'il faut conquérir, faute de quoi il se tournera vers d'autres moyens d'expression et d'autres formes de culture que la littérature.

Encore faut-il distinguer ici la réalité de la représentation. Dans les faits, il y a pour l'écrivain un public potentiel, formé de ces lecteurs récemment scolarisés qui ont une demande culturelle véritable et pour lesquels tout un pan de la littérature des années vingt et trente a été écrit (on pense ici à cette littérature « moyenne », un peu oubliée aujourd'hui mais d'une grande influence à l'époque, représentée pêle-mêle par

Chamson, Guéhenno, Duhamel, Romains, Guilloux et bien d'autres – voir p. 247-251). Mais il importe surtout d'identifier ce *public fantasmé* que le tropisme révolutionnaire a en quelque manière imposé à l'imaginaire des écrivains engagés : il s'agit évidemment du prolétariat, concrètement très difficile à toucher, et dans lequel pourtant bon nombre d'auteurs voient l'avenir de la littérature ; à l'utopie révolutionnaire répond ainsi l'utopie littéraire d'un « public total » dans une société sans classe. Cette perspective est pour l'écrivain simultanément enthousiasmante et angoissante : de Malraux à Sartre, s'élabore ainsi le rêve d'une vaste audience de lecteurs coalisés par la parole de l'écrivain, en même temps que s'insinue en permanence la crainte que cette unification hautement désirable du public ne se produise pas autour de la littérature, mais d'un autre art, le cinéma par exemple, mieux fait pour agréger cette vaste masse de lecteurs-spectateurs en puissance qu'annonce le triomphe du prolétariat.

Aussi la grande question qui se pose à l'écrivain engagé est-elle : comment atteindre ce public aperçu, mais insaisissable ? Sur ce point, c'est sans doute Sartre qui a donné la réponse la plus systématique et la plus claire, puisque la totalité de *Qu'est-ce que la littérature ?* envisage la problématique de l'engagement en termes de relation entre auteur et public et/ou lecteur. En effet, pour Sartre, engager la littérature revient en fait à lancer un vaste *appel au profane*, en conviant l'écrivain à s'adresser à cette masse de lecteurs qu'une certaine littérature élitiste exclut symboliquement de l'échange littéraire. Il faut donc renoncer à écrire pour ses pairs, ne plus concevoir l'écriture comme une activité réservée à un petit nombre d'élus. Sans doute, la littérature risque-t-elle d'y perdre un peu de cette distinction formelle et de cette réflexivité précieuse qui, dans le canon moderne, en faisait la valeur. Mais l'enjeu en

vaut peut-être la peine : réconcilier la littérature avec le
public, lui gagner un nombre de lecteurs de plus en plus
grand, afin qu'elle (re)devienne une force agissante, un
moyen d'ébranler les consciences et de faire changer
le monde. Cette volonté d'étendre son public n'est
d'ailleurs pas un projet spécifiquement sartrien : lorsqu'il conçut au début des années trente le projet du cycle
des *Hommes de bonne volonté*, Jules Romains, encore
lui, décida de rompre avec Gallimard, dont la griffe éditoriale était pourtant la plus prestigieuse de l'époque,
pour rejoindre Flammarion, qu'il estimait plus en
mesure que l'éditeur de la *NRF* de l'aider à atteindre le
grand public auquel il voulait s'adresser... (sur cet épisode, voir Rony, 1993 : 382-387).

Lancer cet appel au profane, c'est donc refuser
d'écrire pour les seuls *happy few*. Mais il y a plus : c'est
justifier toute l'entreprise de la littérature engagée. En
effet, à ceux qui l'accusaient de trahir la littérature en
la mettant au service de causes qui n'étaient pas les
siennes, Sartre n'a cessé de répondre en invoquant le
public et en demandant au nom de quelle définition de
la littérature on pouvait ainsi s'arroger le droit d'ignorer
tous ces lecteurs en attente. En appeler au profane
consiste dès lors à récuser l'autosuffisance de l'œuvre
littéraire, entendue comme faculté pour elle de définir
ses propres principes et ses propres fins, et à lui substituer comme critère définitoire la relation de l'écrivain
et du public.

En cela, le lecteur, tel que l'envisage Sartre, est très
différent de ce lecteur abstrait et idéal, autre soi-même
de l'écrivain et doté des mêmes aptitudes esthétiques
que lui, dont un Gide, dans la préface à *Paludes*, atten-
dait la révélation de ses œuvres : le lecteur sartrien est
concret et *situé* ; plus qu'une simple instance postulée
par l'échange littéraire, il est une personne à part
entière, qui s'insère dans une collectivité, possède une

appartenance sociale, présente des envies et des goûts qui sont ceux de son groupe. En le choisissant, l'écrivain définit dès lors son projet et la nature de son engagement :

> (…) on peut dire aussi bien que c'est le choix fait par l'auteur d'un certain aspect du monde qui décide du lecteur et réciproquement que c'est en choisissant son lecteur que l'écrivain décide de son sujet. Ainsi tous les ouvrages de l'esprit contiennent en eux-mêmes l'image du lecteur auquel ils sont destinés. (Sartre, 1948a : 79.)

La littérature engagée se caractérise donc par le fait qu'elle inscrit explicitement au cœur du texte l'image du destinataire qu'elle s'est choisi, ouvrant de la sorte l'espace d'une réflexion centrée sur la problématique de la réception. Idéalement, c'est en déterminant le public auquel il s'adresse que l'écrivain engagé situe son œuvre socialement, politiquement et idéologiquement, dans la mesure où cette élection du public commande les buts, les sujets et les moyens de son entreprise. Pour le dire vite et schématiquement, on n'écrit pas pour les prolétaires comme on écrit pour les bourgeois ou pour ses pairs en littérature. L'efficacité de l'engagement tiendrait à cet ajustement étroit entre le propos du texte et les lecteurs pour lesquels il est écrit, comme si l'écrivain rêvait ici de produire une littérature qui atteindrait son but en trouvant le public pour lequel elle est faite : une sorte d'osmose parfaite s'établirait entre l'auteur et le lecteur, qui abolirait toute distance entre les partenaires de l'échange et ferait de l'œuvre, à l'instar de la parole dans la vie quotidienne, un simple instrument de médiation.

Il n'en reste pas moins que cette démarche ne saurait présenter dans la réalité de l'écriture la simplicité et la transparence que lui prête la théorie. Dans la pratique effective, elle est au contraire traversée par une série d'ambiguïtés que ces deux passages de *Qu'est-ce que la littérature ?* permettent partiellement de saisir :

> Alors, l'écrivain se lancera dans l'inconnu : il parlera, dans le noir, à des gens qu'il ignore, à qui l'on n'a jamais parlé sauf pour leur mentir ; il prêtera sa voix à leurs colères et à leurs soucis ; par lui, des hommes qui n'ont jamais été reflétés par aucun miroir et qui ont appris à sourire et pleurer comme des aveugles, sans se voir, se trouveront tout à coup en face de leur image. (Sartre, 1948a : 267.)

> Ainsi le public concret serait une immense interrogation féminine, l'attente d'une société tout entière que l'écrivain aurait à capter et combler. (Sartre, 1948a : 160.)

Si la littérature engagée consiste à *écrire pour*, toute la difficulté de l'entreprise réside alors dans la duplicité de ce *pour*. S'agit-il d'écrire *en fonction* du public qu'on s'est choisi, c'est-à-dire de répondre à une certaine commande sociale, de capter un « horizon d'attente » encore indistinct et flou ? De toute évidence, c'est de cela qu'il est question pour Sartre, et l'on mesure au lyrisme du texte combien cette tâche présente aux yeux de l'auteur une grandeur quasiment héroïque : la force d'une œuvre procéderait ici de sa capacité à rencontrer et à formuler les attentes vagues et indéterminées d'une « société tout entière », c'est-à-dire, en définitive, à révéler cette société à elle-même et à l'informer (au sens de lui donner forme). Mais simultanément, cette emphase et cet emportement ne signalent-ils pas aussi que, dans une certaine mesure, écrire *pour* signifie également écrire *à la place de* ? Comment comprendre autrement la métaphore sexuelle qui traverse le second extrait et qui prête au public une passivité féminine et à l'écrivain une aptitude virile à « combler » les attentes extatiques de ses lecteurs ? Il y a là, de toute évidence, une espèce d'impensé de l'engagement, à travers lequel se découvre l'inégalité du rapport de l'écrivain au grand public : le premier reste toujours maître du jeu et se conçoit comme celui qui révèle au second ce qu'il est et ce qu'il attend ; l'écrivain engagé se pense ainsi tantôt comme un pédagogue qui, dans le droit fil du philosophe des Lumières, veut « instruire », faire connaître et faire comprendre (le théâtre « de situations » de Sartre est pour une large part habité de cette intention), tantôt comme un tribun qui dirige la foule qu'il est parvenu à agréger et à mobiliser autour de lui par la force incandescente de sa parole.

Mais ce fantasme tribunicien révèle une autre difficulté, plus réelle et concrète, à laquelle s'affronte tout écrivain engagé : comment peut-il être sûr d'être vraiment lu par ceux-là à qui il s'adresse ? Son engagement n'est-il pas compromis par le fait qu'il n'atteint jamais tout à fait le public visé, mais qu'il est lu par d'autres lecteurs, à qui il n'a peut-être rien à dire, à qui en tout cas il ne dirait pas la même chose et pas de la même manière ? Rien n'assure en effet l'écrivain que son engagement ne sera pas trahi et déformé malgré lui, par le simple fait que ses textes n'atteindront pas le destinataire qu'ils ciblaient.

De ce point de vue, l'entrée en grande pompe du prolétariat sur la scène imaginaire de la littérature condense ces difficultés avec une intensité particulière. Comment en effet toucher réellement ce public qui n'est, en somme, pas (ou pas encore) celui de la littérature et que Sartre pensait « introuvable » ? Outre que cette volonté d'écrire pour le prolétariat débouche sur des rapports souvent tendus et conflictuels entre écrivain engagé et parti communiste, il faut prendre en considération une donnée psychologique majeure : quelles que soient sa bonne volonté et sa sincérité, l'écrivain, bourgeois, est « marqué » par ses origines sociales et les porte comme un stigmate ; déchiré entre son appartenance primitive et son désir généreux de rejoindre le prolétariat en lutte, il se sent irrémédiablement « séparé » de cette classe dans laquelle il voudrait se fondre, sans jamais pouvoir y arriver, parce que son individualisme, son goût pour la liberté et l'esprit critique au détriment de la discipline de groupe, créent entre lui et la classe ouvrière une distance infranchissable. Cette conscience malheureuse qui habite l'écrivain révolutionnaire est un leitmotiv de la littérature engagée de l'entre-deux-guerres (voir, par exemple, *Mort de la pensée bourgeoise* d'Emmanuel Berl, pamphlet publié en 1929).

Dans *Qu'est-ce que la littérature ?*, Sartre a formalisé ce déchirement de l'écrivain en proposant la distinction entre *public réel* et *public virtuel* : le premier constitue le public traditionnel et bourgeois de la littérature ; le second est celui que l'écrivain engagé cherche précisément à atteindre alors même qu'il ne constitue pas son public « naturel » (c'est pourtant de lui que dépend la validité de son engagement). Il écrit donc sous le coup d'une double postulation : il lui faut écrire *contre* son public réel, en vue de contester ses privilèges et, en même temps, il doit écrire *pour* son public virtuel, afin de l'inciter à se libérer. Or, la difficulté paraît ici insurmontable. En effet, comment s'adresser simultanément à deux publics aussi différents ? Comment parler à la fois à l'opprimé et à l'oppresseur ? L'écrivain engagé est piégé par la nature de son projet et se trouve contraint à une forme de *déloyauté* constante : il lui faut feindre d'écrire pour des lecteurs qui ne le lisent pas et faire semblant d'ignorer qui le lit vraiment.

Dans la pratique, cette situation impossible aboutit à

un résultat singulier : tout se passe comme si l'écrivain
en venait finalement à attester devant son public réel de
l'engagement qu'il a pris *contre* lui et que, dès lors,
écrire *pour* son public virtuel signifiait parler en son
nom et à sa place. C'est ce que Barthes décrivait comme
« rejoindre une parole close par la poussée de tous ceux
qui ne la parlent pas » (Barthes, 1953 : 23) : au nom
même de son engagement, l'écrivain se trouve renvoyé
à son point de départ et au divorce entre littérature et
société qu'il refusait ; il est, au bout du compte, lui aussi
séparé de ceux-là qu'il entendait atteindre. Cette inévitable déloyauté le poursuit comme une malédiction et
représente la limite de son entreprise, le moment où
l'engagement cesse de se donner dans la positivité et
l'extériorité des choix transparents et univoques, pour
se retourner sur lui-même et rencontrer sa propre ambiguïté, ses contradictions internes et la déception fondamentale qu'il recèle (conscience malheureuse, mauvaise
foi, déloyauté, etc., autant d'expressions pour signifier
l'aporie constitutive de toute littérature engagée – aporie cernée de façon exemplaire par Roland Barthes dans
Le Degré zéro de l'écriture). Cela ne signifie pas que
l'entreprise engagée soit vaine (il faut au moins avoir
essayé), mais qu'elle présente des limites qu'il faut
affronter lucidement. À travers elles se découvre une
question qui hante tout le débat : n'y a-t-il pas, en définitive, incompatibilité entre faire œuvre littéraire et
s'engager intégralement ?

CHAPITRE V

Les contradictions de l'engagement

S'agissant de littérature, en appeler au profane pour justifier le choix de l'engagement représente une opération polémique et critique. En effet, en s'appuyant sur une instance extérieure au champ (le grand public), l'écrivain engagé se met en position de porter un regard *désacralisant* sur le fait littéraire : toute une mythologie de l'écriture et de l'écrivain se trouve mise à distance par l'effet de ce changement de perspective – le souci de la postérité fait place à la conscience de l'urgence, la revendication d'autonomie et de repli se mue en une exigence de responsabilité et de participation, la posture d'impartialité se renverse dans l'affirmation de la nécessité du choix, etc. Ce changement de perspective modifie du même coup les schèmes d'évaluation des œuvres – d'une appréciation en termes esthétiques, on passe à des critiques de nature éthique ou idéologique. L'engagement induit de la sorte, et à des degrés divers, une remise en cause de la représentation que la modernité a construite de la littérature : prise entre l'auteur, dont la présence totale est hautement affirmée, et le public, qui joue le rôle de pôle régulateur, l'œuvre elle-même paraît perdre l'autosuffisance qu'elle avait conquise dans la *doxa* moderne ; elle ne semble plus être sa propre fin, mais devient un moyen au service d'une cause ou d'un propos qui la dépassent. Le rêve d'une littérature pure s'efface au profit d'autre chose, qui est ici la volonté de s'engager, de réconcilier littérature et société par-delà la rupture moderne.

Telle qu'elle est exposée dans *Qu'est-ce que la littérature ?* et telle qu'elle a servi de fil conducteur aux chapitres précédents, la théorie sartrienne de l'engagement envisage de façon systématique cette prise de distance avec le *nomos* moderne : rassemblant la série de traits épars et peu formalisés qui caractérisaient jusque-là la littérature engagée, Sartre les articule en un tout cohérent et réfléchi. De ce fait, sa position en matière de littérature peut apparaître à juste titre comme extrême – c'est d'ailleurs pourquoi elle a eu un tel retentissement et qu'elle continue aujourd'hui d'être à ce point contestée. Là où ses prédécesseurs pratiquaient l'engagement littéraire de façon empirique et au coup par coup, s'accommodant tant bien que mal des difficultés qu'il soulevait, la réflexion sartrienne met au jour et affronte la tension, jusque-là latente, qui existe entre l'engagement et une conception de la littérature héritée de la modernité. Au point qu'on peut s'interroger sur la possibilité même de conjoindre littérature et engagement sans renoncer à la première ou « manquer » le second. Les pages qui suivent se proposent de passer en revue quelques-unes des difficultés que soulève la notion de littérature engagée, avant de s'achever sur une question qui condense cette problématique : celle des rapports entre poésie et engagement.

Le reproche le plus communément adressé à la conception sartrienne de l'engagement est qu'elle néglige la dimension spécifiquement esthétique de l'entreprise littéraire. Il est vrai que *Situations, II* abonde en formules qui confirment cette impression : « la beauté n'est […] qu'une force douce et insensible » ; « le plaisir esthétique n'est pur que s'il vient par-dessus le marché » (Sartre, 1948a : 30-31) ; « au fond de l'impératif esthétique nous discernons l'impératif moral » (*ibid.* : 69). Comme on le voit, tout l'effort de Sartre consiste ici non pas à récuser la dimension esthétique de l'œuvre, mais plutôt à la rendre secondaire, en la faisant dépendre de considérations d'une autre nature, essentiellement éthique.

Dans cette perspective, la littérature doit être distinguée des autres arts, musique, peinture et sculpture, qui ne peuvent quant à eux être soumis à pareil schème d'évaluation, et donc prétendre à l'engagement. Cette distinction entre l'écrivain et l'artiste, proposée dès les premières pages de *Qu'est-ce que la littérature ?* et strictement indexable sur celle du prosateur et du poète sur laquelle nous nous arrêterons à la fin de ce chapitre, reste néanmoins problématique et sera souvent contestée. Jean-Louis Ferrier, par exemple, s'attachera, dans *De Picasso à Guernica*, à montrer avec une fidélité paradoxale à l'esprit sartrien que la peinture peut aussi être engagée (voir Ferrier, 1998 : 9-24). En sens inverse, Albert Camus, dans ses *Discours de Suède* (1957), développera une conception de la littérature engagée qui emprunte l'essentiel de son argumentaire à Sartre, mais substitue significativement au terme « écrivain » celui d'« artiste » (Camus, 1965 : 1065-1096) : ce glissement discret traduit la volonté de rétablir, contre Sartre, le primat de la visée esthétique dans l'entreprise littéraire.

Il n'en reste pas moins qu'à travers la question de l'artiste et/ou de l'écrivain se joue bien autre chose : le vrai problème auquel s'est affrontée la littérature de ce siècle, engagée ou non, réside plutôt dans l'interrogation sur la signification de l'acte d'écriture : qu'est-ce qu'écrire ? quelle peut être la portée de cette entreprise singulière ? en quoi et comment la littérature, qui procède nécessairement d'une visée esthétique, peut-elle se révéler force agissante, exercer une action sur le monde, voire contribuer à le changer ?

De ce point de vue, Sartre s'oppose à l'idée généralement répandue selon laquelle l'écrivain, à l'instar de l'artiste, pose un *geste créateur*. Comme à toute entreprise humaine, la création absolue *(ex nihilo)* est en effet interdite à la littérature et l'écrivain ne peut prétendre jouer le rôle d'un démiurge : ce serait se prendre pour Dieu et se placer du coup en dehors de la condition humaine ; le monde des hommes serait dès lors inaccessible et aucun échange ne s'avérerait possible entre l'écrivain et son lecteur (de même, l'auteur ne peut prétendre à l'impartialité que confère la position divine : il est toujours *situé*). On mesure à nouveau le tour désacralisant que prend l'intervention sartrienne, puisqu'elle s'attaque au prestige créateur que l'on prête habituellement à l'écrivain.

À la création comme mode opératoire de la littérature, Sartre substitue la notion de *dévoilement* : ne travaillant que sur du donné et du déjà existant, l'écrivain aurait pour tâche de mettre au jour ce qui est là, mais restait inapparent ou caché ; « il est l'homme qui nomme ce qui n'a pas encore été nommé ou qui n'ose pas dire son nom » (*Qu'est-ce que la littérature,* 1948 : 29). En d'autres termes, l'écrivain est plongé dans la vaste complexité du monde pour en révéler certains aspects ou certaines facettes qui n'avaient pas retenu l'attention jusquelà ; la nouveauté de son action ne tient pas au fait qu'il ajoute du neuf à ce qui existait déjà, mais à ce que son intervention porte sur ce qui n'avait pas encore été montré ou dit : en ajoutant un nouvel élément à ce qui était déjà connu, il donne à voir et à penser l'ensemble sur de nouveaux frais ; il modifie donc le donné par le seul effet de sa parole dévoilante. Là se trouve la grande confiance que Sartre accorde aux mots : dire les choses, c'est vouloir les changer ; parler ou écrire, c'est agir sur le monde. Quelques années plus tard, Roland Barthes suggérera à propos de Kafka que le propre de la littérature se trouve moins dans le dévoilement que dans l'*allusion* (« La réponse de Kafka », dans Barthes, 1964 : 138-142) : la littérature parle obliquement, dit les choses à demi-mots, maintenant une ambiguïté ou un flottement du sens qui en fait une machine à interroger indéfiniment le monde et les signes, ce questionnement incessant constituant la seule prise que l'écrivain possède sur le donné.

En définitive, on le voit, ce qui sépare le plus profondément Sartre de la modernité littéraire est sans doute le rapport au langage. La conscience moderne repose en effet sur la perception d'une inadéquation du langage au monde : les mots n'expriment jamais tout à fait ce qu'on veut leur faire dire ; ils *résistent*, au sens où ils possèdent une opacité ou une épaisseur propres ; au cœur du langage gît une part d'incommunicable que l'écrivain aurait à sonder d'abord et avant tout. Aussi, pour reprendre la terminologie de Barthes dans « Écrivains et écrivants » (*ibid.* : 147-154), l'écrivain moderne pratique-t-il une activité *intransitive*, puisqu'il « s'absorbe fonctionnellement » dans le travail sur le langage et qu'il « absorbe radicalement le *pourquoi* du monde dans un *comment écrire* » (*ibid.* : 148).

Sartre, et avec lui toute littérature qui prétend à l'engagement, butte sur la conception moderne du langage : pour lui, le langage est utilitaire par essence et il remplit une fonction instrumentale ; celui qui parle ou écrit – selon Sartre, il n'y a en effet pas lieu de distinguer d'emblée l'écrivain du « parleur » et l'entreprise littéraire de la communication quotidienne – est engagé dans un processus d'échange et de communication. Les mots sont ici inessentiels par rapport à la réalité qu'ils désignent. La parole engagée est donc *transitive*, en ce qu'il s'agit d'*écrire pour*, de viser la transmission d'informations, d'idées, d'opinions, de sentiments. Cela ne signifie pas que Sartre conçoive le langage dans une transparence idéale et parfaite : certes, la parole présente des ratés et des échecs, qui sont autant de « silences » du langage (voir à ce sujet, Louette, 1995) que l'écrivain engagé doit travailler à rompre et à remplir d'une signification claire. Mais ces problèmes localisés ne peuvent le détourner de la tâche qu'il s'est assignée et qui consiste, inlassablement, à dire le monde et les choses dans la positivité du langage-instrument.

On conçoit évidemment combien cette position a pu – et peut continuer de – paraître scandaleuse : soit elle témoigne d'une méconnaissance foncière de la réalité de l'entreprise littéraire, soit elle est le produit d'une volonté de rompre avec une expérience du langage pourtant fondatrice et indépassable. Chez Sartre, cette rupture s'affirme par la volonté de (re)considérer le langage « à l'endroit », c'est-à-dire par le refus de se laisser fasciner sur la part d'incommunicable qu'il recèle, attitude qui consiste à considérer le langage « à l'envers » et, dès lors, à en dévoyer l'usage.

Cette distance prise avec la problématique moderne du langage est particulièrement visible dès qu'on envisage la question de la *forme*. La modernité, en effet, a sacralisé le travail formel – qu'on pense seulement à Flaubert – et en a fait la spécificité du littéraire : « s'absorber fonctionnellement dans le travail sur le langage », c'est faire de la forme le lieu privilégié de l'activité littéraire, celui où se donnent à voir tant le sens assigné par l'écrivain à son entreprise que la différence radicale qui distingue l'emploi littéraire du langage de ses usages pratiques et quotidiens. La priorité de principe accordée à la forme est donc ce qui isole la littérature des autres discours sociaux ; d'où aussi que toute recherche d'une « littérature pure » s'est presque toujours traduite par la tentation de produire un formalisme intégral ou, à tout le moins, une littérature autotélique, qui serait à elle-même son propre objet.

Si Sartre dénonce la circularité tautologique d'une telle conception – formaliste – de la littérature, cela ne signifie par pour autant que la problématique de la forme lui soit totalement étrangère. Ses premières critiques littéraires, par exemple, sont presque uniquement centrées sur des questions de technique romanesque ; elles l'amèneront d'ailleurs à formuler un axiome critique essentiel : refusant de voir dans les « bizarreries de la technique » faulknérienne « des exercices gratuits de virtuosité », il posera au contraire que « une technique romanesque renvoie toujours à la métaphysique du romancier » (Sartre, 1947 : 65-66). Cette phrase définit bien la position de Sartre à l'égard de la forme : contrairement à ce que sa conception quasi instrumentale du langage pourrait laisser croire, il conçoit parfaitement que la forme soit porteuse de sens et qu'elle participe pleinement à l'entreprise littéraire et à l'engagement. Simplement, « il s'agit [d'abord] de savoir de quoi l'on veut écrire » et ensuite « il reste à décider comment l'on en écrira » ; « souvent les deux choix n'en font qu'un, mais jamais, chez les bons auteurs, le second ne précède le premier » (Sartre, 1948a : 31). En d'autres termes, la préoccupation formelle n'est pas incompatible avec le choix de l'engagement ; simplement, ce que Sartre refuse violemment, c'est *l'autonomie de la forme* : celle-ci ne peut signifier indépendamment du contenu et doit en quelque manière rester « au service » de celui-ci ; elle ne peut le parasiter et encore moins le contredire. Roland Barthes, dès *Le Degré zéro de l'écriture*, s'attachera à contester Sartre sur ce point précis et à rétablir la forme dans les droits que lui avait donnés la modernité :

> L'écriture moderne est un véritable organisme indépendant qui croît autour de l'acte littéraire, le décore d'une valeur étrangère à son intention, l'engage continuellement dans un double mode d'existence, et superpose au contenu des mots, des signes

opaques qui portent en eux une histoire, une compromission ou une rédemption secondes, de sorte
qu'à la situation de la pensée, se mêle un destin supplémentaire, souvent divergent, toujours encom-
brant, de la forme. (Barthes, 1953 : 62.)

Les positions polaires de Sartre et de Barthes définis-
sent ainsi un espace polémique dans lequel se meut le
débat sur l'engagement. Entre la stricte indexation sartrienne de la forme sur le fond et la tout aussi radicale
disjonction que Barthes opère entre « situation de la
pensée » et « destin [autonome] de la forme », il existe
un vaste entre-deux dans lequel évolue la littérature
engagée : l'écrivain engagé est en effet partagé entre le
souci de prendre position avec netteté afin d'être
entendu et le désir de faire œuvre littéraire malgré tout
(malgré toutes les ambiguïtés que recèle l'écriture littéraire), ce qui revient à vouloir s'engager sans renoncer
à la littérature.

Ce désir de conciliation entre deux impératifs qui peuvent apparaître comme contradictoires est commun à
tous les écrivains engagés et, de Malraux à Camus, de
Péguy à Sartre, se dessinent les contours incertains
d'une activité *bâtarde* : entre transitivité et intransitivité, entre écrivant et écrivain, la littérature engagée
renonce dans les faits à l'aristocratisme et à la pureté
qu'impliquait l'idéal moderne. La vérité de la littérature
ne se trouve plus en elle-même, dans sa propre assomp-
tion comme fin en soi, mais plutôt dans la façon, toujours localisée et temporaire, qu'elle a de renoncer à
elle-même pour agir sur le monde. Cette bâtardise-là,
qui souligne fortement l'instabilité de la notion de littérature engagée, constitue peut-être la grandeur de cette
entreprise, dans laquelle l'écrivain se risque tout entier
en connaissant les contradictions insolubles auxquelles
l'expose sa démarche.

Ces contradictions de l'engagement – qui, soit dit en passant, sont en symétrie exactement inverse à celles qui caractérisent la conception moderne de la littérature – convergent toutes vers un point aveugle de la pratique littéraire qui se nomme : *poésie*. De tous les genres littéraires, la poésie est celui que la modernité a symboliquement le plus valorisé, parce qu'en lui se donnaient à voir le plus pleinement les principes qui fondaient l'appréhension moderne de la littérature : le poème est un objet autonome et clos, à lui-même son propre principe et sa propre fin ; en lui, le langage se retourne sur lui-même et se prend pour objet, ne disant rien d'autre que cette démarche autoréflexive. Forme intransitive par excellence, la poésie résiste de tout son « être » à l'engagement.

Il ne faut donc pas s'étonner que *Qu'est-ce que la littérature ?* s'ouvre sur une distinction entre prose et poésie – activités entre lesquelles « il n'y a de commun que le mouvement de la main qui trace les lettres » (Sartre, 1948a : 25). Il y va pour Sartre de la possibilité même de l'engagement et du refus de « la contamination d'une certaine prose par la poésie » (*ibid.* : 31). Au même titre que la musique, la sculpture ou la peinture, la poésie, selon Sartre, ne serait pas « engageable », parce qu'elle ne manipule pas des signes et qu'elle ne vise pas à communiquer : le poète s'est placé en dehors du langage et de la condition humaine pour observer le premier « à l'envers ». Les mots sont pour lui des choses ; il n'est pas engagé dans un procès d'échange et de communication ; son activité est une pure dépense, une destruction gratuite du monde par « l'holocauste des mots ».

La prose, quant à elle, est « utilitaire par essence » et « sa matière est naturellement signifiante » :

c'est-à-dire que les mots ne sont pas d'abord des objets, mais des désignations d'objets. Il ne s'agit

pas d'abord de savoir s'ils plaisent ou déplaisent en
eux-mêmes, mais s'ils indiquent correctement une
certaine chose du monde ou une certaine notion.
(…) La prose est d'abord une attitude d'esprit : il y
a prose quand, pour parler comme Valéry, le mot
passe à travers notre regard comme le verre au travers du soleil. (Sartre, 1948a : 25-26.)

À la lecture de ce passage, on mesure combien, à travers la distinction prose-poésie, fait retour la problématique du langage sur laquelle nous nous sommes arrêté
précédemment. Pour Sartre, il y aurait un usage poétique de la langue, nécessairement intransitif, dans
lequel l'engagement n'a rien à faire. Le domaine propre
de celui-ci serait la prose, que sa transitivité et sa vocation utilitaire prédisposent « naturellement » à cette
démarche.

Le statut du fait poétique devient dès lors extrêmement problématique. Quoiqu'il la pense inengageable,
Sartre ne condamne pas la poésie et il lui demande
moins encore de se transformer en vue de rencontrer les
nécessités positives de l'engagement : elle est ce qu'elle
est et il n'y a pas lieu de lui demander d'être autre
chose, sans quoi elle ne serait plus poésie. Qu'en faire
dès lors et quelle place lui accorder dans le continent littéraire ? Sitôt en effet qu'il reconnaît la singularité du
fait poétique, Sartre soustrait aux impératifs de l'engagement une part significative de l'activité littéraire, pour
ne pas dire sa « meilleure part », celle dans laquelle s'est
incarnée toute une représentation de ce qu'écrire signifie. On ne peut ainsi repousser la poésie en bordure
du fait littéraire et la ranger aux côtés des Beaux-Arts :
son prestige et sa fonction symbolique en littérature
sont trop grands et, par un effet d'inversion paradoxale,
cette démarche aboutirait en fait à marginaliser la prose
et avec elle toute littérature engagée. Jean Ricardou

l'avait bien vu qui, dans un débat avec Sartre, soulignait
que

> ce que je propose de nommer *littérature*, Sartre
> l'appelle *poésie* – et ce que j'appelle *domaine des
> écrivants* ou *information*, il le nomme *littérature*.
> (Beauvoir *et al.*, 1965 : 54.)

Dans un contexte où l'idée de littérature continue de
se définir massivement en référence à la démarche poétique – qu'on pense simplement à la « fonction poétique » de Jakobson, dont on a voulu faire l'indice de la
spécificité du littéraire tout entier –, excepter la poésie
de l'engagement reste problématique. Sartre tentera
bien de contourner la difficulté en condamnant, plutôt
que la poésie, l'attitude existentielle du poète, lui repro-
chant d'avoir pris un *engagement négatif*, orienté
par l'idée que la communication est impossible et que
la littérature ne peut changer le monde. Mais le fait
demeure : la poésie résiste à l'engagement, dont elle
constitue le point aveugle ; à travers elle, les apories de
l'entreprise engagée se révèlent comme autant de
limites ou de contradictions irréductibles. Quels que
soient les époques ou les auteurs, l'alliance du poétique
et de l'engagement signale toujours une difficulté : qu'il
s'agisse de la pensée contre-révolutionnaire condamnant la littérature des Lumières au motif qu'elle aurait
méconnu l'essence de la poésie ou qu'on pense à Hugo
et Péguy, simultanément poètes et écrivains engagés, on
retrouve toujours, à travers la question de la poésie,
cette ombre portée sur une expression qui finit par
paraître oxymorique : la littérature engagée.
   Ainsi, dans le domaine des représentations, la littérature engagée s'avère une notion ambiguë et duplice, en
ce qu'elle cherche à concilier des types de valeurs
(celles relevant de la littérature seule et d'autres dépen-

dant de critères éthiques, sociaux ou politiques) que la modernité a conçus comme incompatibles. Pourtant, malgré ces difficultés et ces contradictions, la littérature engagée a existé et s'est écrite ; elle fut lue, avec passion, et des écrivains engagés ont su se faire entendre et respecter, aussi bien en tant qu'écrivains qu'en tant qu'hommes de convictions et de combats. Dès lors, comment, dans la pratique, la littérature engagée advient-elle ? Par quels types de textes, par quels moyens se donne-t-elle à lire et à méditer ? Le chapitre suivant voudrait décrire la singulière économie des genres qui préside à l'engagement littéraire.

CHAPITRE VI

Les genres de l'engagement

À quoi tient le malaise, voire l'hostilité, que provoque souvent l'idée de littérature engagée ? Au simple fait que l'écrivain ne devrait pas se mêler de politique ? Chateaubriand et Hugo étaient présents sur les deux terrains et cela n'a jamais nui à leur gloire. Claudel et Saint-John Perse étaient diplomates et personne ne songe à leur en faire le reproche. Ce qui gêne ici, c'est plutôt la confusion des genres : faire de la politique *en* littérature porte atteinte à la représentation moderne du fait littéraire, dont nous sommes et restons dépendants. Là où la modernité s'est focalisée sur la recherche d'une *littérature pure*, l'engagement semble au contraire induire une *logique centrifuge*, en vertu de laquelle la littérature se trouve menacée de dispersion, sans cesse sollicitée qu'elle est par d'autres questions qui l'éloignent d'elle-même et changent le sens de l'expression « faire œuvre littéraire ».

En effet, en s'engageant, l'écrivain décide de rencontrer les exigences du temps présent. Il souhaite que son œuvre agisse ici et maintenant et il accepte en retour qu'elle soit située, lisible dans un contexte limité et donc guettée par une obsolescence rapide. Il en résulte que l'écrivain engagé choisit en quelque manière de sacrifier la postérité de son œuvre pour répondre à l'urgence du moment. De là que la littérature engagée se présente souvent comme une *littérature de circons-*

tances, faite de textes aux statuts très divers (manifestes, pamphlets, articles de presse, pièces de théâtre ou romans à l'intrigue très située, etc.) et dont le cycle de vieillissement est court. Dans cette perspective, faire œuvre littéraire change de sens : la réussite ne se mesure pas sur la longue durée, mais à l'aune de l'efficacité immédiate des textes, c'est-à-dire à leur capacité à toucher un public important, à susciter le débat, à provoquer des réactions.

Par ailleurs, l'écrivain engagé désire être compris du plus grand nombre. Il y a donc dans sa démarche une volonté de transitivité qui, si elle n'implique pas l'abandon de toute préoccupation littéraire, l'amène au moins à viser ultimement une certaine forme de transparence de l'écriture. C'est pourquoi la littérature engagée tend souvent à se déployer en dehors des genres canoniques, dans des catégories de textes qui relèvent de ce que l'on nomme la *littérature d'idées*. Celle-ci constitue un vaste ensemble aux contours flous : elle accueille des types de textes très divers qui ont en commun d'exposer des *opinions* (régime doxologique) ou des *jugements* (régime enthymématique). Cela signifie donc que la littérature d'idées ne fonctionne pas selon les deux régimes dominants du littéraire, à savoir le poétique et le narratif. On voit d'emblée que se pose ici un problème de légitimité : dans un système qui, depuis le milieu du XIXᵉ siècle, définit massivement le littéraire en référence à la poésie et au roman, quelle place la littérature d'idées peut-elle prétendre occuper ? De toute évidence, elle représente un à-côté de la production la plus valorisée : dans le meilleur des cas, elle constituera un complément dispensable d'une activité d'écriture centrée sur le roman ou la poésie ; dans le pire, sa pratique exclusive empêchera l'écrivain d'obtenir une reconnaissance pleine et entière (il vaut mieux être poète qu'essayiste, romancier que critique, etc.).

Dès lors, l'une des revendications de Sartre, parmi d'autres auteurs, aura été de faire reconnaître, contre les tenants d'un purisme étroit et restrictif, l'appartenance plénière des textes d'idées à la littérature : lorsqu'il définit les tâches et devoirs de l'écrivain engagé, Sartre s'adresse autant au romancier et au dramaturge qu'à l'essayiste ou au pamphlétaire. On en revient ici à une conception large de la littérature, en quelque sorte analogue à celle qui prévalait au XVIIIᵉ siècle. Bien plus, dans l'esprit de Sartre, l'écrivain devait s'annexer de nouveaux territoires et investir des domaines tels que le reportage, le journalisme radiophonique ou le cinéma. Contre la clôture instituée par la modernité, l'engagement suppose ainsi une extension très large du fait littéraire.

Par ailleurs, ce redéploiement du littéraire entraîne un autre phénomène : la polygraphie. Contre une vision puriste qui associe la valeur distinctive d'une œuvre à une certaine spécialisation générique de l'auteur (on ne peut être à la fois grand poète et grand romancier...), l'engagement supporte des pratiques d'écriture très diversifiées : Sartre était à la fois romancier, dramaturge, critique et essayiste ; de même pour Camus ou Simone de Beauvoir ; Malraux, surtout romancier, fut aussi critique d'art et cinéaste ; Jules Romains s'est engagé aussi bien par la poésie et le théâtre que par le roman ; Péguy était poète et pamphlétaire ; etc. On aurait tort cependant d'interpréter cette polygraphie comme un simple partage des rôles, au terme duquel l'écrivain ferait œuvre littéraire par le roman ou la poésie tandis qu'il s'engagerait à travers des textes d'idées. De même, un essai de Camus ou de Sartre n'est pas uniquement là pour accompagner un roman et en expliciter la porté intellectuelle. Les textes d'idées possèdent une autonomie analogue à celle d'une œuvre romanesque ou théâtrale et présentent des enjeux propres qui n'ont pas à être référés à d'autres productions.

L'engagement suppose de la sorte une économie centrifuge des genres : il ne servirait à rien de hiérarchiser la production d'un écrivain engagé en cherchant à déterminer s'il est avant tout romancier ou essayiste, dramaturge ou pamphlétaire, etc. ; il convient de concevoir au contraire sa polygraphie comme une manière pour lui de varier ses interventions en les modulant sur les ressources spécifiques que lui offrent les différents genres qu'il pratique ; chacun d'eux constitue une facette de sa production, une manière distincte et particulière de poser le ou les mêmes problèmes, en les traitant selon des approches différentes qui, en définitive, cherchent à se compléter l'une par l'autre. On pourrait ainsi observer que la vision que Sartre propose de la liberté n'est pas exactement identique selon qu'il s'exprime par le roman, le théâtre, l'essai critique ou le traité philosophique. Il en va de même de Camus : *L'Étranger* et *Le Mythe de Sisyphe* parlent l'un et l'autre de l'absurde, mais ils le donnent à sentir et à penser très différemment. Le sujet de *L'Espoir* et de *Sierra de Teruel* est rigoureusement le même : pourtant, Malraux propose dans le roman et le film des visions sensiblement différentes de la guerre civile espagnole. Aussi convient-il de passer rapidement en revue les principaux genres de l'engagement (exception faite de la poésie, dont le cas a été évoqué précédemment), afin d'indiquer les ressources qu'ils offrent à l'écrivain et les difficultés éventuelles qu'ils lui posent.

1. Le théâtre

Incontestablement, le théâtre est un haut lieu de l'engagement. De tous les genres littéraires, il est en effet celui qui induit entre l'écrivain et son public les formes de relation les plus directes : à la différence des lecteurs, les spectateurs sont physiquement présents ; le dramaturge peut ainsi mesurer immédiatement l'effet produit par sa pièce, « sentir » comment réagit le public et approcher de la sorte quelque peu le rêve d'une littérature active et agissante, en prise sur le présent et rencontrant les attentes des spectateurs pour leur donner forme. L'urgence qui caractérise la parole engagée trouve ici une résolution singulière : à travers la représentation théâtrale, les rapports entre l'auteur et le public s'établissent comme en temps réel, dans une sorte d'immédiateté de l'échange, un peu à la façon dont un orateur galvanise son audience ou la rallie à la cause qu'il défend.

Par ailleurs, le théâtre a toujours été un lieu majeur de sociabilité. Depuis l'Antiquité, il est par excellence le genre dans lequel les sociétés se réfléchissent, fabriquent des représentations d'elles-mêmes et mettent en scène les valeurs qui les gouvernent ou les conflits qui les traversent. Au XVIIe siècle, Corneille, Molière ou Racine ne sont pas à proprement parler des écrivains engagés, mais leur théâtre procure aujourd'hui encore un accès très sûr à la connaissance du siècle de Louis XIV, reflétant les modifications profondes qui ont déterminé l'émergence de la société classique et les valeurs autour desquelles elle s'est stabilisée. Au siècle suivant, le théâtre reste le genre roi et va être investi par les philosophes, qui en feront l'un des instruments privilégiés de la pédagogie des Lumières. Dans la forme, Voltaire prolonge la tragédie classique, mais y fait paraître des questions d'actualité, telles que la critique de la religion ou du fanatisme ; Diderot, quant à lui, se fait théoricien du théâtre et inaugure, avec un relatif insuccès, le drame bourgeois dont il voulait faire une école de vertu. Sedaine ou Mercier, par contre, réussiront dans cette entreprise et feront de leur théâtre l'expression des aspirations de la bourgeoisie, avant que les comédies de Beaumarchais ne viennent annoncer la Révolution.

Avec 1789, le théâtre prend un extraordinaire essor. La vie culturelle est alors en arrêt, dominée par le grand spectacle politique de la Révolution, de ses fêtes et de ses orateurs (Danton, Mirabeau, Robespierre ou Saint-Just). Dans ce ralentissement sensible de l'activité littéraire, le théâtre émerge, au côté de l'éloquence, comme le grand art révolutionnaire. La Révolution trouve en Marie-Joseph Chénier son dramaturge et en Talma son comédien, tandis que le peintre David introduit les costumes et les décors à l'antique. Parallèlement, le théâtre de la Révolution s'ouvre à tous les publics, adapte son répertoire et devient pour les révolutionnaires un instrument d'éducation populaire, le lieu d'une véritable pédagogie des valeurs révolutionnaires. Le théâtre est alors politique, au sens fort du terme, et il ne faut pas s'étonner qu'il soit strictement contrôlé par les gouvernements successifs : comme l'a montré Marvin Carlson (1970), la Révolution française avait un caractère de théâtralité et, en retour, le théâtre qu'elle a généré fut aussi l'expression des rituels et de la symbolique qu'elle cherchait à instaurer.

Le XIXᵉ siècle, quant à lui, n'a pas produit à proprement parler un théâtre engagé, même si les romantiques, et Hugo en particulier, entendaient faire de la scène l'un des lieux privilégiés de leur apostolat social. Essentiellement orienté vers la figuration des valeurs morales ou des types humains, le théâtre romantique présente néanmoins des aspects de satire politique comme dans *Hernani* de Hugo ou *Lorenzaccio* de Musset. À l'autre bout du siècle (1896), *Ubu roi* de Jarry se détache de la production théâtrale de son temps : à mi-chemin de la farce et de la satire sociale, la pièce apparaît comme une machine infernale tournée contre l'idéologie bourgeoise qui dominait alors la scène ; de ce fait, *Ubu* apparaît un peu comme le pendant théâtral de l'anarchisme politique qui se manifestait alors dans la société française.

Il faut attendre le xxe siècle et la révolution d'Octobre pour voir resurgir un théâtre fortement investi par les préoccupations politiques. Dans la jeune URSS, le théâtre devient un outil de conscientisation et d'éducation des masses. Dans les premières années du régime soviétique, ce caractère ouvertement militant s'associe à une recherche très moderne en matière de mise en scène : chez Meyerhold par exemple, dramaturgie d'avant-garde et militantisme communiste se rencontrent avec un véritable bonheur, et ce mariage rare entre innovation formelle et propos politique, illustré ensuite par Brecht, déterminera durablement certaine pratique théâtrale engagée.

Cette effervescence dramaturgique en Union soviétique va donner naissance au théâtre d'« agit-prop », également pratiqué en Allemagne par le « Théâtre prolétarien » d'Erwin Piscator et en France par le groupe Octobre, actif entre 1932 et 1936 et dans lequel se retrouvèrent Jacques Prévert, Roger Blin, Yves Allégret, Jean-Louis Barrault ou Mouloudji. Le théâtre d'agit-prop fonctionne selon un principe d'urgence et d'immédiateté : le plus souvent, les pièces réagissent à une question d'actualité ; elles sont écrites et répétées en quelques jours ; elles s'adressent à un public ouvrier ou populaire et sont jouées là où se trouve ce public, c'est-à-dire à la sortie des usines ou dans des meetings politiques. Parmi les innovations formelles de ce théâtre, on trouve la technique du « chœur parlé » : destinée à représenter les masses sur la scène, cette résurgence du chœur antique consiste à faire déclamer un groupe, tantôt à l'unisson, tantôt de façon désaccordée. En France, l'agit-prop trouvera son prolongement dans les années soixante avec le « théâtre d'intervention » pratiqué par Armand Gatti ou le « théâtre de l'opprimé » d'Augusto Boal.

Parallèlement à ce théâtre activiste, s'est développé en France le mouvement du théâtre populaire. Envisagée très tôt par Romain Rolland (auteur d'un immense cycle théâtral consacré à la Révolution française), cette orientation trouvera son théoricien et son maître d'œuvre en la personne de Jacques Copeau : l'objectif n'est pas ici de pratiquer un théâtre politique, mais de mettre à la disposition du plus grand nombre un théâtre de qualité, de jouer pour tous les plus grandes pièces du répertoire sans rien sacrifier des exigences artistiques. Ce théâtre d'éducation populaire se réalisera à travers l'aventure du TNP de Jean Vilar et la décentralisation théâtrale encouragée par Malraux, ministre de la Culture. Nourri d'autres apports, le théâtre populaire prendra un caractère plus ouvertement engagé chez Antoine Vitez, ou, dans la foulée de Mai 68 et de la révolution brechtienne, chez Ariane Mnouchkine.

Dans l'immédiat après-guerre, le théâtre engagé est, par excellence, celui de l'existentialisme sartrien, auquel on peut associer Albert Camus, Simone de Beauvoir ou Armand Salacrou. Conçu comme un *théâtre de situations* (Sartre : 1973), le théâtre sartrien a pour vocation d'« illustrer » un certain nombre de problèmes existentiels et politiques : sorte d'étude de cas, la pièce met les personnages aux prises avec la même question (le rapport à l'autre dans *Huis clos*, la torture dans *Morts sans sépulture*, la façon dont on doit s'engager dans *Les Mains sales*), chacun d'eux représentant une manière de répondre et de réagir face à elle ; il ne s'agit pas ici d'apporter une vérité inconditionnée, mais de mettre en scène la nécessité de se libérer en faisant un choix, la responsabilité et la difficulté que cela implique et l'angoisse qui en découle. Si le théâtre existentialiste a rencontré un très grand et très durable succès, il faut néanmoins souligner combien il reste traditionnel et « bourgeois » dans sa forme : au moment où se développe le théâtre de l'absurde de Beckett ou Ionesco, le théâtre sartrien continue de fonctionner selon une dramaturgie classique, avec intrigue bien ficelée et souvent un peu démonstrative, coups de théâtre et effets dramatiques très concertés.

Enfin, le théâtre engagé de l'après-guerre en France est dominé par l'apport décisif de Bertolt Brecht. Assistant de Piscator en Allemagne, exilé aux États-Unis pendant la période nazie, il s'installe en Allemagne de l'Est où il fonde en 1949 le *Berliner Ensemble*. Ses conceptions dramaturgiques se feront connaître en France à travers la revue *Théâtre populaire* (1953-1964) animée notamment par Bernard Dort et Roland Barthes : fondée sur la notion de « distanciation », la théorie brechtienne refuse l'illusion mimétique ou réaliste, ainsi que les effets dramatiques : par une série de procédés (discontinuité de l'intrigue, utilisation des chœurs, jeu distancié des acteurs, etc.), il s'agit d'éviter l'identification et la participation émotionnelle du spectateur, afin de favoriser une prise de distance critique ; au lieu d'une adhésion empathique, ce théâtre cherche à susciter une analyse lucide des conflits sociaux ou des phénomènes d'aliénation représentés sur la scène. Par sa capacité à concilier visée politique et recherche formelle exigeante, le théâtre brechtien reste le modèle d'un engagement artistique pleinement réussi ; c'est pourquoi l'influence de Brecht fut aussi considérable auprès de plusieurs générations de dramaturges et de metteurs en scène.

2. Le roman

De tous les genres narratifs, le roman peut apparaître comme le plus aisément et le plus naturellement enga-

geable. L'esthétique réaliste possède en effet une vocation totalisante qui semble en faire le support idéal
d'une prise en charge engagée du réel et de l'Histoire.
Fondé sur le principe de vraisemblance, le récit réaliste
présente en outre un caractère d'exemplarité non négligeable. Enfin, il est tentant de voir dans les personnages
mis en scène les porte-parole de l'auteur et d'en faire
ainsi les « incarnations » de ses idées ou opinions. Il
n'en reste pas moins que, dans les faits, la constitution
d'un romanesque engagé est beaucoup plus complexe
que ne le laissent croire les apparences : entre réalisme
classique et récit à thèse, le roman engagé du XXe siècle
s'est cherché une voie qui ne fut pas toujours royale.

La notion même de réalisme, du point de vue de l'engagement, est source de problèmes. C'est en effet une
banalité de le dire, mais il faut y insister : le roman réaliste ne reproduit pas le réel ; il le *représente,* au sens où
il le reconstruit, l'organise et, dès lors, l'interprète. Dans
ces conditions, il y a toujours, au sens le plus large, un
engagement du romancier, puisque son récit est toujours
orienté par une vision du monde située et singulière,
laquelle détermine tant les sujets abordés que les tech-
niques narratives utilisées. Mais cela suffit-il à engager
le roman, au sens plein du terme ? Évidemment non :
l'engagement suppose une démarche réfléchie, volontaire et lucide de l'auteur, et le refus de toute espèce
d'impartialité ou de passivité par rapport au réel repré-
senté. Par ailleurs, il s'agit aussi pour le romancier, non
pas nécessairement de susciter l'adhésion du lecteur,
mais au moins d'en appeler à ses capacités de jugement
critique ou d'indignation, afin de le convertir à l'action.

De ce point de vue, l'omniscience du narrateur classique s'avère problématique. Elle garantit certes un certain ordre du récit, la voix narrative, par sa position en
surplomb, assurant l'intelligibilité de l'histoire et com-
mandant, au moins partiellement, la production du sens.

Néanmoins, l'omniscience implique aussi que le narrateur s'absente du monde qu'il décrit, qu'il se mette hors du coup, dans une position de domination qui cependant ne le compromet pas : il y a là une forme de violence par laquelle le narrateur impose sa voix – et sa vision du monde – au lecteur sans qu'en retour il ne s'expose en quelque manière que ce soit. Et l'on doit bien constater ainsi que, du naturalisme zolien au populisme, décrire dans un roman la condition des mineurs ou des ouvriers n'est pas nécessairement synonyme d'engagement, le narrateur pouvant adopter une posture d'impartialité qui le dispense de prendre position. Par ailleurs, et alors même qu'elle tend à imposer un sens au récit, l'omniscience du narrateur ne peut garantir que le romancier soit pleinement conscient des valeurs idéologiques qu'il met en jeu dans sa narration : malgré ses prétentions à l'objectivité scientifique, on connaît aujourd'hui assez les contradictions qui travaillent en profondeur le projet zolien pour dire qu'il ne suffit pas de composer une vaste fresque sociale parfaitement documentée pour produire une œuvre consciemment engagée et dépourvue d'ambiguïtés idéologiques.

Face à ce risque de dérive involontaire du sens, toujours présent quelles que soient les précautions prises, l'une des réactions possibles est d'« aggraver » le réalisme classique et de pratiquer le *roman à thèse*. Selon Susan Rubin Suleiman (1983), le roman à thèse peut être rangé dans la catégorie de ce que la rhétorique antique nommait l'*exemplum* : comme la parabole, la fable ou le conte philosophique, il s'agit d'exposer à travers un cas particulier (un destin individuel) une règle générale. Le récit vise donc à présenter un modèle – ou un contre-modèle dans le cas de l'*exemplum négatif* – qui fasse autorité. À la différence cependant de la parabole biblique ou même de la fable, dont l'autorité émane d'une instance transcendante et donc extérieure au récit, l'autorité du roman à thèse est totalement immanente, en ce qu'elle repose uniquement sur la vraisemblance ou la crédibilité de la narration, ce qui a conduit Suleiman à parler en ce cas d'une « autorité fictive ».

Le roman à thèse prolonge donc, en les accentuant fortement, les traits du grand réalisme du XIXe siècle, dont il utilise la prétention mimétique à des fins persuasives. Il s'agit d'un récit résolument non problématique qui vise à prescrire très rigoureusement le sens de la lecture : redondant et répétitif, il s'efforce d'évacuer toute forme d'ambiguïté et de contradiction, et une voix narrative autoritaire lui impose une signification univoque et contraignante.

Par son autoritarisme et sa dimension monologique, le roman à thèse a toujours eu mauvaise réputation, même si *Les Déracinés* de Barrès, qui constituent le modèle du genre, ont nourri plusieurs générations intellectuelles. Au XXe siècle, l'avatar le plus important du roman à thèse reste le *réalisme socialiste* de la période stalinienne. Régine Robin (1986), en analysant le corpus soviétique, a ainsi mis en évidence que le réalisme socialiste constituait une « esthétique impossible » : pratique monologique et didactique de l'écriture, accaparé par la mise en scène d'un héros positif et exemplaire, dominé par une interprétation de l'Histoire univoque et figée, le roman socialiste aurait échoué à atteindre une réelle littérarité et constituerait le reflet d'un régime autoritaire et répressif. En France, le talent d'Aragon et, dans une autre mesure, celui de Paul Nizan sauveront le réalisme socialiste de l'opprobre, sans néanmoins échapper à la tentation du roman à thèse ni du retour aux formules romanesques du réalisme le plus classique.

Face aux apories du réalisme classique et du roman à thèse, une troisième voie s'est dessinée en France pour l'engagement romanesque : s'inspirant des romanciers américains (Faulkner, Dos Passos, Hemingway) ou russes

(Pilniak et Babel), Malraux, Sartre et, à un degré moindre, Camus, choisirent de pratiquer le *roman simultanéiste*. Schématiquement résumée, cette technique consiste à refuser l'omniscience du narrateur et à lui substituer une polyphonie de voix narratives : le récit se focalise successivement sur une série de personnages dont il épouse le point de vue situé et limité. La linéarité du récit se trouve ainsi brisée en une série de fragments juxtaposés qu'aucune voix ne relie ou n'articule explicitement entre eux : loin de présenter la parfaite intelligibilité du roman traditionnel, l'histoire apparaît ici comme obscure, pleine de vides et d'incertitudes, sujette à interprétations divergentes. Ce que le roman perd en lisibilité, il le gagne cependant en réalisme et en efficacité : la multiplication et la dispersion des points de vue produit l'impression d'une Histoire en train de se faire et sur laquelle le lecteur a prise. Car cette technique narrative, loin de proposer les réponses univoques et contraignantes du roman à thèse, produit un récit ouvertement problématique qui invite le lecteur au questionnement et au travail critique, étape préliminaire à tout engagement. De *L'Espoir* de Malraux au *Sursis* de Sartre, de la guerre civile espagnole aux journées qui conduisirent aux accords de Munich, le roman simultanéiste était ainsi parfaitement profilé pour prendre en charge les incertitudes et les menaces de l'avant-guerre.

Le roman simultanéiste, s'il constitue une forme ouverte de littérature engagée, pose néanmoins un problème quant à la place de l'auteur. Celui-ci, en effet, s'efface au profit d'une série de points de vue entre lesquels il ne choisit pas. Il en résulte que sa position est nécessairement incertaine et ambiguë : il est à la fois absent, hors du coup, et, en même temps, on peut constamment le soupçonner d'orchestrer très consciencieusement la polyphonie narrative derrière laquelle il se cache. Dès lors, le roman engagé atteint une impasse qu'on aurait tort de négliger : l'auteur, insituable, se trouve dans une position duplice qui contrevient à l'une des exigences majeures de l'engagement (assumer et objectiver sa position).

Aussi ne faut-il pas s'étonner que, confrontés à ces difficultés multiples, beaucoup d'écrivains engagés se soient tournés, dans les marges du roman, vers une littérature de témoignage à forte composante autobiographique : s'appuyer sur son vécu personnel, c'est à la fois donner des gages de sincérité ou d'authenticité et fonder l'autorité de son intervention sur l'expérience. Avec le témoignage, l'écrivain peut avoir le sentiment de jouer franc jeu et de présenter sa parole pour ce qu'elle est : un discours qui émane d'un point de vue situé mais qui entend néanmoins parler au nom d'une certaine généralité. Cette dialectique du singulier et de l'universel, de l'individuel et du collectif, est au cœur de cette vaste nébuleuse biographique qu'a produite l'engagement. Mais elle trouve également à se déployer dans un autre genre : l'essai, qui vient en quelque sorte compléter l'engagement romanesque là où il est contraint d'adopter un profil bas : l'engagement explicite et volontaire de l'auteur lui-même.

3. L'essai

Avec l'essai, on pénètre d'emblée au cœur de cet ensemble aux contours flous, la littérature d'idées, qui constitue une part non négligeable de la production engagée. Commentant en décembre 1943 *L'Expérience intérieure* de Georges Bataille, Sartre soulignait que si le roman contemporain avait trouvé son style, il « rest[ait] à trouver celui de l'essai » (Sartre, 1947 : 133). Façon pour lui d'annoncer combien ce genre allait

être au centre de son travail d'écriture, dans une dynamique de renouvellement qui était aussi la condition de
sa revalorisation dans l'espace littéraire de l'après-
guerre.

L'essai constitue une catégorie vague et mal définie
qui accueille des pratiques textuelles très diversifiées.
Pour tenter d'en cerner les caractéristiques, on peut en
première instance l'opposer au *traité*, au *précis* ou à
l'*exposé didactique* : l'essai se distingue de ces genres à
forte structure démonstrative par son caractère non systématique, non exhaustif et hétérogène. Néanmoins,
sous le terme générique d'essai, on rassemble habituellement deux types de pratique textuelle qui, en droit,
ne peuvent se confondre : l'*essai cognitif* ou érudit et
l'*essai littéraire* ou libre.

L'essai cognitif (voir Angenot, 1982 : 46-58) présente
un caractère nettement assertif. La voix de l'énonciateur
y est généralement neutralisée, l'impersonnalité du ton
indiquant une volonté d'objectivation et de conceptua-
lisation. Si l'essai cognitif prétend ainsi construire une
représentation générale et abstraite du monde, il s'en
faut cependant de beaucoup pour qu'il atteigne à la
rigueur et à la systématicité de l'exposé théorique : la
rationalité et l'objectivité qu'il exhibe constamment
sont produites par une rhétorique du constat et de l'impersonnalité qui tend à dissimuler ses insuffisances
théoriques ou critiques.

L'essai littéraire, par contre, assume sa distance avec
les discours scientifiques ou théoriques. Conformément
à l'usage institué par Montaigne, l'essai libre fonctionne
essentiellement selon une rhétorique du moi : l'énonciateur se présente comme une subjectivité active, qui
explore le monde à partir de son vécu et de son affecti-
vité. Sa pensée n'est pas donnée comme constituée,
mais comme en train de se faire et éprouvant ses possibilités face au réel. La progression d'un essai littéraire

est ainsi discontinue et souvent contournée : l'écriture donne à sentir les hésitations, les repentirs et les sauts d'une pensée zigzagante.

Une autre caractéristique notable de l'essai libre est sa vocation *transactionnelle* : parce qu'il n'exige pas une rigueur argumentative implacable et qu'il ne prétend pas être systématique, l'essai offre la possibilité d'intégrer divers modes de connaissance et de raisonnement. La littérature s'y rencontre régulièrement avec la philosophie, la description phénoménologique peut déboucher sur des considérations politiques, la préoccupation éthique s'appuie sur des réflexions esthétiques ou psychologiques. De ce fait, l'essai est un genre dynamique, ouvert à une exploration multiforme du réel : l'interprétation y est toujours libre et mouvante, mais elle est également créative, en ce qu'elle permet d'établir des passerelles entre des ordres de préoccupation habituellement distincts

Ce qui littérarise ce type de textes, c'est l'importance qu'ils accordent à l'expérience sensible et à l'épaisseur affective du vécu. La subjectivité s'y donne comme fondatrice de la vision du monde proposée et l'énonciateur ne cesse de se mettre en jeu et en scène dans l'écriture. On conçoit dès lors que l'essai soit un genre de prédilection pour l'écrivain engagé : il se risque tout entier dans son texte en ancrant ses prises de position dans le concret d'un rapport au monde personnel et situé. Le passage du singulier à l'universel, qui constitue le fond de la démarche d'engagement, trouve ici à s'expliciter pleinement, et si l'auteur évite de la sorte les travers autoritaires du roman ou le narcissisme de l'autobiographie, il ne renonce pas pour autant aux ruses de la rhétorique et de l'écriture, qui viennent régulièrement combler les sauts de l'intellect sur lesquels repose inévitablement un raisonnement à ce point marqué au coin de la subjectivité. À travers l'essai se donne ainsi à voir cette « présence totale de l'auteur à l'écriture » qui est la condition première de l'engagement. Néanmoins, lorsque l'écrivain engagé souhaite prendre position de façon plus décidée sur le terrain politique et social, il bascule alors vers un autre registre, la polémique, et vers d'autres genres de textes, au premier rang desquels se trouvent le pamphlet et le manifeste.

4. Le pamphlet et le manifeste

Avec la satire, la lettre ouverte, la diatribe ou l'invective, le pamphlet et le manifeste constituent les deux formes majeures de ce que l'on nomme les *discours agoniques* ou polémiques. Ils représentent par excellence la « littérature de combat » que l'engagement, dans son désir d'intervention directe dans le débat politique ou intellectuel, semble prescrire. Par ailleurs, et simultanément, ils possèdent un fort degré de littérarité, qui fait du pamphlétaire et du rédacteur de manifeste des écrivains au sens plein du terme.

Par leur appartenance au même espace polémique, pamphlets et manifestes partagent de nombreux traits communs. D'abord et avant tout, ils sont l'un et l'autre écrits « contre » (c'est sans doute moins net dans le cas du manifeste, qui entend généralement affirmer positivement un certain nombre de valeurs, mais qui doit passer pour cela par la contestation des positions antagonistes) : il s'agit d'identifier des adversaires, de stigmatiser leur pensée comme fausse ou mensongère, de rétablir face à elle les droits de la vérité et, en définitive, de détruire l'adversaire et ce qu'il représente. Il en résulte que ces deux genres se caractérisent souvent par une même agressivité et par l'exhibition d'une violence verbale qui emprunte des registres multiples, allant de la satire et de l'attaque *ad personam* à l'invective et à l'injure. Enfin, ils génèrent l'un et l'autre un *pathos catastrophiste*, qui amplifie la gravité de la situation présente et indique de façon appuyée l'urgence d'une réaction forte et radicale. Dans les faits, il n'est pas toujours possible de distinguer clairement un pamphlet d'un manifeste : ces deux genres contigus se présentent rarement sous des formes pures et les différences qu'on peut établir entre eux relèvent davantage de modèles abstraits que de constantes empiriques systématiquement observables.

Dans l'ouvrage qu'il a consacré au pamphlet, Marc Angenot (1982 : *La Parole pamphlétaire*) caractérise le genre par un faisceau de traits récurrents. Le premier d'entre eux regarde l'énonciateur du texte : le pamphlétaire se présente toujours comme un individu isolé et solitaire ; il n'est mandaté par personne pour prendre la parole et ne revendique aucune compétence pour le faire. Sa seule motivation tient au désir de faire paraître le vrai face au mensonge omniprésent qui l'environne. Le paradoxe est ici que cette vérité qu'il détient avec l'éclat de l'évidence, le pamphlétaire ne peut la communiquer : seul contre le monde entier, il s'adresse à un destinataire introuvable, et son discours ressemble à une bouteille jetée à la mer. Son intervention est donc risquée et, en un certain sens, héroïque : tel un prophète, le pamphlétaire prêche seul et contre tous dans le désert.

Cette situation tient au fait que le pamphlétaire a le sentiment de se dresser contre une imposture généralisée. Il vit dans un monde renversé, dans lequel le faux se fait passer pour le vrai et où les valeurs sont perverties par le pouvoir et les institutions. Et le drame du pamphlétaire est que ce mensonge universel qu'il dénonce atteint jusqu'au langage lui-même : les mots sont dégradés par l'usage corrompu qu'on en fait ; à force de leur faire dire le contraire de ce qu'ils signifient vraiment, leur sens authentique s'est perdu et l'énonciateur du pamphlet a le sentiment qu'on lui a volé son langage, que les mots le trahissent constamment. D'où ce sentiment d'isolement : le pamphlétaire sait qu'il ne peut être compris et que son intervention est à la fois *urgente* et *inutile*, puisque personne n'est là pour l'entendre. Sa vision du monde est ainsi *crépusculaire* : il est déjà trop tard, la décomposition des valeurs est à ce point avancée qu'il n'y a plus rien à faire, si ce n'est annoncer prophétiquement la catastrophe imminente et inévitable.

Face à cette incompréhension générale et à ce travestissement universel de la vérité, le pamphlétaire, par compensation, réagit en surenchérissant dans l'outrance : sa pensée est totalitaire et terroriste ; elle implique que l'adversaire doit être détruit. Il y a dès lors dans les pamphlets une violence verbale continue et, surtout, spectacularisée : le charme souvent douteux et ambigu de ce type de textes vient de l'esthétisation de la violence qu'ils proposent et qui occulte parfois leur dimension idéologique. (Combien de fois n'a-t-on pas essayé de suggérer que l'insupportable outrance de l'antisémitisme célinien serait plus fondamentalement « littéraire » qu'idéologique ?) Le pamphlet exprime ainsi une parole du ressentiment travestie en exercice de style et en destruction jubilatoire de la pensée de l'Autre.

Le manifeste, quant à lui, se distingue du pamphlet en ce que son énonciateur est généralement un sujet collectif : le « nous » des signataires de manifestes se veut le signe d'un groupe uni par des convictions identiques, la marque d'une communauté émotionnelle rassemblée par les mêmes rejets et les mêmes certitudes. Ce caractère collectif du manifeste consacre l'autorité des opinions qu'il expose et explique qu'au XXe siècle, avec le surréalisme, il soit devenu par excellence le lieu des déclarations ou des proclamations d'avant-garde, qu'elles soient de nature esthétique ou politique. Le manifeste entend souligner l'émergence d'un groupe qui s'oppose frontalement à ce qui le précède. C'est dire que le manifeste partage avec le pamphlet l'agressivité du ton, la violence à l'égard des adversaires et, dans une moindre mesure, la vision crépusculaire du monde : il réagit lui aussi à l'urgence du moment, mais sa contestation relève moins d'une condamnation généralisée du présent que de la volonté de *rupture* avec ce qui précède.

À la différence du pamphlet, le manifeste affiche clairement la thèse qu'il soutient et la développe selon une structure démonstrative explicite : il expose ouvertement la position qu'il défend et l'oppose aux positions concurrentes en recourant à une argumentation systématique et continue. Il en résulte que le destinataire du manifeste est ostensiblement désigné et se trouve en fait être double : il représente à la fois celui ou ceux que contestent les signataires et ceux qu'ils veulent gagner à leur cause. En d'autres termes, le lecteur du manifeste est mis en demeure de choisir son camp : les positions antagonistes lui sont clairement présentées et il lui revient de se situer par rapport à elles et d'agir en conséquence.

Par certains côtés, le manifeste peut apparaître comme le genre dans lequel toute littérature engagée devrait se retrouver par prédilection. Au sens littéral du terme en effet, ce type de texte entend « manifester la vérité », c'est-à-dire la faire apparaître avec évidence, la *dévoiler* au sens que Sartre donne à ce mot (voir p. 65-67). Par ailleurs, un manifeste se veut une démonstration publique et collective soulignant la détermination et la cohésion d'un groupe fermement décidé à faire triompher ses vues. Enfin, un manifeste pousse son destinataire à choisir et à agir : il est donc par excellence une littérature engagée et « engageante », se voulant force agissante et concrètement efficace.

On a dit cependant que les différences entre le pamphlet et le manifeste étaient parfois ténus. Aussi a-t-on parfois cherché à distinguer ces deux genres sur des bases idéologiques : le premier serait plutôt l'apanage de la droite tandis que le second s'illustrerait davantage à gauche. Il est vrai qu'en France il existe une riche tradition pamphlétaire de droite qui, de Drumont, Barrès et Léon Daudet à Céline, Roger Nimier ou Jacques Laurent, s'est déployée de façon presque continue depuis l'affaire Dreyfus. Il est exact également que certaines constantes génériques font du pamphlet une forme à connotations conservatrices : le ressentiment, la dénonciation du monde moderne ou de la corruption des valeurs, la nostalgie du passé conçu comme un âge d'or, etc., tous ces traits prédisposent le pamphlétaire à tenir un discours réactionnaire. Mais la tendance générale ne peut en aucun cas faire figure de règle, et on trouvera à gauche quelques grands pamphlets : « J'accuse » de Zola, *Aden Arabie* de Paul Nizan, *Mort de la pensée bourgeoise* d'Emmanuel Berl, sans compter nombre de textes surréalistes (*Misère de la poésie*, *Un cadavre*, etc.).

Le manifeste, lui, a souvent été le lieu de prises de position progressistes : du *Manifeste des intellectuels* de 1898 prenant le parti de Dreyfus au *Manifeste des 121* (1960) contre la guerre d'Algérie, en passant par l'*Appel aux travailleurs* qui donnera naissance au Comité de vigilance des intellectuels antifascistes (1934), écrivains et intellectuels de gauche se sont souvent retrouvés dans ces proclamations. À cela s'ajoute le fait que le manifeste est aussi devenu le lieu d'affirmation des avant-gardes littéraires et artistiques. Il n'en reste pas moins que la droite possède également sa tradition (contre) manifestaire, apparue dès l'affaire Dreyfus et se prolongeant jusqu'aux événements d'Algérie.

5. Entre rhétorique et pragmatique

En parcourant rapidement l'éventail des genres qui sont à la disposition de l'écrivain engagé, on a montré quelle pouvait être la variété de ses interventions et des niveaux sur lesquels elles peuvent jouer : appel à l'esprit critique du lecteur ou volonté de lui imposer un sens univoque et prédéterminé ; mise en jeu et en scène de soi ou neutralisation de l'énonciateur ; prise de position polémique au nom d'une communauté de vues et d'opinions ou, au contraire, sans autre mandat que celui que s'attribue un individu solitaire convaincu de détenir la vérité. Parce que toutes ces fonctions et tous ces registres comptent également pour l'écrivain, il faut se garder de croire qu'ils s'expriment isolément et sous des formes pures. Un récit peut en appeler à la liberté d'analyse du lecteur, mais présenter néanmoins des aspects démonstratifs, tandis que le roman le plus autoritaire n'atteint jamais parfaitement à l'univocité qu'il recherche. De même, dans un essai, peuvent alterner les registres les plus impersonnels et les plus subjectifs, et le raisonnement en apparence le plus abstrait prendre insensiblement un tour polémique.

Les chapitres précédents ont abondamment commenté *Qu'est-ce que la littérature ?* quant au fond. Mais on pourrait compléter utilement cette lecture par une analyse formelle du texte. Si sa tonalité dominante est souvent celle d'une impersonnalité démonstrative et dogmatique, il faut être aussi attentif au fait que cet essai justifie ses prises de position littéraires en en appelant très ouvertement à l'expérience de l'avant-guerre et de l'Occupation, dont les descriptions sont toujours, à quelque degré, dramatisées. De même, malgré l'utilisation à des fins argumentatives de tout un appareil conceptuel emprunté à la philosophie, ce même essai est concurremment traversé par une série de métaphores récurrentes qui tendent à unifier des propositions parfois disparates et difficilement conciliables. Tantôt l'énonciateur y est neutre, tantôt il s'exprime à la première personne du singulier ou du pluriel, lorsque est invoqué par exemple l'héritage collectif de la Résistance. Enfin, si en quelques endroits Sartre trouve des accents pamphlétaires pour attaquer certaine littérature coupable d'avoir éludé ses responsabilités, on peut surtout lire toute la dernière partie de ce texte comme un manifeste, dénonçant les apories de la littérature d'avant-guerre et proposant un véritable programme pour l'avenir.

Tout ceci démontre que, si la littérature engagée vise à une certaine transparence, on ne peut simplement la lire en termes de contenu : on ne peut faire ici l'économie d'une analyse de type esthétique ou formel. En particulier, une analyse *rhétorique* garde toute sa pertinence et tout son intérêt : l'écrivain engagé maîtrise parfaitement les règles du discours persuasif et utilise très consciemment toutes les ressources argumentatives que la rhétorique classique a identifiées. Une lecture de ce type trouvera néanmoins à se compléter utilement d'une analyse *pragmatique* : parce qu'elle se veut force agissante et qu'elle prétend à une certaine efficacité concrète, parce que, en d'autres termes, elle se pense comme un acte effectif, la littérature engagée présente un caractère *performatif* dont il faut tenir compte ; parce qu'elle se veut « engageante », elle cherche aussi à établir une relation d'échange entre auteur et lecteur, relation qui est elle aussi susceptible d'une description en termes pragmatiques. Sans doute cette double approche tend-elle à déplacer quelque peu le terrain sur lequel se développe l'analyse littéraire, traditionnellement centrée sur les formes canoniques du roman ou de la poésie, mais ce déplacement rend bien compte du mouvement centrifuge qui anime la littérature engagée et qui en constitue, en définitive, la singularité.

SÉLECTION BIBLIOGRAPHIQUE

Sur la littérature engagée, et les débats qu'elle a suscités dans l'après-guerre, on renverra aux « grands textes » évoqués tout au long de cette première partie :

SARTRE (Jean-Paul), 1948a : *Qu'est-ce que la littérature ?*, Paris, Gallimard, coll. « Folio essais », 1985.

SARTRE (Jean-Paul), 1948b : *Situations, II*, Paris, Gallimard. [Comprend *Qu'est-ce que la littérature ?*, précédé de plusieurs articles importants (« Présentation des *Temps modernes* », « La nationalisation de la littérature ») que l'édition « Folio essais » n'a pas reproduits.]

BARTHES (Roland), 1953 : *Le Degré zéro de l'écriture* (suivi de *Nouveaux Essais critiques*), Paris, Éd. du Seuil, coll. « Points Essais », 1972.

BARTHES (Roland), 1964 : *Essais critiques*, Paris, Éd. du Seuil, coll. « Points Essais », 1981.

ÉTIEMBLE (René), 1955 : *Hygiène des lettres, II : Littérature dégagée (1942-1953)*, Paris, Gallimard. [Recueil d'articles peu évoqué dans les pages qui précèdent, mais représentant une des formulations majeures du refus de l'engagement dans l'après-guerre.]

CAMUS (Albert), 1965 : *Discours de Suède*, dans *Essais*, Paris, Gallimard, « Bibliothèque de la Pléiade ». [Discours prononcés par l'auteur à l'occasion de la réception de son prix Nobel en 1957.]

Pour une approche générale du fait littéraire, tel que la modernité l'a institué et organisé, on se reportera à :

BOURDIEU (Pierre), 1992 : *Les Règles de l'art. Genèse et structure du champ littéraire*, Paris, Éd. du Seuil, coll. « Libre examen ».

DUBOIS (Jacques), 1986 : *L'Institution de la littérature. Introduction à une sociologie*, Paris-Bruxelles, Nathan-Labor, coll. « Dossiers Média ».

Sur la question des intellectuels et de leur rôle social :

CHARLE (Christophe), 1990 : *Naissance des « intellectuels » (1880-1900)*, Paris, Éd. de Minuit, coll. « Le sens commun ».

Sur les genres littéraires engagés :

ANGENOT (Marc), 1982 : *La Parole pamphlétaire. Typologie des discours modernes*, Paris, Payot. [Excellent ouvrage qui, outre une analyse très complète du pamphlet, propose une éclairante typologie des genres représentatifs de la « littérature d'idées ».]

SULEIMAN (Susan RUBIN), 1983 : *Le Roman à thèse ou l'Autorité fictive*, Paris, PUF, coll. « Écriture », 1983. [Ouvrage de référence sur le sujet, qui en outre analyse longuement des textes de Barrès, Nizan, Aragon ou Sartre.]

DEUXIÈME PARTIE

Les figures tutélaires
de l'engagement

Si la littérature engagée, telle que nous avons cherché à la définir dans les pages qui précèdent constitue un phénomène moderne, la *littérature d'engagement*, quant à elle, a toujours existé, et sous de multiples formes : poésie célébrative, historiographie chantant les hauts faits des monarques, littérature de propagande religieuse, mais aussi textes de combat et de controverse, pamphlets, satires, épigrammes, comédie, etc. Prétendre cerner une telle production, qui n'a d'ailleurs d'unité et de cohérence que par la magie des étiquettes et des dénominations, relève d'une ambition quelque peu vaine : on n'en fera jamais le tour et l'on est menacé d'une régression à l'infini qui ne permettra jamais de conclure. Exemple, tiré du XVIIᵉ siècle, que nous n'évoquerons qu'à travers Pascal : si les *Mémoires* du cardinal de Retz sont une œuvre incontestablement politique, *Les Caractères* de La Bruyère ou les *Fables* de La Fontaine, à tout prendre, ne le sont pas moins. Et que dire du théâtre de Molière ou des tragédies de Racine ? C'est la société classique tout entière qui s'y donne à voir. Et l'on pourrait même aller jusqu'à évoquer la querelle des Anciens et des Modernes : ses enjeux profonds dépassent le seul débat esthétique et touchent à la philosophie et à la politique (vision de l'histoire, capacité du présent à égaler le passé, répartition équitable ou pas du talent entre les hommes, etc.). Jusqu'à un certain point, tout fait farine au moulin de l'engagement, tant la littérature antérieure à la modernité est en relation étroite avec la société dans laquelle elle s'insère.

Les pages qui suivent ne visent donc nullement à proposer un inventaire exhaustif. Dans le continent que constitue la littérature d'engagement, elles opèrent des *choix,* qui pourront paraître à juste titre partiaux ou réducteurs, pauvres en tout cas en regard de la diversité et de l'importance des phénomènes et des œuvres disponibles. En effet, pourquoi s'attarder sur Voltaire et laisser de côté Diderot, Rousseau ou une entreprise intellectuelle aussi considérable que l'*Encyclopédie* ? Pourquoi également évoquer le seul Hugo, quand le romantisme français propose des figures aussi différentes et riches que Lamartine ou George Sand ? C'est qu'il ne peut être question, dans les pages qui suivent, de refaire l'histoire de ces diverses périodes littéraires. On en proposera plutôt, à travers quelques figures majeures, une mise en perspective par rapport à la problématique moderne de l'engagement. C'est là un parti pris d'économie et de cohérence, la seule manière à notre sens d'inscrire la question de l'engagement littéraire dans une durée historique élargie et extensive.

Dans cette optique, quatre moments ont été retenus : la période préclassique, avec Pascal ; les Lumières avec Voltaire ; le préromantisme avec Germaine de Staël et Chateaubriand ; le romantisme avec Hugo. Ce choix n'a pas, cependant, été fait au hasard. Dans chaque cas, il s'agit de cerner une certaine représentation que l'écrivain se fait de sa mission sociale ou de son rôle politique ; la plupart de ces auteurs la manifestant à la fois dans leurs œuvres et dans des interventions publiques qui ont fait date : Pascal s'est engagé dans la querelle du jansénisme avec *Les Provinciales* ; Voltaire s'est signalé dans l'affaire Calas ; quoique rivaux, Germaine de Staël et Chateaubriand furent des adversaires irréductibles de Napoléon ; Hugo, enfin, ne devient lui-même que dans l'exil consécutif à son opposition au Second Empire. À des titres divers, que nous détaillerons dans la suite, les quatre moments que nous avons retenus entretiennent également des relations significatives avec la littérature engagée, telle qu'elle a été pratiquée et théorisée au XXe siècle. Des auteurs comme Pascal, Voltaire ou Hugo apparaissent régulièrement dans le discours moderne sur l'engagement : ils jouent le rôle de figures de référence, dont la caution justifie les positions des écrivains engagés, lesquels se sentent ainsi les héritiers d'une « tradition » qui remonte loin dans le passé et que la modernité aurait en quelque sorte mise entre parenthèses. En cela, le regard posé sur ces auteurs, les appréciations portées sur leur action, voire même l'idéalisation du rôle qu'ils ont pu jouer, sont une composante essentielle du système de représentation propre à la littérature engagée.

Néanmoins, si ces figures tutélaires fascinent ou irritent l'écrivain du XXe siècle soucieux de prendre part au débat politique, on ne peut se dissimuler l'écart qui le sépare de ces modèles. Chacun des moments que nous avons isolés se caractérise en effet par une conception particulière du fait littéraire et de la fonction sociale de l'écrivain. Cela signifie que, dans une très large mesure, faire de Pascal ou de Hugo des écrivains engagés au même titre que Malraux ou Sartre relève de l'anachronisme, et que cette position n'est tenable qu'à la condition de faire voir, parallèlement, combien la représentation et l'expérience que les premiers possèdent de la littérature est différente de celles des seconds. À cette condition, le rapprochement prend du sens et devient utile : la référence au tragique pascalien, l'idéalisation de l'âge d'or des Lumières, l'impossibilité de susciter une authentique littérature républicaine ou la mise en question du sacerdoce du poète romantique constituent autant de points de repères à travers lesquels la littérature engagée se définit dans sa spécificité, tout en cherchant à s'inscrire dans la continuité d'une tradition et d'un héritage.

CHAPITRE VII

Pascal ou le pathos
de l'engagement

Dans le panthéon moderne de l'engagement, Blaise
Pascal occupe une place de choix. En effet, pour les
écrivains de la mouvance existentialiste, il est une figure
de référence dont la pensée constitue implicitement la
toile de fond du discours qu'ils tiennent sur leur pratique. Étiemble, le premier, a dit explicitement le sou-
bassement pascalien de la conception sartrienne de l'engagement :

> J'allais réviser mon petit dictionnaire, quand le
> hasard me mit sous le nez trois lignes de Jean-Paul
> Sartre : « pour nous, en effet, l'écrivain n'est ni
> Vestale ni Ariel. Il est dans le coup quoi qu'il fasse,
> marqué, compromis, jusque dans sa plus lointaine
> retraite ». Être dans le coup, dans le bain. Je recon-
> naissais à peu près le mot de Blaise Pascal : « Nous
> sommes embarqués. » (Étiemble, cité dans Sartre,
> 1948a : 83.)

Comme Camus dans ses *Discours de Suède*, Sartre a
admis sans réelle difficulté cette analogie entre la pensée de Pascal et la doctrine existentialiste de l'engagement, allant même jusqu'à déclarer que l'Histoire avait
fait de lui et de sa génération des écrivains « jansénistes » plutôt que « jésuites » (Sartre, 1948a : 222).
Cette référence discrète mais constante à Pascal dans

l'immédiat après-guerre n'est cependant pas de l'ordre d'un héritage direct et assumé comme tel ; elle tient plutôt à la possibilité qu'offre la pensée pascalienne, superficiellement convoquée, de susciter un *pathos de l'engagement*, nécessaire à sa « littérarisation ».

1. Pascal existentialiste ?

Les raisons qui justifient la séduction exercée par Pascal sur les tenants de la littérature engagée sont multiples, mais elles apparaissent suffisamment prégnantes pour justifier qu'aujourd'hui encore tout ouvrage de synthèse consacré à l'auteur des *Pensées* traite, à un moment ou à un autre, de l'« existentialisme de Pascal » (voir par exemple, Genet, 1993 : 69-72). Avant d'en venir au fond, il convient de noter que l'attrait de Pascal s'est exercé en plusieurs directions. D'abord, l'auteur est un classique scolaire, qui intervient dans la formation de tous les élèves et qui constitue de ce fait un horizon de référence commun et aisément convocable ; à cela s'ajoute le fait que les *Pensées*, par leur forme fragmentaire, présentent un aspect anthologique qui favorise des lectures partielles de l'œuvre et limite souvent la connaissance de l'auteur à quelques grands passages toujours identiques (travers auquel nous n'échapperons pas vraiment dans la suite). De plus, l'image de Pascal a été assez complaisamment idéalisée : enfant prodige à la santé précaire, il incarne peu ou prou ce « génie souffrant » qu'une mythologie romantique de la littérature aime à promouvoir

Pour un auteur tel que Sartre, il est en plus un « penseur total », à la fois homme de sciences et philosophe, cherchant à concilier rationalité, expérience sensible et enseignements de la foi ; écrivain classique et puissant aussi, il est capable de s'engager, c'est-à-dire de mettre son talent au service d'une cause qu'il juge impératif de défendre. À cette idéalisation de l'homme répond la facture même des *Pensées*, ouvrage inachevé constitué d'un ensemble de notes et de brouillons préparatoires à une *Apologie du christianisme* : ce caractère lacunaire et disparate de l'œuvre s'intègre aisément à une esthétique moderne du fragment et du non-fini, esthétique dont la séduction réside pour une large part dans la liberté d'interprétation qu'elle offre, autorisant l'exégète à « penser avec » l'auteur plutôt que d'après lui.

Au-delà pourtant des effets de lecture induits par la tradition scolaire et la prétendue « modernité » pascalienne, il faut pointer un certain nombre de connivences entre sa pensée et l'existentialisme, dont la composante chrétienne (Maritain, Marcel, Mounier) joua un rôle important dans l'intégration des thèmes pascaliens au courant de pensée qui se constituait alors. Il faudrait d'ailleurs ajouter que, dans l'entre-deux-guerres, l'imprégnation pascalienne déborde ce seul courant philosophique : les romans d'un auteur aussi profondément catholique que Mauriac, par exemple, présentent une vision du monde qu'on a pu qualifier de janséniste.

Pour en revenir à l'existentialisme, il faut d'abord pointer le fait que la référence à Pascal repose sur une proximité d'attitudes philosophiques : dans l'un et l'autre cas, il s'agit d'ancrer la réflexion dans l'expérience sensible et de prendre en compte son épaisseur existentielle. Il ne s'agit pas, bien sûr, de contester les droits de la rationalité, mais plutôt de les réévaluer en mettant l'accent sur le vécu et la dimension affective que comporte tout effort de connaissance. Il en résulte aussi un discours dans lequel la personne même du penseur apparaît et se dévoile, ce qui constitue en partie l'originalité de l'existentialisme depuis Kierkegaard : de ce point de vue, les *Pensées* offrent également de

beaux exemples de mise en scène, par l'écriture, de
la personne du philosophe (qu'on pense seulement
aux usages quasi autobiographiques du « je » dans les
Pensées).

Mais c'est évidemment quant à la vision de l'homme
et du mixte paradoxal de grandeur et d'indignité qui le
caractérise que les *Pensées* entrent le plus étroitement
en résonance avec l'existentialisme : pris entre deux
infinis (celui de la grandeur et celui de la petitesse),
l'homme occupe dans l'univers une position médiane et
inconfortable, qui le condamne à une finitude tragique :
incapable de concevoir l'incommensurablement grand
et l'incommensurablement petit, il est condamné à cir-
culer, seul et abandonné, dans un monde dont le sens lui
échappe.

> Car enfin qu'est-ce que l'homme dans la nature ?
> Un néant à l'égard de l'infini, un tout à l'égard du
> néant, un milieu entre rien et tout. Infiniment éloi-
> gné de comprendre les extrêmes, la fin des choses
> et leur principe sont pour lui invinciblement cachés
> dans un secret impénétrable (…) Que fera-t-il donc,
> sinon d'apercevoir [quelque] apparence du milieu
> des choses, dans un désespoir éternel d'apercevoir
> ni leur principe ni leur fin. (*Pensées*, 72.)

Reste pourtant que, du cœur de cette « misère » de la
condition humaine, surgit une singulière grandeur, celle
de la pensée :

> L'homme n'est qu'un roseau, le plus faible de la
> nature ; mais c'est un roseau pensant. Il ne faut pas
> que l'univers entier s'arme pour l'écraser : une
> vapeur, une goutte d'eau, suffit pour le tuer. Mais,
> quand l'univers l'écraserait, l'homme serait encore
> plus noble que ce qui le tue, parce qu'il sait qu'il

meurt, et l'avantage que l'univers a sur lui, l'univers n'en sait rien. (*Pensées*, 347.)

Cette dignité tragique que procure à l'homme la
conscience réflexive de son malheur suscite un pathos
dont un Camus, entre autres écrivains de ce siècle,
jouera abondamment pour dignifier sa propre conception de l'absurde. Fondé sur le dualisme de l'âme et
du corps, ce privilège accordé à la pensée par Pascal
n'est certes pas absolu : à la fois matériel et spirituel,
l'homme ne peut tout connaître, son entendement est
limité, mais la conscience qu'il prend de lui-même dans
son abandon et dans sa misère est la marque de sa
grandeur, puisqu'elle indique sa capacité à s'arracher
à l'inertie et à l'opacité qui caractérisent la matière.
Sans doute, l'image du « roseau pensant » est tellement
connue et usée qu'on peut aujourd'hui lui faire tout dire,
mais il n'empêche qu'elle tend à rencontrer un trait
typique de la philosophie sartrienne et de l'existentialisme en général : la survalorisation d'un ethos intellectuel qui porte à croire en l'efficacité concrète de la
connaissance de soi et, notamment, en sa capacité de
libérer l'homme de tout ce qui l'aliène.

On pourrait compléter ce tableau en suggérant aussi
quelques parallélismes supplémentaires entre Pascal et
l'existentialisme : l'anxiété du premier se rapproche
assez de l'angoisse mise en exergue par le second ; de
même, l'ennui pascalien, sentiment par lequel l'homme
est mis presque physiquement en présence de son insuf-
fisance et de sa solitude n'est pas sans évoquer la Nausée sartrienne, ce « goût fade de l'existence » qui prélude à la prise de conscience de notre contingence et de
notre finitude ; enfin, l'importance que Pascal accorde
à l'amour-propre et au « divertissement », considérés
comme deux moyens pour l'homme de se leurrer sur
lui-même et de se détourner de penser au « malheur

naturel de notre condition faible et mortelle » (*Pensées*, 139), trouve son pendant dans la « mauvaise foi » sartrienne, qui est elle aussi une manière de mensonge fait à soi-même en vue de se dissimuler la réalité de sa situation.

Pour finir, il faut indiquer que Pascal parle à propos de l'homme d'une « capacité vide » (*Pensées*, 423 et 425), c'est-à-dire d'une aspiration insatiable au bonheur, au bien et à la vérité qui est, selon lui, l'empreinte de l'état édénique dont l'homme a été privé par le péché originel. On trouverait avec peine une telle opinion chez les existentialistes, si ce n'est que, débarrassée de ses fondements théologiques, cette « capacité vide » correspond assez bien à l'idée sartrienne de la conscience comme néantisation : repensant le dualisme classique de l'âme et du corps, Sartre propose de distinguer deux régions de l'être, l'en-soi et le pour-soi ; ce dernier terme correspond à la conscience, laquelle n'est pas dotée chez Sartre d'un contenu *a priori*, mais se définit comme capacité de négation du donné, mouvement perpétuel de néantisation. Par le travail de négation de la conscience, l'homme peut s'arracher à la finitude de l'être, ce qui signifie qu'il exerce sa liberté. En cela, la « capacité vide » pascalienne se mue avec l'existentialisme en liberté, celle de contester le donné et donc, dans un univers qu'aucune instance transcendante ne garantit ou ne justifie, celle aussi de donner du sens au monde.

Ce dernier rapprochement permet d'apercevoir les limites d'une lecture de Pascal indexée sur l'existentialisme : Sartre ou Camus ne sont en effet pascaliens qu'à condition de laïciser sa pensée et de détacher sa vision de l'homme de ses fondements métaphysiques et théologiques, bref, de feindre d'oublier que les *Pensées* sont le dossier préparatoire d'une *Apologie du christianisme*, écrite à l'intention des incroyants. Le pessimisme pas-

calien ne prend sens en effet que par rapport à la
« misère de l'homme sans Dieu » et à cette aspiration
vide que seule peut combler la présence divine. Dès
lors, l'ontologie de Pascal est radicalement différente de
celle des existentialistes : contrairement à ce que postule l'absurde camusien, le monde n'est pas irrémédiablement dépourvu de sens, il est plutôt inintelligible à
l'homme privé de Dieu ; pour la même raison, il n'appartient pas à l'homme de déterminer le sens de son
existence par le libre choix de son projet (comme Sartre
le soutient), puisque le plan divin a prévu la place de
chacun et fixe pour tous une « nature humaine », c'est-
à-dire une essence. C'est dès lors la place de la liberté
qui se trouve déplacée : elle n'a pas chez Pascal la primauté que lui confère l'existentialisme ; elle correspond
plutôt à l'acquiescement enthousiaste et sans réserve
que l'homme peut marquer au plan divin.

On voit ainsi combien la référence à Pascal, pour être
efficace, ne peut être qu'implicite et partielle : la caution pascalienne ne fonctionne pour l'existentialisme
qu'à la condition de ne mobiliser que sa dimension tragique, et de la couper de ses bases théologiques. Il en
va exactement de même de la question du pari, qui,
comme on l'indiquait en commençant, a souvent servi
de justification à l'engagement. Du développement pascalien sur la question, le discours de la littérature engagée n'a finalement retenu qu'un passage : « mais il faut
parier ; cela n'est pas volontaire, vous êtes embarqué.
Lequel [de ces deux partis] prendrez-vous donc ?
Voyons, puisqu'il faut choisir (…) » (*Pensées*, 233).
Certes, Pascal souligne ici que la présence de l'homme
au monde le compromet irrémédiablement et l'oblige à
faire un choix, ce qui rencontre en effet la réfutation sartrienne du dégagement. Mais cette utilisation de Pascal
n'est valable qu'à la condition d'abstraire le passage de
l'ensemble du développement qui le porte et d'ignorer

deux choses : d'abord, que le pari s'adresse aux incroyants et que Pascal n'en fait nullement une modalité première d'accès à la foi (il privilégie au contraire les vertus de la révélation) ; ensuite, que le reste du développement joue avant tout sur un calcul de probabilités et examine la disproportion des chances de gain et de perte par rapport à l'enjeu initial (une vie humaine) selon qu'on choisit de croire ou pas ; on est donc loin de l'impératif moral qui commande à l'engagement : Pascal développe un pur raisonnement probabiliste, très éloigné de l'exigence éthique de responsabilité et de réalisation de soi qui préside à la nécessité du choix dans la doctrine sartrienne.

Reste que le pessimisme pascalien, associé à une pratique philosophique attentive à l'expérience concrète du sujet pensant, produit un pathos austère et digne, bien fait pour rencontrer les exigences littéraires de l'existentialisme et de sa conception de l'engagement. Recontextualisé, le tragique pascalien prend néanmoins un autre sens.

2. Tragique pascalien
   et émergence de la société classique

Que la pensée de Pascal soit tragique et qu'elle « parle » en cela à la sensibilité moderne, qui confère à cette notion une valeur simultanément esthétique et existentielle, cela ne fait aucun doute. Il reste néanmoins à déterminer en quoi consiste exactement le tragique pascalien. Dire qu'il porte sur la condition de l'homme et en particulier sur la disproportion entre ses aspirations et ses possibilités est insuffisant aussi longtemps qu'on ne prend pas en compte la dimension théologique de cette vision de l'homme. Le nœud du problème est en effet la question de la grâce divine. Dans la perspective janséniste – on devrait dire plus exactement augustinienne – adoptée par Pascal, la grâce et, donc, le salut ne peuvent dépendre des seuls mérites gagnés par l'homme durant sa vie terrestre ; le respect théocentriste de la toute-puissance divine implique au contraire que Dieu soit la cause première du salut : la grâce est nécessairement « gratuite », au sens où elle est accordée antérieurement à toute mise à l'épreuve de l'homme (d'où la notion de prédestination associée au jansénisme) et où elle ne peut être modifiée en fonction des « bonnes actions » accomplies (puisque Dieu les prévoit depuis toujours). En cela, la gratuité de la miséricorde divine peut apparaître comme arbitraire, c'est-à-dire dépendant de son seul « bon vouloir ».

Au XVIIe siècle, la doctrine augustinienne de la grâce s'insère dans un débat théologique capital et elle apparaît comme une restauration doctrinale face à la sécularisation et au laxisme de la théologie jésuite : dans la lignée de l'humanisme de la Renaissance et du rationalisme naissant, cette dernière tendait en effet à accorder une place plus importante au libre arbitre de l'homme, lequel avait la faculté de refuser ou d'accepter la grâce divine. Néanmoins, la réaction janséniste, fondée sur la tradition de saint Augustin, en rétablissant la primauté du divin, suscite un tragique irrémédiable dont Pascal se fait l'écho : la « misère de l'homme sans Dieu » est tragique avant tout parce qu'il ne dépend pas de l'homme de choisir entre l'absence ou la présence divine. Du coup, le théocentrisme de Pascal débouche sur la conception d'un *« deus absconditus »,* un *Dieu caché* dont les voies sont impénétrables.

On aura évidemment reconnu ici le titre de la thèse fameuse que Lucien Goldmann a consacrée à Pascal et Racine (Goldmann, 1955 : *Le Dieu caché. Étude sur la vision tragique dans les « Pensées » de Pascal et dans le théâtre de Racine* – ce n'est sans doute pas un hasard si cette lecture d'inspiration marxiste a vu le jour au moment où se produit le reflux de l'existentialisme sartrien). Selon Goldmann, la pensée théologique de Pascal condense la vision tragique du monde que développe un groupe social, la noblesse de robe, qui se perçoit en déclin dans ces années de constitution progressive de l'absolutisme royal. Pour le critique, la noblesse de robe (la magistrature) a puissamment contribué au renforcement du pouvoir royal, mais elle voit paradoxalement son rôle se réduire à mesure que la monarchie absolutiste atteint son développement le plus complet. D'où il résulte que la noblesse de robe se trouve dans une posture contradictoire : d'une part, elle ne peut qu'éprouver du ressentiment à l'égard de ce pouvoir royal avec lequel elle a perdu sa relation privilégiée et, en même temps, elle ne peut qu'affirmer avec force son dévouement à ce pouvoir qui est aussi sa raison d'être. D'où, sur le plan théologique, puisque ce groupe social s'identifie au catholicisme de la monarchie, cette angoisse métaphysique du Dieu caché, qui est comme l'*analogon* de ce pouvoir royal devenu arbitraire et impénétrable.

La thèse de Goldmann, qui est aujourd'hui devenue classique, force peut-être le trait en homologuant aussi directement la situation d'un groupe social et une doctrine théologique qui fit l'objet d'intenses controverses dans la seconde moitié du XVIIᵉ siècle. Elle a cependant le mérite de bien faire voir la position ambivalente de Pascal, et du courant de pensée auquel il se rattache, dans l'émergence de la société classique.

En effet, Port-Royal, qui représente au cœur du siècle une manière d'élite intellectuelle avancée (parler d'avant-garde serait ici un anachronisme), a joué un rôle considérable dans la mise en place du classicisme, tout en occupant une position marginale dans le système d'institutions (Académie, Sorbonne, etc.) à travers lequel la société classique s'est constituée (voir Goyet, 1991). Le jansénisme de Port-Royal se conçoit ainsi comme un retour à la rigueur théologique des pères de l'Église ; en cela, il sert la monarchie de droit divin puisqu'il vise à restaurer l'exactitude doctrinale du catholicisme menacée par les compromissions mondaines des jésuites ; mais cette intransigeance se révèle néanmoins peu acceptable pour le pouvoir royal, qui entend établir son absolutisme sur une religion infaillible, immuable et inébranlable – qui ne peut donc être objet de controverses. Par ailleurs, l'intransigeance de Port-Royal en matière de religion n'empêche nullement qu'il soit aussi une tête de pont du rationalisme cartésien dont il réprouve pourtant les fondements théologiques : la *Grammaire générale et raisonnée* d'Arnauld et Lancelot (1660), la *Logique de Port-Royal* d'Arnauld et Nicole (1662) envisagent les rapports du langage à l'esprit et au monde dans une perspective fondatrice pour la pensée classique. On ajoutera en outre que les mêmes maîtres ont formé Racine dont les tragédies incarnent la perfection de l'idéal classique.

Chez Pascal, ce rapport ambivalent à la société classique apparaît par exemple dans les considérations qu'il développe sur le pouvoir : sa fidélité monarchique est hors de doute, mais, dans les *Pensées*, il n'hésite pas à souligner que la condition du prince est identique à celle du commun des hommes et qu'il est comme eux sujet à l'amour-propre et aux faiblesses. Si la monarchie héréditaire est ainsi conforme à la tradition et aux visées divines, la grandeur royale n'est nullement « naturelle », mais « d'établissement », façon pour Pascal de manifester son adhésion à la monarchie sans participer pour la cause au discours qui la mythifie. Même rapport ambivalent chez lui à la vie mondaine, à laquelle il a pris part : s'il adhère profondément à l'idéal de l'« honnête homme » qui se codifie alors, il réprouve par contre le libertinage, son scepticisme, sa suspicion à l'égard des dogmes et l'incroyance à laquelle il conduit. Enfin, par leur style et par les réflexions qu'elles proposent sur l'art de persuader et de plaire, les *Pensées* participent à l'élaboration de l'esthétique classique, tout en la dépassant par une liberté et une variété d'écriture qui assurent aujourd'hui encore la séduction de Pascal. On ajoutera d'ailleurs que, de tous les auteurs du XVIIe siècle, Pascal est sans doute celui dont les Lumières se préoccuperont le plus : Voltaire, qui admirait le polémiste des *Provinciales*, tentera de réfuter l'auteur des *Pensées* dans la vingt-cinquième lettre des *Lettres philosophiques*, tandis qu'un des premiers ouvrages de Diderot s'intitulera *Pensées philosophiques*.

3. Pascal et la littérature de controverse religieuse

Par sa situation excentrée vis-à-vis du pouvoir, par les enjeux politiques que contiennent ses positions théologiques, le milieu dans lequel Pascal évolue n'est pas seulement un lieu de réflexion mais aussi d'engagement. Dans son *Port-Royal* (1840-1859), Sainte-Beuve fait de Nicole « le plus engagé des théologiens, le plus affairé des polémiques », ce qui constitue à notre connaissance l'attestation la plus ancienne (et d'ailleurs isolée) du terme « engagé » dans le sens où nous l'utilisons dans ce livre. Une bonne part de la production de Port-Royal relève de la sorte d'une littérature de combat et de polémique. Pascal lui-même n'échappe pas à cette situation, puisque les *Pensées* correspondent à un projet apologétique (celui de persuader les incroyants de la nécessité de croire) et que ce vaste projet a lui-même été interrompu en 1656-1657 par la rédaction des dix-huit lettres qui composent *Les Provinciales,* dans lesquelles l'auteur, sous le pseudonyme de Montalte, prend la défense d'Antoine Arnauld et s'attaque aux jésuites.

On pourrait s'étonner que la vision moderne de Pascal fasse si peu de cas de cette dimension cardinale de son activité d'écrivain (qu'un Voltaire, lui, ne perdait jamais de vue) et que l'on considère volontiers le penseur métaphysicien sans faire le lien avec ses engagements temporels. Sans doute cela tient-il au statut de la littérature de controverse religieuse : elle s'avère difficilement lisible aujourd'hui parce qu'elle discute de questions théologiques peu familières et auxquelles, par ailleurs, notre sensibilité n'attribue pas d'emblée une portée politique, alors même que la virulence de ces querelles tenait précisément à l'intime relation qui unissait religion et pouvoir. La modernité politique, en promulguant la séparation du temporel et du spirituel, a radicalement distingué les discussions internes à la religion des affaires publiques, contribuant de ce fait à marginaliser les polémiques théologiques dans la sphère des discours sociaux. Il n'en reste pas moins que les questions religieuses sont restées, jusqu'au cœur du XXᵉ siècle, à l'horizon du débat politique et qu'elles ont été un puissant facteur d'engagement pour certains écrivains, l'Église catholique représentant une instance qui, à l'instar du parti communiste (voir p. 241-246), menace constamment l'autonomie du champ littéraire en le soumettant à des injonctions qui lui sont extérieures.

Il n'en reste pas moins que cette littérature de controverse religieuse est pleinement une littérature d'engagement et que, du milieu du XVIᵉ siècle à la fin du règne de Louis XIV, elle représente une importante production où l'on trouve aussi bien de savantes discussions théologiques que des pamphlets et même de la poésie militante. De ce courant important et diffus, le XVIᵉ siècle représente sans doute le moment de plus grande intensité, puisqu'il est dominé par la guerre de religion entre catholiques et protestants, guerre dont on connaît la terrible violence. Jusqu'à l'affaire des Placards, en 1534, François Iᵉʳ avait été relativement tolérant à l'égard de la pensée réformée, laissant se développer à la fois l'évangélisme, avec sa volonté humaniste de régénérer la religion par le retour aux Écritures, et une littérature satirique et mordante tournée contre les travers de l'Église officielle et de la papauté, genre dans lequel se sont illustrés Marot, Rabelais ou Marguerite de Navarre.

L'affaire des Placards marque en revanche le début des persécutions à l'encontre des huguenots et d'un conflit dont la violence culminera en 1572 avec les massacres de la Saint-Barthélemy. C'est à la suite de la conjuration d'Amboise (1560) et de la répression qui l'a suivie qu'on voit apparaître une véritable littérature de combat, redoublant les affrontements civils. Du côté catholique, Ronsard, le poète officiel de la cour, entre dans la polémique et abandonne la poésie célébrative et légère qu'il pratiquait ; ses pièces « engagées » sont réunies en 1567 sous le titre de *Discours*, ce qui atteste que la poésie, à cette époque, est considérée comme un instrument de débat et de propagande. L'exemple de Ronsard sera suivi par la plupart des poètes royaux, Du Bellay, Desportes, Jodelle, Baïf, etc., dont les pièces seront souvent reprises dans des recueils collectifs aux titres explicites, tels que *Muse chrétienne* (1582) ; dans le domaine du pamphlet – le terme apparaît à cette époque –, la pièce la plus célèbre est la *Satire Ménippée de la vertu du catholicon d'Espagne* (1593), où des catholiques modérés s'en prennent violemment à la Ligue. Dans le camp protestant, on n'est pas en reste et apparaît aussi une poésie militante dirigée contre Rome et le parti des catholiques ultras. De cet ensemble peu connu mais consistant et cohérent dans sa visée (voir

Pineaux, 1971) se dégagent Agrippa d'Aubigné et ses *Tragiques* (1616) : ce long poème représente sans doute l'œuvre littéraire majeure qui soit sortie des guerres de religion. Dénonçant les horreurs de la répression exercée contre les protestants et la corruption du parti catholique, cette œuvre est portée par un souffle épique et prophétique dont on ne trouve aucun équivalent à l'époque.

À la suite de l'édit de Nantes (1598), les guerres de religion cessent, mais le XVIIe siècle reste traversé par d'importantes querelles théologiques, qui génèrent elles aussi une production polémique, moins virulente néanmoins que celle du XVIe siècle. Dès 1640, avec la publication de *L'Augustinus,* commence l'affaire du jansénisme qui durera jusqu'en 1712-1713, avec la destruction de Port-Royal et la condamnation définitive de la doctrine dans la bulle papale *Unigenitus*. En 1685, la révocation de l'édit de Nantes relance la controverse entre catholiques et protestants. À l'extrême fin du siècle, c'est cette fois le quiétisme, doctrine mystique prônant un abandon passif à l'amour divin (qui dispenserait donc de l'exercice concret des vertus), qui est en cause et met aux prises Bossuet et Fénelon, deux figures majeures de cette littérature d'engagement issue des controverses théologiques.

Le premier, d'origine roturière, est évêque de Meaux : attaché à la cour par ses qualités d'orateur et de prédicateur, il est un fin politique qui ne refuse jamais d'entrer dans la controverse. Son rôle auprès de Louis XIV apparaît comme prépondérant puisqu'il participe à sa manière au mouvement d'unification et de centralisation qui caractérise la monarchie absolutiste : face au protestantisme, au quiétisme et, dans une moindre mesure, au jansénisme, Bossuet s'est attaché à défendre, à travers notamment son *Sermon sur l'unité de l'Église*, l'orthodoxie et la cohésion du dogme catholique sur lequel s'appuyait le pouvoir royal ; de ce fait, il a joué dans l'édification de la monarchie absolutiste un rôle qui, sur le plan religieux, s'apparente un peu à celui de Colbert dans le domaine de l'organisation administrative de l'État. Fénelon, quant à lui, est un aristocrate de haut lignage, évêque de Cambrai. Nommé précepteur du petit-fils de Louis XIV, pour lequel il écrira le *Télémaque*, cette charge semble le destiner à une carrière politique. Celle-ci sera cependant brisée par sa défense du quiétisme de Mme Guyon : il publie en 1697 une *Explication des maximes des saints sur la vie intérieure* qui suscite la polémique et l'engage dans une controverse, menée à coups de pamphlets, avec Bossuet, avant que certaines de ses propositions ne soient condamnées par le pape. Il perd alors sa charge de précepteur et est exilé dans son diocèse de Cambrai. Le Fénelon spiritualiste y redevient un politique qui, profitant des difficultés économiques de la fin du règne de Louis XIV, conteste l'absolutisme royal : auteur d'une *Lettre à Louis XIV* anonyme très critique à l'égard du monarque, il écrit également un *Examen de conscience sur les devoirs de la royauté* où il entend subordonner la politique à la morale, s'indigne de la misère des campagnes et des guerres coûteuses qu'entreprend le roi, souhaite enfin que le despotisme auquel conduit l'absolutisme soit compensé par l'influence des aristocrates. Les Lumières feront ainsi de Fénelon, adversaire de la monarchie absolue, une manière de prédécesseur visionnaire, sans mesurer combien l'évêque de Cambrai incarnait sur ce point les idées d'une grande aristocratie blessée par la perte de ses prérogatives au profit de la seule monarchie.

Ce rapide tour d'horizon de la littérature de controverse religieuse permet de situer la place et l'originalité des *Provinciales* dans cet ensemble. Sur le fond de la querelle du jansénisme et ses enjeux, on a déjà dit l'essentiel. De ce point de vue, il faut d'ailleurs reconnaître

que, comme une bonne part de la littérature d'engagement, *Les Provinciales* sont un texte de circonstance et
ont de ce fait subi l'usure du temps : la polémique
qu'elles développent ne nous intéresse plus guère en
tant que telle, si ce n'est comme document ou témoignage historiques. Par contre, ces dix-huit lettres se distinguent par leur vivacité et leur variété de ton, ainsi que
par l'objectif qu'elles poursuivent.

En effet, lorsqu'en 1656 Pascal, requis par l'urgence,
interrompt son projet d'apologie pour se consacrer à la
rédaction des *Provinciales*, le débat théologique proprement dit est achevé en France : Antoine Arnauld a
été censuré par la Sorbonne et Port-Royal a perdu sur le
terrain politico-religieux. L'entreprise de Pascal ne
s'adresse donc pas aux docteurs ni aux clercs, mais bien
à un public profane, celui de l'honnête homme ; autrement dit, Pascal écrit pour ce que le XVIIIe siècle appellera l'opinion, et son effort est de porter la polémique
sur le terrain de la vie sociale, où les jansénistes peuvent
encore l'emporter et faire reculer l'influence des
jésuites. Il en résulte que ces lettres cherchent avant tout
à exposer le fond de la querelle en des termes simples
et clairs, capables d'intéresser et de convaincre des lecteurs non versés en théologie. On sait d'ailleurs que *Les
Provinciales* ont fait l'objet d'un important travail
d'écriture et de réécriture, dont l'un des objectifs fut
d'alléger le plus possible l'aspect purement théologique
du débat. De cette volonté d'atteindre un public profane
découle également le fait que *Les Provinciales* recou-
rent à une série de stratégies rhétoriques très concertées,
en vue de persuader les destinataires du bien-fondé des
positions de Port-Royal (rappelons encore que les
Pensées proposent, dans leur première section, une
réflexion approfondie sur l'art de plaire et de persuader,
avec notamment la distinction fameuse entre « esprit de
géométrie » et « esprit de finesse »).

Outre l'usage d'un pseudonyme (Montalte) rendu nécessaire par les risques encourus, *Les Provinciales* se distinguent avant tout par leur recours à la *fiction* : se présentant sous la forme d'un dialogue (ce qui accentue la vivacité du propos), les dix premières lettres mettent en scène un narrateur fictif qui écrit à un ami vivant en province et lui relate ses rencontres avec divers interlocuteurs, les effets de réel étant quant à eux assurés par une datation précise (la première lettre est datée du 23 janvier 1656) et l'utilisation de citations réelles. Le narrateur des *Provinciales* se présente comme un personnage peu informé et neutre qui cherche à s'y retrouver dans la controverse. Cette naïveté de Montalte ne doit pas être confondue avec celle du candide voltairien ; il ne s'agit pas ici de prendre une vision détachée sur les choses, mais plutôt de mimer la situation supposée du lecteur et de créer de la sorte un effet de connivence : Montalte, comme son destinataire fictif, est peu au fait du détail de l'affaire et la bonne volonté à comprendre qu'il manifeste suscite la complicité avec les lecteurs réels. Bien sûr, cette naïveté est truquée, et Pascal sait parfaitement où il mène le lecteur ; la neutralité du narrateur, d'ailleurs parfois ridicule et risible, n'empêche nullement de percevoir de quel côté penche la balance ; d'ailleurs, à la fin de la dixième lettre, Montalte prend le parti des jansénistes et, dès la lettre suivante, l'artifice fictionnel est supprimé : le texte est de « l'auteur des lettres au provincial » et s'adresse aux « révérends pères jésuites », prenant un ton de polémique beaucoup plus accentué. Le lecteur a ainsi été conduit où Pascal voulait le mener et la fiction du narrateur neutre et naïf a rempli son office, conduisant le lecteur à ce point où la réalité de la polémique peut prendre le relais de la fiction.

Parmi les traits marquants de ces lettres, il y a aussi la dénonciation de la casuistique jésuite et des contrefaçons du vrai auxquelles elle aboutit. On trouve là une charge, qui va devenir un stéréotype, contre une certaine tournure d'esprit, caractérisée par art consommé et retors de la dialectique argumentative, souvent qualifiée de « jésuitisme ». L'intérêt des *Provinciales* est que la polémique ne touche pas le fond des arguments et contre-arguments échangés au cours de cette longue controverse ; Pascal cherche plutôt à démonter le système de syllogismes sur lequel repose la casuistique jésuite et à montrer comment, de raisonnements en raisonnements, les « révérends pères » parviennent à travestir la vérité. En raisonnant faussement et à dessein, les jésuites en arrivent ainsi à subvertir le langage même et le sens des mots. Par ce démontage à la fois agressif et jubilatoire des ruses du discours, *Les Provinciales* s'adressent à une sensibilité moderne : sans partager sur ce point le pessimisme radical et désespéré du pamphlétaire, Pascal met en question les détournements du langage qui sont le lot de tous les grands débats intellectuels, au cours desquels les interlocuteurs finissent par ne plus se comprendre.

CHAPITRE VIII

Voltaire ou l'âge d'or

De Voltaire, Roland Barthes a écrit qu'il était « le dernier des écrivains heureux » (Barthes, 1964 : 94-100). Quoique cette observation des *Essais critiques* s'accompagne de réserves quant au sens de ce bonheur, elle rencontre une opinion commune chez les écrivains intéressés à l'engagement. Les Lumières, souvent identifiées à la figure de Voltaire, sont perçues comme un âge d'or : « aucun moment n'a mieux aidé l'écrivain, ne lui a davantage donné la certitude de lutter pour une cause juste et naturelle » (*ibid.* : 95), parce qu'il « était du même côté que l'histoire » (*ibid.* : 96). On a ainsi vu se constituer une représentation de la littérature d'Ancien Régime selon laquelle le classicisme s'oppose aux Lumières et l'honnête homme au philosophe : malgré ce qu'on en a brièvement dit dans le chapitre précédent, le XVIIe siècle n'aurait pas été un siècle d'engagement, parce que le classicisme serait l'expression d'une société stabilisée, ayant atteint un point d'équilibre, ce qui suspendrait en quelque manière le cours des choses et produirait une esthétique figée. Le XVIIIe siècle, au contraire, verrait l'histoire se remettre en marche, ce qui aurait offert à l'écrivain la possibilité d'intervenir et de manifester avec éclat l'importance de son rôle social.

Nul plus que Sartre n'a sans doute idéalisé les Lumières comme une période bénie et euphorique où l'engagement allait de soi, parce que l'exigence d'auto-

nomie de la littérature rencontrait presque miraculeuse-
ment la revendication de liberté émanant de la société
civile (Sartre, 1948a : 105-117). Pour lui, « le XVIIIe siècle
reste la chance, unique dans l'histoire, et le paradis bientôt perdu des écrivains français » (*ibid.* : 105). Issu de la
bourgeoisie et distingué par l'aristocratie, le philosophe
des Lumières aurait su retirer de cette tension entre deux
publics une singulière liberté : porteur des revendications
de la bourgeoisie, mais coupé d'elle par le rang que lui
confère le système monarchique, il a pu se concevoir
comme un porte-parole de l'universel, en même temps
qu'il prenait conscience de l'efficacité sociale de la littérature en se heurtant à la censure exercée par le pouvoir. C'est pourquoi l'époque fut vraiment celle de l'engagement intégral : « un ouvrage de l'esprit était alors un
acte doublement puisqu'il produisait des idées qui
devaient être à l'origine de bouleversements sociaux et
puisqu'il mettait en danger son auteur » (*ibid.* : 114).

Néanmoins, Sartre ne peut totalement se dissimuler la
contradiction que recèle une telle valorisation de l'écrivain du XVIIIe siècle : les valeurs dont ce dernier est porteur sont fondamentalement bourgeoises, et si elles ont
pu apparaître comme une conquête universelle, c'est
parce que la bourgeoisie était alors politiquement dominée ; sitôt celle-ci parvenue au pouvoir, elle s'est trans-
formée en une classe d'oppression, et les principes
qu'elle affirmait hautement se sont mués en une défense
de ses privilèges. En d'autres termes, ce contre quoi
Sartre entendait lutter au XXe siècle est, pour une part,
issu des Lumières, ce qui le met en porte-à-faux avec le
portrait idyllique qu'il dresse du philosophe. Plus
lucide, Barthes a clairement repéré l'impossibilité d'une
identification complète s'agissant de Voltaire : « ses
ennemis, écrit-il, seraient aujourd'hui les doctrinaires
de l'Histoire, de la Science (…), ou de l'Existence ;
marxistes, progressistes, existentialistes, intellectuels de

gauche, Voltaire les aurait haïs, couverts de lazzis incessants, comme il a fait, de son temps, pour les jésuites »
(Barthes, 1964 . 100). En d'autres termes, et en assumant le risque de l'anachronisme, Barthes a indiqué crûment que Voltaire n'était pas un penseur de gauche et
qu'au contraire, en dissociant « intelligence et intellec-
tualité » (ou : esprit de système), il a inventé ce qu'on
« appelle aujourd'hui anti-intellectualisme » (*ibid.* : 99),
attitude réputée de droite depuis l'affaire Dreyfus.

Lucidité chez Barthes, contradiction mal dissimulée
chez Sartre, ces deux positions soulignent combien la littérature engagée ne peut mobiliser la caution des
Lumières qu'à la condition de n'en retenir qu'une image
idéale : celle d'écrivains qui ont pris pleinement
conscience de leur rôle et du pouvoir de la littérature et
qui, percevant les mutations profondes de la société, sont
parvenus à leur donner une formulation suffisamment
nette et forte pour « précipiter », au sens quasi chimique
du terme, l'évolution alors en cours. Dans le même
temps cependant, les écrivains engagés n'ignorent pas
que l'expérience triomphale des Lumières ne peut être
reproduite au XXᵉ siècle : ils ont choisi de prendre la
défense d'une classe, le prolétariat, qui n'est pas la leur
et dont ils se sentent séparés par un abîme ; en outre, le
temps est fini où l'affirmation formelle de principes uni-
versels était un acte en soi ; au contraire, l'attente du
« grand soir » interroge la raison d'être de la littérature
et sa capacité à contribuer au processus révolutionnaire.
Pour Barthes, la rupture avec l'euphorie des Lumières se
produit chez Rousseau, qui définit la condition moderne
de l'écrivain en l'identifiant à la conscience malheureuse : « Désormais, sans cesse assoiffé et blessé d'une
responsabilité qu'il ne pourra plus ni complètement
honorer ni complètement éluder, l'intellectuel va se définir par sa mauvaise conscience » (Barthes, 1964 : 100).

Dans ces conditions, on le voit, l'attraction des Lumières

prend les couleurs d'une *nostalgie* : celle d'un bonheur et d'une plénitude perdus, d'un âge d'or révolu qui, pourtant, se maintient à l'horizon de l'engagement littéraire. Une figure, en particulier, s'identifie à cette époque dans l'imaginaire des écrivains engagés : celle de Voltaire qui domine son siècle comme Hugo dominera le sien. L'auteur de *Candide* n'est certes pas un cas unique. Nombreux sont ceux qui, au XVIIIᵉ siècle, prétendent au titre de « philosophe », cette notion recouvrant d'ailleurs des attitudes idéologiques très diverses et souvent opposées. Mais Voltaire a réussi à incarner ce modèle avec une telle puissance qu'il en est devenu en quelque manière l'inventeur. À cela, il faut ajouter que sa longévité fut exceptionnelle (comme celle de Hugo, à nouveau) : né en 1694 et mort en 1778, il a eu barre sur deux générations de philosophes, celle de Montesquieu et celle de Diderot ou Rousseau. En la personne de ces deux derniers auteurs, c'est d'ailleurs le modèle voltairien qui se voit contesté en des sens divers et notamment dans la double direction d'un engagement plus radical et d'un questionnement esthétique novateur (sur les différences entre Voltaire, Diderot et Rousseau, se reporter à : Fabre, 1980 : 2-65).

1. L'invention du « philosophe »

L'un des traits qui ajoutent à la séduction exercée par les écrivains des Lumières est sans conteste leur titre de « philosophe ». Pour la génération sartrienne, celui-ci concourt à l'édification d'une figure totale, dont l'action se serait développée sur le double plan de la pensée et de la littérature, fondant en une seule deux activités que la modernité tendra à disjoindre – pour les réarticuler ensuite l'une à l'autre, et sous une autre forme, dans la fonction d'intellectuel. C'est d'ailleurs à cette dernière catégorie que le philosophe des Lumières se trouve le plus souvent assimilé aujourd'hui, tant son activité multiple présente des traits communs avec celle de « nos » intellectuels modernes, eux aussi soucieux de concilier littérature, philosophie ou réflexion sociopolitique. Néanmoins, l'écrivain du XVIIIᵉ siècle évoluait dans un système des lettres qui accueillait généreusement tous les « ouvrages de l'esprit », ce qui, aux yeux d'un Sartre ou d'un Camus, pouvait apparaître comme une chance supplémentaire offerte à ces auteurs.

Par ailleurs, une vue rétrospective un peu complaisante sur le XVIIIᵉ siècle tend à laisser croire qu'il fut assez uniformément un « siècle philosophique » ; il n'est certes pas douteux que la figure du philosophe, dans l'acception voltairienne du terme, y a dominé, mais il ne faut pas cependant négliger les résistances qui lui furent opposées : elles n'émanaient pas seulement des milieux religieux (le *Journal de Trévoux*, par exemple) ou officiels (la censure), mais s'inscrivaient aussi dans la vie sociale et mondaine de l'époque, puisque à partir de 1760 notamment se sont développés d'influents salons « antiphilosophiques ». Malgré ces contre-feux, l'idéal philosophique s'est pourtant imposé en France. Dès 1734, paraissent les *Lettres philosophiques* de Voltaire, qui, à la suite de son expérience anglaise, entendent convertir l'opinion au modèle intellectuel en voie de constitution. Celui-ci trouve sans doute sa codification la plus nette dans un court texte publié vers 1743 dans les *Nouvelles Libertés de penser* et sobrement intitulé *Le Philosophe*. Aujourd'hui attribué au grammairien Dumarsais, ce texte paraît avoir servi de signe de ralliement puisqu'il fut repris, non sans des modifications notables, par Voltaire dans *Les Lois de Minos* et par Diderot, semble-t-il, dans l'*Encyclopédie* (pour une édition des différentes versions et leur interprétation, voir : Dieckmann, 1948 – dans la suite, nous nous référons au texte des *Nouvelles Libertés de penser*).

D'emblée, le texte définit le philosophe par l'usage qu'il fait de la *raison*. Celle-ci « est à l'égard du philosophe ce que la grâce est à l'égard du chrétien » (Dieckmann, 1948 : 32), et la singularité du philosophe tient au fait qu'il est « une machine qui, par sa constitution mécanique, réfléchit sur ses mouvements » (*ibid.* : 30). Ce privilège accordé à la raison, conçue comme une faculté de discernement et de régulation, confère à l'action du philosophe une dimension spécifique de réflexivité – qu'on pense à la définition sartrienne de l'engagement comme passage « de la spontanéité immédiate au réfléchi ». Cette singularité fonde en outre un rationalisme empirique inspiré de Locke et de son *Essai sur l'entendement humain* : constatant que l'intelligence humaine est nécessairement bornée et qu'elle ne peut prétendre tout connaître, le philosophe rejette les spéculations aprioristes et met son soin à établir des vérités modestes et limitées mais vérifiables. De plus, l'influence des sciences, et en particulier de la physique newtonienne (dont Voltaire, entre autres, cherchera à tirer les conséquences philosophiques), est déterminante. Le modèle de connaissance ainsi postulé conçoit qu'il existe une causalité universelle et des lois de la nature et, par ailleurs, il repose sur l'observation : c'est en effet « une maxime très opposée au progrès des lumières de l'esprit, que de se borner à la seule méditation, et de croire que l'homme ne tire sa vérité que de son propre fonds » (*ibid.* : 34).

Ainsi, le philosophe refuse tous les dogmatismes : « il prend pour vrai ce qui est vrai, pour faux ce qui est faux, pour douteux ce qui est douteux, et pour vraisemblable ce qui n'est que vraisemblable » (*ibid.* : 38). Aussi, rien n'est-il plus éloigné de la pratique philosophique que l'esprit de système. Le projet d'un Voltaire, par exemple, consiste avant tout à intégrer les connaissances diverses qui se font jour, à en tirer les conséquences intellectuelles ou morales, et à effectuer de la sorte une manière de synthèse raisonnable et raisonnée (espoir dont l'*Encyclopédie* sera la concrétisation magistrale et qu'elle décevra dans le même mouvement en manifestant les tensions et contradictions de la pensée des Lumières). Il en résulte que les tenants de la philosophie, et Voltaire en particulier, s'opposent assez constamment – et agressivement – aux spéculations métaphysiques. Tout comme ils s'attaquent à la superstition, aux préjugés et aux religions constituées. Sur cette question, les opinions divergeaient cependant au sein du camp philosophique : Voltaire se tenait pour déiste, au sens où il croyait en l'existence d'un « Dieu horloger ou géomètre », source de la causalité universelle, et où il plaidait en faveur d'une « religion naturelle » opposée aux Églises ou aux sectes établies (voir Pommeau, 1969) ; Diderot, en revanche, était athée, considérant que la nature se crée elle-même et que ses lois suffisent à expliquer le monde, sans nécessité de postuler l'existence d'une instance transcendante et divine.

Par ailleurs, la figure du philosophe n'incarne pas seulement un modèle de connaissance raisonnable et fondé sur les sciences de la nature. Elle représente aussi un idéal de sociabilité :

> L'homme n'est point un monstre qui ne doive vivre que dans les abîmes de la mer ou dans le fond d'une forêt. Les seules nécessités de la vie lui rendent le commerce des autres nécessaire, et dans quelque état où il puisse se trouver, ses besoins et le bien-être l'engagent à vivre en société. Ainsi, la raison exige de lui qu'il connaisse, qu'il étudie et qu'il travaille à acquérir les qualités sociales. (*Ibid.* : 42.)

En cela, le philosophe reprend à son compte les valeurs de l'honnête homme du XVIIe siècle : il fréquente les salons, respecte les bienséances, pratique la conversa-

tion ; il cultive ses relations, notamment dans l'aristocratie, et établit partout en Europe des réseaux de connivence intellectuelle qu'il entretient grâce à une pratique
épistolaire constante (la correspondance de Voltaire
compte à ce jour plus de vingt mille lettres). Le corollaire
de cette sociabilité recherchée et valorisée est la constitution d'une instance abstraite, distincte du pouvoir, que
Dumarsais nomme « la société civile », « seule divinité
que [le philosophe] reconnaisse sur la terre » (*ibid.* : 46).

La vie sociale que mène le philosophe le conduit aussi à
rechercher, sans excès ni ostentation, l'aisance matérielle :

> Le vrai philosophe n'est point tourmenté par l'am-
> bition ; mais il veut avoir les douces commodités
> de la vie. Il lui faut, outre le nécessaire précis, un
> honnête superflu nécessaire à un honnête homme,
> et par lequel seul on est heureux : c'est le fond des
> bienséances et des agréments. La pauvreté nous
> prive du bien-être qui est le paradis du philosophe :
> elle bannit loin de nous toutes les délicatesses sen-
> sibles et nous éloigne du commerce des honnêtes
> gens. (*Ibid.* : 62.)

C'est sans doute sur ce point précis que l'idéal philosophique s'avère le plus nettement distinct de la représentation moderne de l'écrivain, laquelle sanctifie la
misère comme un signe d'élection et conçoit le littéraire
en rupture avec les pouvoirs tant politique qu'économique. Rien de tel n'apparaît chez Voltaire, qui était
riche et reconnu : soucieux d'entretenir sa fortune, qui
était considérable, il s'adonnait à la spéculation et avait
développé dans son domaine de Ferney une véritable
activité industrielle ; il recherchait aussi la faveur des
grands et il fut un temps historiographe du roi et pen-
sionné par lui. Cette image de fortune, associée à la fré-
quentation des princes, participe évidemment à la dis-

tinction sociale du philosophe et tend à renchérir sur le
rôle d'influence qu'il s'accorde euphoriquement. Elle est
d'autant plus significative que l'aisance matérielle est
loin d'être la condition commune des gens de lettres au
XVIIIᵉ siècle : comme l'ont montré les travaux de Robert
Darnton (1983, 1992), se constitue à cette époque une
bohème littéraire, composée d'écrivains pauvres et
débrouillards, vivant de modestes travaux de plume,
mais dont l'activité laborieuse jouera un rôle déterminant dans la diffusion de la pensée des Lumières et dans
la préparation de la Révolution française. Sans appartenir vraiment à la bohème, Rousseau, à nouveau, se place
en rupture par rapport à cette image du philosophe :
orphelin d'origine modeste, fuyant la bonne société et
ses salons, il choisit la pauvreté, ce qui le condamne à
des travaux de copiste et à la précarité matérielle. Par
cette « vocation », il participe à l'élaboration de la figure
romantique de l'écrivain maudit, que son idéal de pureté
voue à l'incompréhension générale, à la misanthropie et
à l'inconfort perpétuel (voir Mély, 1985 : *Jean-Jacques
Rousseau. Un intellectuel en rupture*).

Le philosophe, tel que l'article de Dumarsais le définit et tel que Voltaire l'incarne presque à la perfection,
peut ainsi être caractérisé par sa modération et par la
fonction de régulation qu'il se donne : l'exercice de la
raison éclaire et dirige les passions, qu'elles soient indi-
viduelles ou sociales ; ennemi de tous les excès, le philosophe recherche en toutes choses un juste milieu raisonnable. Il en découle que les Lumières se donnent
aussi une vocation pédagogique, leur objectif étant
d'éclairer et d'instruire, de diffuser le savoir qui s'élabore et d'en tirer les applications pratiques et morales, à
l'écart de tout extrémisme.

C'est dans cette perspective de modération que doit
être restituée l'action politique du philosophe. Le militantisme des Lumières s'est exercé par prédilection et

de la façon la plus incisive sur le terrain de la lutte contre l'intolérance et le fanatisme religieux, lutte que Voltaire résumait, au bas de certaines de ses lettres, par un mot d'ordre resté célèbre : « Écrasons l'infâme. » Le même auteur a déployé dans cette direction le meilleur de son énergie de polémiste, et c'est en ce domaine que son engagement peut paraître comme le plus décidé (qu'on pense, entre autres, à l'affaire Calas). Il n'en reste pas moins que cet activisme n'a jamais été jusqu'à la revendication d'athéisme : comme on l'a précisé plus haut, Voltaire entendait avant tout combattre l'influence et l'obscurantisme des Églises établies, et les remplacer par une religion naturelle et éclairée, nécessaire au maintien de l'ordre social.

La même modération et le même souci d'ordre sont de mise sur le terrain strictement politique : le philosophe reconnaît certes l'importance de la « société civile » et relaie ses aspirations, mais ses revendications n'atteignent guère à la radicalité d'une intention révolutionnaire. Le peuple, d'ailleurs, est singulièrement absent de sa pensée politique, qui vise essentiellement à l'association de l'aristocratie et de la bourgeoisie. Voltaire, et dans une moindre mesure Diderot, respectent le pouvoir des princes ; plutôt qu'un renversement des institutions monarchiques, ils envisagent la modernisation de leur fonctionnement. C'est la fonction que Voltaire prête au despotisme éclairé, qui suppose d'ailleurs que le philosophe acquière le rang de conseiller du souverain (ce que Voltaire tentera sans succès auprès de Frédéric II et Diderot auprès de Catherine II). Une fois de plus, Rousseau se situe ici en rupture : non seulement il entend construire un système totalisant, mais surtout, à travers le *Discours sur l'origine et les fondements de l'inégalité parmi les hommes* et le *Contrat social*, il propose une pensée politique radicalement neuve et faisant signe, plus nettement, vers l'événement révolutionnaire et ses suites.

Il y aurait donc un écart entre l'action politique des philosophes, qu'on définirait aujourd'hui comme un réformisme modéré, et la représentation moderne de l'engagement, qui survalorise la radicalité politique (c'est pour cette raison que les prises de position du très voltairien Anatole France peuvent nous apparaître comme tièdes et mitigées). Ce qui néanmoins « sauve » les Lumières dans l'imaginaire collectif, c'est qu'elles sont associées à la revendication des libertés civiles les plus fondamentales. Il est vrai que les philosophes ont été, de ce point de vue, d'extraordinaires porte-parole. Leur revendication spécifique de liberté de pensée et d'expression rejoignait une attente plus générale, mais, surtout, leur volonté d'exercer sur tout problème une rationalité critique s'est avérée une arme redoutable contre tous les préjugés et toutes les formes de croyance : en cela, le projet philosophique possédait un caractère activiste et militant qui compense très largement l'aspect modéré que nous pouvons aujourd'hui prêter à ses conceptions politiques. C'est pourquoi également une entreprise de connaissance telle que l'*Encyclopédie* peut apparaître comme le couronnement de l'action des Lumières et comme porteuse d'un engagement authentique : la volonté de faire le tour des connaissances en procédant à leur examen critique revenait à mettre en cause les bases d'une société fondée sur la tradition et le dogme, et donnait au lecteur les moyens de penser librement.

2. Le triomphe de l'écrivain

La montée en puissance des philosophes au XVIIIe siècle va de pair avec la conscience triomphale que l'écrivain prend de son pouvoir et de son influence. Un tel phénomène ne s'explique pas uniquement par la capacité des philosophes à formuler les attentes d'une bourgeoisie en phase ascendante. Il doit aussi être rapporté à la constitution progressive d'une institution littéraire de plus en plus autonome, c'est-à-dire à l'apparition d'un système d'instances et de relais qui assurent la reconnaissance du rôle social du philosophe et diffusent son prestige, à un niveau d'ailleurs européen. Didier Masseau a bien décrit les conditions de l'émergence de cette autorité nouvelle conférée à l'écrivain (voir Masseau, 1994 : *L'Invention de l'intellectuel dans l'Europe du XVIIIe siècle*).

Elle repose d'abord sur un élargissement sensible du public, dû au désir de la frange émergente de la bourgeoisie parisienne et provinciale d'accéder à la vie culturelle. De plus, il s'opère une ouverture de l'espace public (ce que Dumarsais nommait la « société civile ») qui accélère la circulation des idées et donne aux débats intellectuels une portée inédite. L'écrivain des Lumières accueille avec euphorie la présence de ce public réceptif et avide d'informations ; mais, en même temps, il en possède une représentation assez abstraite : la raison, à laquelle s'identifie l'activité du philosophe et à laquelle il en appelle pour se faire entendre, tend en effet à universaliser et unifier ce public. Il prend à l'époque le nom d'*opinion* : il apparaît comme une entité plutôt vague, mais réactive, c'est-à-dire susceptible d'être conquise aux arguments de la philosophie et donc d'être orientée et dirigée. À travers la médiation de l'opinion, le philosophe et son public se rencontrent dans le même sentiment de participer à l'histoire en cours.

Faisant le lien entre l'écrivain et le public, l'imprimerie connaît une forte progression : le nombre de textes imprimés est en croissance et l'on assiste, dans une logique de concentration capitaliste, à la constitution d'importants groupes éditoriaux, capables de diffuser les ouvrages à une échelle européenne et de contourner les interdits de la censure. Cette dernière continue en effet à s'exercer tant au niveau royal que religieux, mais, plutôt que de freiner l'activité, elle contribue à faire naître chez les écrivains une manière de conscience de leur existence collective : les stratégies utilisées pour esquiver les effets de la censure (recours à des éditions étrangères ou clandestines), l'importance de la contrefaçon également, aboutissent à la mise en place de réseaux parallèles de production et de distribution du livre, à travers lesquels la littérature acquiert une certaine autonomie de fonctionnement. De plus, les difficultés et les interdits auxquels se heurte le philosophe deviennent à certains égards un signe d'élection et de reconnaissance entre pairs, tous sujets aux mêmes tracasseries de la censure. Par ailleurs, un dialogue discret s'installe entre le pouvoir et les philosophes, qui bénéficient parfois de la protection implicite des milieux officiels (on pense au rôle joué par le directeur de la librairie Malesherbes dans la publication de l'*Encyclopédie*).

Enfin, la communauté philosophique, malgré ses divisions et ses rivalités, se reconnaît et se rencontre à travers une série de lieux d'échanges : à côté des salons et des cafés, les académies, qu'elles soient parisiennes, provinciales ou attachées à de grandes capitales européennes, accueillent les philosophes, permettent la discussion et la circulation des idées, créant un ensemble de solidarités et de connivences qu'on retrouve également dans les loges maçonniques. Ces académies fonctionnent comme des instances de reconnaissance et de consécration, ce qui explique pourquoi le prestige et l'influence d'un Voltaire sont souvent mesurés au nombre d'académies européennes dont il était membre. Par ailleurs, la communication et les échanges se multiplient, les informations circulent de plus en plus et de mieux en mieux : le philosophe possède souvent tout un réseau d'interlocuteurs auxquels il écrit régulièrement et qu'il rencontre au cours de ses voyages. Enfin, l'importance que prennent l'information et le goût d'un public de plus en plus nombreux pour les « potins » philosophiques favorise le développement des journaux et leur circulation à travers l'Europe : même si leur tirage reste modeste selon nos critères actuels, ceux-ci constituent une formidable caisse de résonance pour les idées des Lumières, ce qui contribue encore à accroître la conscience que les écrivains prennent de leur puissance potentielle.

L'un des meilleurs exemples du pouvoir quasi médiatique exercé par les philosophes reste, de ce point de vue, l'affaire Calas, dans laquelle Voltaire s'illustra en mobilisant, précisément, cet ensemble de relais dont il s'était entouré. On connaît les grandes lignes de l'affaire : en 1762, Jean Calas, commerçant protestant toulousain, est supplicié pour avoir tué son fils dont l'accusation soutenait qu'il allait se convertir au catholicisme ; le père n'a cependant jamais avoué, les preuves qui l'ont condamné sont faibles et les pièces du dossier tenues secrètes. Contacté par la famille Calas et voyant dans cette affaire une manifestation exemplaire du fanatisme religieux qu'il combat (et cela, même s'il n'entend pas défendre les protestants, qu'il affuble d'un fanatisme identique), Voltaire entreprend une campagne pour la réhabilitation du négociant, laquelle sera acquise en 1765. L'engagement de Voltaire, s'il repose incontestablement sur une réaction émotive, met néanmoins en jeu une stratégie très concertée : l'auteur commence par réunir un dossier, avec l'aide de d'Alembert ; il teste ensuite les réactions des représentants du pouvoir et celles des personnages influents, avant de lancer sa campagne proprement dite ; il rédige alors au nom des proches de Calas une série de textes polémiques dans lesquels il s'efforce de démontrer l'innocence du supplicié et de réclamer la

publicité des preuves ; parallèlement, il mobilise son
réseau de correspondants, les informant jusqu'au dénoue-
ment des développements de l'affaire. La réussite d'une
telle campagne, qu'on compare parfois à l'affaire
Dreyfus, indique quel est désormais le pouvoir d'intervention des philosophes. Son caractère en quelque
manière médiatique, les relais qu'il utilise et les modalités de son exercice évoquent évidemment les grandes
mobilisations intellectuelles de notre époque. Néanmoins, faire sans précaution du philosophe un intellectuel, au sens moderne du terme, constitue un raccourci
hasardeux et il convient avant tout de resituer l'action
du philosophe dans le système des lettres qui l'accueille.

3. L'esthétique du philosophe

Confondre le philosophe avec l'écrivain des
Lumières, comme nous l'avons fait jusqu'ici, ne permet
pas de rendre compte pleinement de la spécificité de
cette figure, propre au XVIIIe siècle. À cette époque, le
domaine de la science et celui des belles-lettres com-
mencent à peine à se distinguer nettement. La catégorie
des « gens de lettres » est très extensive et comprend
aussi bien les « savants » que les praticiens d'une écriture à visée essentiellement esthétique. Dans certains
cas extrêmes, elle accueille même des gens qui n'écrivent pas, mais qui possèdent une culture vaste et diver-
sifiée. Dans cette configuration, le philosophe occupe
une place centrale, puisqu'il assure une manière de transaction entre ces deux domaines, la science et les lettres,
en voie de séparation. Son rôle apparaît ainsi comme
celui d'une médiation entre les ordres du savoir et de
l'expérience esthétique, et c'est en cela qu'il continue
aujourd'hui encore à exercer une forte séduction. Il faut

en outre souligner que la catégorie des belles-lettres possède une extension beaucoup plus large que celle de la littérature de nos jours : de la poésie et de la tragédie à la somme historique et à l'essai politique, en passant par le conte, le roman ou même la correspondance, les belles-lettres représentent un vaste ensemble accueillant toute la variété de ce que Sartre appelait les « ouvrages de l'esprit ».

De la sorte, le philosophe apparaît souvent comme un polygraphe, passant sans réelle difficulté d'un genre à l'autre selon les besoins de la cause. C'est même là une des caractéristiques principales que lui prêtait Condorcet dans son *Esquisse d'un tableau historique des progrès de l'esprit humain* : pour lui, le philosophe s'empare de « toutes les armes que l'érudition, la philosophie, l'esprit, le talent d'écrire peuvent fournir à la raison ; prenant tous les tons, employant toutes les formes, depuis la plaisanterie jusqu'au pathétique, depuis la compilation la plus savante et la plus vaste jusqu'au roman ou au pamphlet du jour » (cité dans : Hollier, 1993b : 475). De la tragédie à sujet antique au texte polémique, du conte exotique aux lettres semi-publiques, le philosophe peut jouer sur une gamme élargie de genres, son activité pouvant en certains cas relever quasiment du journalisme politique ou engagé. Il y a là une analogie très nette avec la pratique des écrivains engagés au XXe siècle. Mais la polygraphie des Lumières est « heureuse », au sens où elle va de soi : nul besoin pour le philosophe de revendiquer la littérarité de ses textes d'idées comme un Sartre était obligé de le faire ; en d'autres termes, l'affirmation esthétique que contient le culte du bien écrire n'est pas ressentie comme contradictoire avec l'envie de communiquer et de convaincre ou avec la volonté de transmettre du savoir. Il n'y a donc pas à l'époque des Lumières, et jusqu'à Rousseau au moins, cette opposition entre transitivité de la commu-

nication instrumentale et intransitivité de l'écriture littéraire, à partir de laquelle Barthes définissait l'impossibilité de concilier pleinement impératifs littéraires et
nécessités de l'engagement.

Néanmoins, il faut être attentif au fait que le philosophe des Lumières évolue dans un espace des possibles
littéraires très hiérarchisé et très différent du nôtre.
Voltaire comptait avant tout sur ses tragédies et sur son
poème épique, *La Henriade*, pour obtenir la gloire littéraire. Au XVIIIᵉ siècle, il était d'ailleurs considéré
comme l'un des plus grands poètes de son temps.
Aujourd'hui, pourtant, il reste avant tout pour nous l'auteur des contes philosophiques, genre que lui-même
considérait comme mineur et qu'il pratiquait comme un
divertissement et un exutoire dans les périodes difficiles. Il faut ainsi noter que le « progressisme politique »
de Voltaire (avec les réserves que nous avons émises sur
le sens réel d'une telle représentation) s'accommode
parfaitement d'une adhésion sans réserve à l'esthétique
classique et d'un respect assez scrupuleux de ses codes
et conventions. (Et l'on connaît bien, par ailleurs,
la connotation de conservatisme idéologique dont est
assortie aujourd'hui la notion d'académisme.) En
revanche, l'originalité du conte philosophique, qui fait
si puissamment signe pour nous, ne semble pas avoir été
au premier rang des préoccupations esthétiques de
Voltaire.

Si l'on se place dans une perspective actuelle, les
contes voltairiens représentent par excellence le lieu de
son engagement littéraire. De ce genre dont il est réputé
l'inventeur, la modernité a cependant rarement fait
usage : à l'exception d'Anatole France, les écrivains
engagés ne s'en sont guère servis. La raison en est sans
doute que, à partir du XIXᵉ siècle, le roman est devenu
le genre narratif dominant et que la question de l'engagement s'est dans une large mesure confondue avec

celle du réalisme. Il n'en reste pas moins que le conte philosophique, à plus d'un titre, interroge l'idée que nous pouvons nous faire de l'engagement en littérature.

En premier lieu, parce qu'il s'agit d'un genre « bâtard » ou « impur » (si l'on préfère : « mixte » ou « composite »). Le conte voltairien allie en effet la fantaisie et le merveilleux au sérieux du propos philosophique, ce qui en fait, à certains égards, un genre très « pédagogique ». Mais cette caractéristique essentielle recouvre en réalité un aspect plus général qui est la formidable capacité de ce type de récit à intégrer une multitude de tendances littéraires, sans avoir à se soumettre aux exigences de crédibilité qui sont celles du roman dès cette époque : aux éléments féeriques du conte traditionnel, des textes comme *Candide* ou *L'Ingénu* mêlent des éléments réalistes ou en tout cas vraisemblables (le tremblement de terre de Lisbonne ou la cour de Versailles que visite le jeune Huron), qui appartiennent au roman, alors en plein développement. De même, le merveilleux cède parfois la place au genre de l'utopie (qu'on pense à l'Eldorado du *Candide*) ou accueille un exotisme orientalisant alors en vogue. Dans une perspective plus romanesque, le conte voltairien emprunte parfois le style du récit de voyage *(Micromégas),* du roman sensible *(L'Ingénu)* ou anticipe sur le roman d'apprentissage *(Candide).* Enfin, le sérieux philosophique est sans cesse relancé par des éléments de comique, fonctionnant tantôt dans le registre de la parodie, tantôt dans celui de la satire sociale. On voit donc que le conte voltairien est un genre qui offre à l'auteur une très grande liberté de manœuvre et l'autorise à jouer sur tous les registres disponibles. Par sa structure composite et bâtarde, il apparaît ainsi, singulièrement, comme un moyen, pour le philosophe, d'inscrire au cœur même de la forme la liberté dont il se fait ici le champion.

Un autre aspect essentiel du conte voltairien réside

dans le type de héros qu'il met en scène et les jeux d'énonciation qu'il propose. Comme l'indiquent assez les noms de Candide et d'Ingénu, le héros voltairien présente le caractère paradoxal d'être un naïf, qui observe le spectacle du monde sans prévention. Ce caractère, que l'on trouve déjà chez les Persans de Montesquieu, n'a pas exactement la même fonction que la naïveté du Montalte de Pascal : dans une société dotée d'un espace public aussi actif et informé que l'est celui du XVIIIᵉ siècle, l'ingénuité et la maladresse du personnage ont pour effet de suspendre les préjugés et de provoquer une distanciation par rapport à des réalités sociales ou morales familières au lecteur : tout en parlant « du dedans », il s'agit de feindre de parler « du dehors », c'est-à-dire depuis une position d'extériorité qui garantit non seulement l'impartialité, mais aussi et surtout l'universalité du jugement porté. L'effet critique d'une telle posture est évident, et s'avère d'une efficacité considérable. Et cela d'autant plus que le narrateur joue abondamment des points de vue que lui permet son omniscience : il intervient souvent dans le récit, peut à certains moments épouser le point de vue du héros ou d'un personnage et utilise ces variations pour susciter des effets d'ironie caractéristiques du conte voltairien : décalage intenable entre les faits et le discours tenu sur eux, entre ce que le narrateur pense et ce qu'il dit ou fait dire à ses personnages, l'ironie consiste à faire sentir les opinions de l'auteur sans les exprimer explicitement ; elle est en cela un signe de connivence entre l'écrivain et son lecteur (lequel est capable de décoder l'ironie), ainsi que la marque d'une liberté et d'une aisance ; elle signale donc une supériorité : celle de l'esprit critique sur le dogmatisme des raisonnements au premier degré. Pour ces raisons, l'ironie est par excellence le procédé auquel s'identifie un Voltaire : elle est à la fois son arme intellectuelle la plus efficace et un miroir des valeurs qui sont les siennes (esprit critique, liberté, refus du dogmatisme, mais aussi aisance de la pensée et du discours, volonté de partager les codes raffinés d'une société policée).

En cela, et au-delà même de leur propos spécifiquement philosophique (le refus de l'optimisme leibnizien dans *Candide*, la question de la Providence dans *Zadig*, le mythe du bon sauvage dans *L'Ingénu*, etc.), les contes philosophiques indiquent assez le « bonheur » de l'écrivain des Lumières, la liberté d'écriture qui est la sienne, et la capacité à communiquer qu'il se prête. Il y a là une euphorie que la modernité ne pourra que contempler avec nostalgie, parce que l'écriture y aura perdu son « innocence » et l'écrivain la confiance qu'il avait en son rôle. C'est pour cette raison que Diderot, avec *Jacques le Fataliste* et le *Paradoxe sur le comédien*, ou Rousseau, avec l'autobiographie, paraissent plus proches d'une sensibilité moderne : de façon très différente chez chacun, la forme tend à prendre une épaisseur qui prive l'écriture de l'innocence euphorique qu'elle avait encore chez Voltaire. La bonne conscience du philosophe se brise en même temps que la littérature s'impose à lui comme un problème et non plus une évidence. L'écrivain s'engage alors dans une relation difficile avec la société, dont les lendemains de la Révolution française constituent la première crise majeure.

CHAPITRE IX

La littérature après la Terreur

La Révolution française est fille des Lumières. La formule, pour être usée, n'en reste pas moins commode aussi longtemps qu'il s'agit d'indiquer que l'action critique des philosophes a préparé l'événement révolutionnaire en sapant les fondements théologico-politiques de la monarchie absolutiste et en relayant l'appel aux libertés civiles de la bourgeoisie. En cela, en effet, la pensée des Lumières parvient à une forme d'accomplissement avec 1789, un certain nombre de ses revendications politiques trouvant à se concrétiser triomphalement dans la *Déclaration des droits de l'homme et du citoyen* ou dans la *Constitution civile du clergé*. Symbolisé par la « panthéonisation » de Voltaire et de Rousseau, le siècle des philosophes s'achève ainsi dans l'apothéose révolutionnaire, bouleversement politique majeur dont on se plaît à croire, *a posteriori*, qu'il est le produit du pouvoir et de l'influence sans précédent acquis par les lettres dans la vie sociale.

Cependant, cette grande victoire des Lumières ne laisse pas d'être paradoxale dans ses effets. D'abord, parce que la Révolution n'a guère été menée par les philosophes : Voltaire et Rousseau morts en 1778, Diderot en 1784, le XVIIIe siècle avait perdu ses grandes figures en 1789 ; de plus, en atteignant son apogée dans les années 1770, la pensée des Lumières se diversifie et révèle les tensions et les contradictions qui l'habitent :

l'exaltation de la sensibilité paraît parfois contradictoire avec l'exercice de la raison ; le matérialisme du baron d'Holbach concurrence et dépasse le déisme voltairien, aboutissant tant à un athéisme militant qu'à la pensée des idéologues ; la quête de connaissance qui caractérise le siècle conduit parfois à la tentation illuministe… La pensée politique elle-même, si elle revendique les libertés fondamentales et l'égalité juridique, hésite à les attribuer à des « sujets » ou à des « citoyens ». Au moment où s'enclenche le processus révolutionnaire, la pensée des Lumières est ainsi parvenue à un développement maximal, auquel correspond une manière d'éclatement, déjà visible dans l'*Encyclopédie*, et très éloigné de la synthèse raisonnable envisagée par Voltaire.

Dans ce contexte, il n'y eut guère que les idéologues qui furent en situation de prendre activement part à la Révolution : héritiers directs de Condillac, influencés aussi par d'Holbach ou Helvétius, les Condorcet, Daunou, Sieyès ou Cabanis jouèrent un rôle important dans les premiers temps de la Révolution, avant d'être pourchassés sous la Terreur ; ils reparurent ensuite sous le Directoire et le Consulat (Destutt de Tracy fut membre du Comité de l'instruction publique), où, en partisans d'une révolution modérée, ils travaillèrent à organiser la société nouvelle par une série de réformes importantes dans le domaine de l'éducation (création des écoles normales et de l'Institut) ou de la santé publique. Penseurs oubliés aujourd'hui, leur action fut celle de pédagogues et de propagandistes. À partir de 1794, ils exposèrent leurs idées dans *La Décade philosophique, littéraire et politique*, où ils se firent les défenseurs d'une rationalité souvent austère et d'un style classicisant : avec eux, la tradition des Lumières trouve à s'investir dans l'idéal républicain, dont ils annoncent d'ailleurs une des figures majeures, celle du professeur.

Le cas des idéologues manifeste bien l'ambiguïté de

la Révolution dans son rapport aux Lumières : celle-ci se revendique de celles-là, alors qu'il n'y avait guère, chez les philosophes, d'intention révolutionnaire et que leurs héritiers directs n'ont joué dans les événements de 1789 qu'un rôle de second plan. Bien plus, en aboutissant à l'abolition de la monarchie, au régicide et à la dictature du Comité de salut public – à la Terreur donc –, la Révolution échappe en quelque manière aux Lumières et aux vues politiques des philosophes : dans sa radicalité même, l'événement révolutionnaire outrepasse les audaces modérées d'un Voltaire et introduit à une vision de l'Histoire – faite de ruptures et de renversements – que la pensée des Lumières ne connaissait guère. Comme nous le redirons dans la suite, il y a dans la Révolution française quelque chose qui la situe « en excès » par rapport à l'héritage des philosophes et qui la rend, à tout le moins, irréductible ou impensable par rapport à celui-ci.

1. Le traumatisme de la Terreur

D'un strict point de vue littéraire, le paradoxe de la Révolution est plus net encore : comment ne pas apercevoir que cet événement fondateur, si profondément préparé et suscité par les « gens de lettres », ne laisse en même temps aucune place à la littérature ? C'est un lieu commun que de noter que la Révolution – et l'Empire, dans une autre mesure – ne fut pas une grande période littéraire. Quoiqu'il faille sans aucun doute nuancer cette vue stéréotypée (les transformations qui s'opèrent entre 1789 et 1815 dans la représentation du littéraire sont certes souterraines, mais d'une importance capitale), il reste intéressant de constater combien la place de la littérature au cœur de l'événement révolutionnaire est problématique. À quoi sert-il en effet d'écrire au moment où tout bascule et tout change ? Quel rôle l'écrivain peut-il jouer dans ces circonstances, dominées par l'urgence de l'action immédiate ? Avec la Révolution, c'est un peu l'évidence d'une fonction, celle que se donnait le philosophe, qui se dissout et qui, à terme, oblige l'écrivain à s'interroger sur le sens de son entreprise.

Ce rapport conflictuel de la littérature à l'événement révolutionnaire est d'autant plus accentué qu'on sait la période dominée par l'art oratoire et le théâtre : à tous niveaux, la Révolution se donne comme un gigantesque spectacle, comme un moment historique assurant sa propre mise en scène par des formes de communication très socialisées et pourvues d'une efficacité immédiate (le journalisme entre autres). La parole ou le discours acquièrent dans ces années une puissance fascinante et inédite : en même temps que la phraséologie révolutionnaire invente ce qui est peut-être la première langue de bois, la parole spectacularisée devient une arme et mène à l'échafaud ; les mots se chargent d'un poids et d'une responsabilité qu'ils n'avaient sans doute jamais eus, « l'exercice du langage étant alors lié, comme jamais encore dans l'Histoire, au Sang répandu » (Barthes, 1953 : 19). La confiance sereine que l'écrivain des Lumières accordait au langage se trouve ici dépassée par la puissance concrète et effrayante de la parole terroriste. Il n'est donc pas étonnant que 1789 – et plus encore 1793 – ait provoqué un basculement dans le régime du littéraire : la Révolution a tué les belles-lettres et a institué la littérature. Non sans d'ailleurs un décalage temporel sensible que Chateaubriand avait noté :

> La littérature qui exprime l'ère nouvelle n'a régné que quarante ou cinquante ans après le temps dont elle était l'idiome. Pendant ce demi-siècle, elle n'était employée que par l'opposition. C'est Mme de

Staël, c'est Benjamin Constant, c'est Lemercier, c'est
Bonald, c'est moi enfin, qui les premiers avons
parlé cette langue. (*Mémoires d'outre-tombe*, XIII,
11, p. 800-801.)

Ce que Chateaubriand annonce ici avec autocomplai-
sance, c'est évidemment la « révolution romantique »,
sorte de contrecoup de la Révolution française. Mais il
faut d'abord relever ceci : avant même d'enfanter le
romantisme, la Révolution a mis fin au « bonheur » des
écrivains et a fait entrer la littérature dans un régime
d'existence foncièrement problématique par rapport à
la politique. La Terreur, de ce point de vue, peut être
interprétée comme le moment décisif de ce basculement. Face obscure et opaque de la Révolution, elle
relève en partie de l'inexplicable : comment en effet les
principes généreux de 89 ont-ils pu produire 93 et son
bain de sang ? Comment surtout penser la relation entre
ces deux moments, si diamétralement opposés ? La
Révolution portait-elle la Terreur en elle ? Et si la Révolution est fille des Lumières, celles-ci sont-elles alors
responsables de la Terreur ?
   Une telle interrogation s'est posée dès les lendemains
de la Révolution. Mais il a fallu attendre Hugo et *Quatrevingt-Treize* pour voir la littérature s'emparer de cet
événement énorme ; publié en 1874, sous le coup de la
Commune de Paris, ce grand roman épique, qui pense
et écrit l'Histoire comme peu d'écrivains ont su le faire,
inaugure une réflexion par laquelle beaucoup d'écrivains engagés se sentiront tenus de passer ensuite : Anatole France y reviendra dans un de ses meilleurs romans,
Les dieux ont soif ; Romain Rolland concevra une vaste
fresque théâtrale sur la Révolution française ; Malraux
écrira sur Saint-Just ; Sartre envisagera longtemps une
grande étude sur la Révolution française ; Barthes, dans
le *Degré zéro*, s'est attardé sur le langage de 93, y

voyant un des types d'écriture les plus purs ; etc. La fascination pour la Terreur, part d'ombre de toute révolution, est ainsi un fait moderne, dont la perception est très largement fantasmée : la Terreur apparaît comme le complément nécessaire et monstrueux de la rationalité révolutionnaire ; elle est un moment de pure dépense, de destruction gratuite, la face sombre de la fête révolutionnaire. Et nul doute qu'en cela elle représente un miroir dans lequel l'écrivain contemple sa propre image : la littérature moderne, dans ce qu'elle a de plus virulent, se conçoit comme négativité terroriste, dépense improductive, dilapidation, refus de s'inscrire dans l'ordre de l'utile et du rationnel. Telle que la modernité l'a instituée, la littérature ne peut guère s'identifier, dans l'ordre du politique, qu'à la Terreur. C'est sans doute la raison pour laquelle le révolutionnaire malrucien, par exemple, est toujours, à quelque degré, un terroriste (voir p. 251-254).

Si la modernité a ainsi intégré la Terreur à son dispositif imaginaire, ses contemporains, en revanche, n'ont pu s'offrir le luxe de cette fascination narcissique. Pour eux, l'événement est dans une large mesure impensable et irréductible, parce que le culte de la raison a incompréhensiblement débouché sur la folie : il n'y aura guère, dans la première moitié du XIXᵉ siècle, que les penseurs politiques de ce qu'on appellerait aujourd'hui l'extrême gauche pour justifier la nécessité historique de la Terreur. Néanmoins, quoiqu'elle soit irréductible, en excès par rapport à la visée révolutionnaire, la Terreur demande à être expliquée tout de même : pour les républicains héritiers des Lumières, elle est une déviation insupportable de la pensée des philosophes ; pour les contre-révolutionnaires, elle est en revanche le produit monstrueux mais prévisible de la raison et de l'irréligion. Deux visions du monde inconciliables s'affrontent ainsi quant au sens de la Terreur. C'est pourtant à partir d'elles que, durant la période préromantique, se dessinent les possibles littéraires futurs, et notamment que se formulent deux définitions de la littérature dans son rapport au social et à la politique.

2. Germaine de Staël et la littérature républicaine

Pour les révolutionnaires républicains qui se placent dans le sillage des Lumières, la Terreur, on l'a dit, relève de l'impensable. Elle est, selon les termes de Germaine de Staël, « un événement monstrueux que rien de régulier n'explique, ni ne produit » (*De la littérature*, p. 299). Il faut entendre par là que rien, dans les principes de 1789, ni dans la pensée des Lumières, n'annonçait le terrorisme du Comité de salut public. Néanmoins, pour sauver la Révolution et ses acquis positifs, 1793 doit être conjuré, afin que ses conséquences funestes ne puissent empêcher l'avènement d'une république égalitaire et juste. Ce travail de conjuration intellectuelle, c'est précisément Germaine de Staël qui s'y livre, dès 1800, dans *De la littérature considérée dans ses rapports avec les institutions sociales*, ouvrage riche et multiple dont l'objectif premier est, comme l'indique son titre, de fixer les rapports entre littérature et société.

Fille de Necker, le dernier ministre de Louis XVI, Mme de Staël est une héritière critique des Lumières et de Rousseau. Proche sur certains points des idéologues, elle s'en différencie par la conciliation qu'elle a recherchée entre les privilèges de la raison et les acquis de la sensibilité. En cela, il est vrai qu'elle annonce le romantisme : elle est l'un des auteurs auprès desquels la transition littéraire entre les XVIIIe et XIXe siècles est la plus clairement lisible. Il n'en reste pas moins que *De la littérature* n'est pas une manière de pré-programme du romantisme (ce que sera davantage *De l'Allemagne*), mais bien une réflexion sur ce que doit être la littérature, dans son rapport aux Lumières et dans sa confrontation à l'événement révolutionnaire. De ce point de vue, la réponse de Mme de Staël est sans ambiguïté : si la littérature philosophique a inspiré 1789, elle n'est nullement responsable de la Terreur ; au contraire, celle-ci est une déviation abominable des principes originels de la Révolution, laquelle est tombée entre les mains d'esprits grossiers et peu éclairés, animés de passions violentes et de l'esprit de système, ce qui explique qu'elle ait ainsi dégénéré. En d'autres termes, la littérature n'est pas coupable de la Terreur : au contraire, celle-ci a eu lieu, faute précisément de littérature et d'écrivains pour la diriger.

Il convient de noter le volontarisme qui habite la démarche staëlienne : dans le mouvement de conjuration évoqué plus haut, la fonction de la littérature est de « récupérer » et de dépasser le traumatisme de la Terreur. D'où la constitution d'un programme qui ressemble à s'y méprendre à un manifeste pour une littérature républicaine. Car, si *De la littérature* est sans conteste un ouvrage aux facettes multiples qui marque les débuts entre autres de la littérature comparée (on connaît la fameuse distinction entre littératures du Nord et du Midi), c'est avant tout un livre qui entend définir la fonction sociale de la littérature et qui, de ce fait, propose un certain nombre d'intuitions méthodologiques très neuves. Mme de Staël postule ainsi une homologie entre le système politique et les formes de littérature pratiquées : dans les périodes despotiques, la littérature est essentiellement tournée vers des genres décoratifs et ornementaux ou vers les spéculations abstraites de la science, parce que ces pratiques ne menacent pas le pouvoir ; dans les périodes plus libérales, elle constate l'essor de la philosophie, qu'elle associe à la liberté. On

déduit déjà de cela quel rôle social Germaine de Staël
entend confier à la littérature en régime républicain.

Il faut néanmoins préciser que, si l'auteur s'empare
avec assurance du terme « littérature » – que le XVIIIe siècle
répugnait à utiliser –, il ne lui confère pas le sens que
nous lui attribuons : dans la droite ligne du siècle des
Lumières, de Staël possède une vision très englobante
de la littérature, qu'elle considère « dans son acception
la plus étendue ; c'est-à-dire, renfermant en elle les
écrits philosophiques et les ouvrages d'imagination, tout
ce qui concerne enfin l'exercice de la pensée dans les
écrits, les sciences physiques exceptées » (*De la littérature*, p. 66).

Pour Germaine de Staël, émule de Condorcet, le devenir social et le devenir littéraire sont étroitement liés en
vertu de la loi historique de « perfectibilité » de l'esprit
humain. Cela signifie que, chez elle, une foi inébranlable dans le progrès rend nécessaire l'évolution du système politique vers des institutions républicaines et
démocratiques ; cela signifie également que la littérature, qui est par définition le lieu où ces progrès de l'esprit se manifestent, doit accompagner et même com-
mander cette évolution politique. En d'autres termes,
l'homme de lettres doit se transformer en écrivain-
citoyen (ce qui est une définition maximaliste de l'engagement). On aura noté cependant que, dans cette
optique, la Terreur continue de résister à l'explication :
si la Révolution est la manifestation éclatante de la loi
du progrès, les années de terrorisme jacobin constituent
un recul, qui brise la linéarité régulière et continue que
la doctrine de la perfectibilité prête idéalement au devenir historique.

La littérature républicaine qu'appelle Mme de Staël
doit donc renouer les fils rompus du progrès. Pour ce
faire, cette littérature doit avant tout être *vertueuse* (elle
doit aussi viser la gloire, la liberté et le bonheur). Il est

incontestable que la conception staëlienne du littéraire présente un moralisme difficilement admissible aujourd'hui, mais qui, parfois, produit des affirmations qui ne sont pas sans évoquer les positions sartriennes : « Il n'est donné à aucun poète, quel que soit son talent, de faire sortir un effet tragique d'une situation qui admettrait en principe une immoralité. » (*De la littérature*, p. 68 – à comparer avec cette phrase de Sartre (1948a : 70) : « Mais personne ne saurait supposer un instant qu'on puisse écrire un bon roman à la louange de l'antisémitisme. ») Pareillement, et découlant de ce caractère principal de la littérature citoyenne envisagée par Staël, la nécessité du *sérieux* : « Un homme d'esprit disait : *Le bonheur est un état sérieux*. On peut en dire autant de la liberté. » (*De la littérature*, p. 311.) Dans une société de plus en plus policée et présentant des institutions politiques de plus en plus parfaites, le comique et le rire seront inévitablement bannis de la littérature parce qu'ils ne peuvent s'exercer positivement que contre les vices et les défauts d'une société imparfaite.

Il faut ainsi comprendre que la littérature républicaine représente un exercice d'ascèse et d'austérité, qui engage l'écrivain à rompre avec les pratiques anciennes. Non seulement Mme de Staël refuse les frivolités de la littérature aristocratique, mais elle doit aussi, et avec une certaine nostalgie, renoncer au *goût* et à l'*esprit*, tels que l'Ancien Régime les concevait : dans une société démocratique, l'esprit, qui est l'apanage d'une élite aristocratique tributaire d'une longue tradition, ne peut être également partagé et doit donc être abandonné. Symétriquement, cette littérature qui s'ouvre à un vaste public doit se prémunir contre la *vulgarité*, terme dont Mme de Staël revendique la paternité et par lequel elle désigne l'ensemble des conséquences néfastes (grossièreté, simplisme, etc.) de la démocratisation du littéraire.

L'écrivain-citoyen, on le voit, occupe une place cen-

trale au sein de la République : renonçant aux pratiques
aristocratiques des belles-lettres, il doit aussi réguler les
effets de la démocratisation. De ce fait, les écrivains
sont destinés à former une nouvelle élite, proche du
pouvoir politique, mais indépendante de lui, dont la
tâche est de conseiller et de diriger le gouvernement, en
garantissant le respect des principes républicains et des
libertés civiles. La littérature civique sera donc nécessairement *transitive* : elle visera à éduquer et à instruire,
à contrôler et à orienter l'évolution sociale.

Comment ne pas avouer que cette conception de la littérature nous paraît aujourd'hui d'autant plus décevante
que l'Histoire semble lui avoir donné tort ? La modernité a développé une tout autre conception du littéraire
et ce que Staël paraît ici annoncer ressemble à s'y
méprendre à la littérature bourgeoise et moralisante
qu'on verra fleurir sous Louis-Philippe, pendant la
monarchie du Juste-Milieu. Il n'en reste pas moins que
le programme littéraire esquissé dans *De la littérature*
présente un certain nombre de failles ou de difficultés,
qui sont comme autant de points aveugles où se donne à
lire, presque inconsciemment, une autre vision de la littérature, plus moderne celle-là.

La difficulté centrale autour de laquelle s'articule *De
la littérature* est la distinction que Mme de Staël se sent
tenue d'opérer entre littérature « de pensée » et littérature « d'imagination ». La première de ces deux catégories regroupe en fait ce que l'on peut appeler la
philosophie ou littérature d'idées ; la seconde, moins
nettement définissable, paraît faire converger sous la
dénomination d'ouvrages d'imagination tout ce que
nous nommons, *grosso modo*, littérature : poésie, roman,
théâtre. On peut ainsi penser que, sans véritablement
le vouloir, Germaine de Staël anticipe la définition
moderne de la littérature. Il faut pourtant préciser que
l'auteur refuse de séparer absolument pensée et imagi-

nation : la littérature qu'elle envisage doit être fille de
la raison, mais, pour atteindre son but, doit aussi parler
au cœur et faire droit à la sensibilité, de façon à produire
ce que l'auteur nomme une « imagination philosophe ».

Pourtant, sitôt qu'on connecte cette distinction entre
pensée et imagination à la doctrine du progrès qui supporte l'édifice staëlien, on est forcé de reconnaître que
le fossé s'accuse :

> J'ai distingué avec soin dans mon ouvrage ce qui
> appartient aux arts d'imagination, de ce qui a rap-
> port à la philosophie ; j'ai dit que ces arts n'étaient
> point susceptibles d'une perfection indéfinie, tan-
> dis qu'on ne pouvait prévoir le terme où s'arrête-
> rait la pensée. (*De la littérature*, p. 58.)

> J'ai essayé de rendre compte de la marche lente,
> mais continuelle, de l'esprit humain dans la philo-
> sophie, et de ses succès rapides, mais interrompus,
> dans les arts. (*Ibid.*, p. 65.)

Deux visions de l'histoire s'affrontent donc ici. La
philosophie se caractérise par une progression lente
mais assurée, linéaire et potentiellement infinie : nul
doute que la préférence de l'auteur n'aille à cette littérature qui incarne à merveille l'idéal réconfortant de
perfectibilité continue qu'elle défend dans le domaine
intellectuel et politique. La littérature d'imagination, qui
est pour nous la littérature proprement dite, s'avère en
revanche tributaire d'un progrès chaotique et borné, sur
lequel Staël semble dire qu'il ne faut pas compter. On
notera d'ailleurs comme un indice significatif que cette
temporalité proprement littéraire rencontre assez curieu-
sement la temporalité révolutionnaire et la Terreur,
puisqu'« il est dans la nature de la révolution d'arrêter,
pendant quelques années, les progrès des Lumières, et

de leur donner ensuite une impulsion nouvelle » (*ibid.*, p. 299). Tout se passe ici comme si le texte finissait par faire apparaître malgré lui l'impensé qui le fonde : la Révolution et la Terreur ont modifié irrémédiablement le régime du littéraire et l'avenir est à cette littérature d'imagination à laquelle Germaine de Staël, sans tout à fait la répudier, n'ose se confier et qu'elle voudrait voir « contrôlée » par la philosophie ; le romantisme et plus encore la modernité pointent ainsi entre les lignes d'un texte dont l'objectif semble plutôt d'en évacuer la possibilité même.

Que faire dès lors de cet idéal d'une littérature civique et républicaine, prolongement vertueux et sérieux des Lumières ? Que faire aussi du philosophe-citoyen, garant et gardien du progrès social et politique, selon Mme de Staël ? Rien sans doute, sauf à noter ceci : le rôle dévolu par Staël à la philosophie et à l'écrivain annonce peut-être celui d'un autre type social, que consacrera la IIIe République : celui du professeur, pilier du régime, garant et propagandiste de ses principes et valeurs fondamentales, personnage dont toute une littérature ridiculisera par ailleurs l'esprit de sérieux et le caractère laborieux (voir p. 204-206). En sollicitant ainsi quelque peu le texte, on peut dire que *De la littérature* est, en un certain sens et bien involontairement, un ouvrage doublement visionnaire : il annonce la séparation moderne de la littérature et de la philosophie (de la littérature d'idées) et définit à rebours les rôles sociaux de l'écrivain et du professeur républicain. Deux rôles disjoints et distincts que la fin du XIXe siècle s'efforcera de réarticuler l'un à l'autre à travers la figure de l'intellectuel, dont la fonction ne sera plus cependant d'accompagner et d'éclairer le gouvernement, mais de s'ériger contre lui en une autorité morale indépendante. Dans la même optique, il serait également intéressant de faire voir combien *De la littérature*, à cent cinquante ans de distance, présente des similitudes avec *Qu'est-ce que la littérature ?*, autre ouvrage écrit sous le coup d'une révolution et d'un cataclysme idéologique, par un auteur qui a cherché à incarner lui aussi une figure totale d'écrivain-philosophe, celle-là même dont Germaine de Staël annonçait en creux la disparition.

3. Contre-révolution et naissance du poète

Face aux républicains soucieux de sauver les acquis fondamentaux de 1789 se dresse dès le début du XIXe siècle la pensée contre-révolutionnaire. Celle-ci trouve son origine dans le courant antiphilosophique qui s'était développé dès le lancement de l'*Encyclopédie*, mais elle s'est trouvée dotée d'une virulence exacerbée aux lendemains de la Terreur. Dans ce vaste mouvement d'idées, se sont illustrés Louis de Bonald, Joseph de Maistre, Pierre Simon Ballanche (« Janus de la contre-révolution », selon Paul Bénichou), Lamennais (qui évoluera vers un catholicisme social et démocratique en vertu duquel il participera à la révolution de 1848) et enfin François René de Chateaubriand, qui sera en littérature le représentant le plus brillant de la contre-révolution tout en restant irréductible à ce courant de pensée qu'il excède de toutes parts.

Pour les contre-révolutionnaires, Lumières, Révolution et Terreur constituent un tout indissociable : les excès de 93 étaient inscrits dans le culte de la raison et le matérialisme athée des Lumières. Dès lors, cette réaction aux horreurs et errements de la Révolution entend contester en profondeur l'édifice intellectuel des philosophes : refusant la rationalité des Lumières et l'optimisme du progrès, la pensée contre-révolutionnaire plaide pour le rétablissement des « préjugés » (foi, religion, croyance, etc.), entend revenir à la tradition d'Ancien Régime, et marque à ce titre une préférence très nette pour le XVIIe siècle par rapport au XVIIIe. Plus spécifiquement, s'opère une critique virulente de la figure de l'homme de lettres ou du philosophe, tel qu'il prétendait (chez Mme de Staël encore) s'ériger en législateur social. Postulant que « la littérature est l'expression de la société », Bonald, dans sa hargne contre-révolutionnaire, envisage même la disparition des belles-lettres : « si les lettres et les arts doivent corrompre les hommes et perdre la société, il faut anéantir les lettres et les arts » (cité dans Bénichou, 1973 : 124). À défaut d'en arriver à cette extrémité, le même Bonald propose de placer la littérature sous tutelle par un strict contrôle de la censure.

La pensée contre-révolutionnaire est ainsi, incontestablement, une pensée réactionnaire. Mais il faut aussi s'aviser que, paradoxalement, elle porte en elle un certain nombre de renouvellements décisifs, dont Paul Bénichou a montré toute l'importance pour « l'avènement d'un pouvoir spirituel laïque dans la France moderne » (1973 : *Le Sacre de l'écrivain*). Il y a à cela plusieurs explications, dont la plus simple est conjoncturelle : les penseurs contre-révolutionnaires se sont recrutés pour la plupart dans les milieux de l'émigration et leur connaissance de la vie littéraire anglaise ou allemande a joué un rôle important dans la diffusion du romantisme en France. Mais d'autres raisons, plus profondes, doivent être mises en avant.

Au premier rang de celles-ci, il y a la réhabilitation, contre l'homme de lettres du XVIIIe siècle, de la figure du poète : les philosophes, dans leur désir effréné de rationalité critique, auraient négligé la sensibilité poétique, qui est le gage de la seule vraie littérature. La poésie, coupée des sciences, devient chez les contre-révolutionnaires l'expression de l'âme et s'associe au sentiment religieux, dont elle est l'expression : la figure de l'écrivain par excellence devient celle du « poète sacré ». À ce trait majeur, s'ajoute l'exaltation du sentiment : à la différence du sentiment optimiste des Lumières, qui est une adhésion euphorique à un monde qui se donne de plus en plus complètement à l'homme, le sentiment contre-révolutionnaire est sombre : conséquence du traumatisme de la Terreur, le sentiment devient le signe d'un manque, d'une insatisfaction perpétuelle, d'un désir vaste et vague que rien ne peut combler, si ce n'est la présence divine. S'invente ainsi une figure, celle du poète chrétien, qui, en se laïcisant avec le romantisme, aboutira à la représentation moderne de l'écrivain en tant qu'il est un agent du spirituel, le sentiment contre-révolutionnaire débouchant quant à lui sur les thèmes modernes du spleen ou de la mélancolie.

Chateaubriand, dans l'élaboration de ce nouveau dispositif littéraire, a joué un rôle particulier : né en 1768 et mort en 1848, il a accompli tout le cycle qui mène des Lumières à la modernité, sa disparition juste après l'effondrement de la monarchie de Juillet symbolisant en quelque manière ce parcours emblématique. Aristocrate breton, Chateaubriand a connu l'exil et l'émigration, et la Révolution a constitué le moteur décisif, parce que imprévisible et traumatique, de sa formation intellectuelle : dès 1797, il a ainsi publié un *Essai sur les révolutions*, dans lequel il s'efforce de penser le sens d'un tel événement. Mais sa véritable entrée en littérature date de 1802 et du *Génie du christianisme*, où il défend une thèse symétriquement inverse à celle de Germaine de Staël : pour restaurer la continuité historique de la France, rompue par la Révolution, l'ouvrage examine, plus poétiquement que théologiquement, l'apport fondateur de la religion chrétienne, à laquelle l'auteur associe tous les chefs-d'œuvre et toutes les avancées de la civilisation, y compris l'élargissement de la liberté.

Publié au moment où Bonaparte signait le Concordat avec le pape, le *Génie* a pu apparaître comme un ouvrage qui venait parfaitement à son heure, au moment où la Révolution trouvait dans le Consulat une manière d'achèvement (voire de retour en arrière). Par sa nature même, le *Génie* annonce pourtant autre chose que l'Empire : cet ouvrage hybride est en effet un traité qui intègre des épisodes romanesques (*Atala* et *René*) censés illustrer et relancer sous forme fictionnelle certaines des thèses de Chateaubriand. Ces épisodes seront pourtant rapidement détachés du reste de l'ouvrage, coupés donc de la visée démonstrative qui les supportait et ils deviendront des œuvres autonomes que le romantisme considérera comme fondatrices. En cela, le *Génie*, à travers *René* notamment, a beaucoup contribué au passage de la pensée contre-révolutionnaire à la sensibilité romantique. En effet, Chateaubriand y exalte constamment la figure du poète sacré et y assimile le sentiment religieux à une émotion poétique. Or, cette attitude est ambiguë : comme l'incarne René, prototype du héros romantique habité par le vague des passions, l'identification de ce grand vide désirant à l'intuition de la présence divine n'est pas tenable jusqu'au bout dans une vision chrétienne orthodoxe : c'est en effet identifier Dieu au besoin qu'on en a ; dès lors, le chemin est court qui mène à se passer purement et simplement de cette présence divine. C'est en quelque sorte ce que fera la génération romantique, qui ne retiendra du *Génie* que *René* et *Atala*, au grand dam, semble-t-il, de l'auteur lui-même, qui a feint de regretter ce glissement :

> si *René* n'existait pas, je ne l'écrirais plus ; s'il m'était possible de le détruire, je le détruirais. Une famille de René poètes et de René prosateurs a pullulé : on n'a plus entendu que des phrases lamentables et décousues ; il n'a plus été question que de

> vents et d'orages, que de mots inconnus livrés aux
> nuages et à la nuit (*Mémoires d'outre-tombe*, XIII,
> 10, p. 792).

Outre cette sacralisation de la figure du poète – Chateaubriand étant formellement un prosateur, il faut considérer l'emploi de ce terme dans son sens le plus large, en tant qu'il s'oppose à l'homme de lettres ou au philosophe des Lumières –, l'auteur possède une autre vision de l'histoire et, partant, de la fonction sociale de l'écrivain : comme tous les contre-révolutionnaires, il est confronté au paradoxe de vouloir le rétablissement d'une permanence (la tradition de l'Ancien Régime) tout en ne pouvant ignorer le changement radical de la Révolution ; du coup, il se conçoit comme l'homme de deux mondes et d'une continuité historique brisée. En cela, la philosophie de l'histoire de Chateaubriand est sans doute beaucoup plus moderne que celle de Staël : elle est une pensée *de la rupture et de l'événement*, qui implique une nouvelle rationalité historique, celle de la dialectique de la continuité et de la rupture, de la tradition et du changement. De la sorte, c'est aussi un nouveau rôle qui s'offre à l'écrivain : le génie, pour Mme de Staël, était une manière de qualité abstraite et modérée, « le bon sens appliqué aux idées nouvelles » (*De la littérature*, p. 70) ; pour Chateaubriand, le génie s'incarne et devient la personne qui parvient à saisir l'événement dans sa force de rupture, qui assimile la nouveauté en l'intégrant dans la tradition, celui qui tout à la fois perçoit le sens de l'histoire collective et l'interprète avant et mieux que les autres. Dès lors, le poète, agent du spirituel, se distingue socialement par ses capacités visionnaires et prophétiques (qu'on se rappelle la citation de Chateaubriand placée dans les premières pages de ce chapitre).

Cette caractéristique essentielle du poète lui confère une fonction qui tout à la fois relève de l'évidence et le

place en porte-à-faux par rapport au politique : comme
tout prophète, il est en effet au cœur de son temps et trop
en avance sur lui pour être compris et accepté. D'où,
chez Chateaubriand, un rapport nécessairement antago-
niste à la politique, fait d'une oscillation continuelle
entre « la solitude et le forum » (*Mémoires d'outre-
tombe*, V, 10, p. 328), la réclusion et l'isolement obligés
du poète visionnaire s'opposent à son désir de participation à la vie publique. Il est frappant de constater à
quel point cette opposition s'est inscrite au cœur de la
vie de Chateaubriand qui voulut mener une double carrière, littéraire et politique : d'abord distingué par Napoléon, il démissionna de son ambassade romaine après
l'assassinat du duc d'Enghien ; il entra alors dans l'opposition (la « solitude »), d'où il appela de ses vœux une
restauration monarchique ; lorsque Louis XVIII arriva
au pouvoir, il devint ministre d'État et pair de France,
avant de publier *La Monarchie selon la Charte*, libelle
qui lui valut l'hostilité des ultras de son propre parti, qui
le jugeaient trop libéral ; il perdit alors son poste, inau-
gurant une série de va-et-vient entre la solitude et le
forum qui durera tout le temps de la Restauration.

Ces échecs politiques répétés, Chateaubriand les attribuait à son statut d'écrivain :

> le talent littéraire, bien évidemment le premier de
> tous parce qu'il n'exclut aucune autre faculté, sera
> toujours dans ce pays un obstacle au succès poli-
> tique (…). Jamais notre vanité ne reconnaîtra à un
> homme, même de génie, deux aptitudes, et la
> faculté de faire aussi bien qu'un esprit commun des
> choses communes. (*Mémoires d'outre-tombe*,
> XXXI, 11, p. 2147.)

> Je me reconnais effrontément l'aptitude aux choses
> positives [à la politique], sans me faire la moindre

> illusion sur l'obstacle qui s'oppose en moi à ma réus-
> site complète. Cet obstacle ne vient pas de la muse ;
> il naît de mon indifférence à tout. (*Ibid.*, XXXI, 11,
> p. 2143.)

Ce double extrait dit bien le sens de l'expérience politique de Chateaubriand, rapportée à sa conception du
poète. Constatant l'impossibilité dans la France post-
révolutionnaire d'être accepté simultanément en tant
que politique et que poète, Chateaubriand découvre,
avec irritation et regret, que les rôles tendent à se disjoindre. Mais en même temps, dans la seconde citation,
l'auteur suggère par la dénégation (cela « ne vient pas
de la muse ») que son échec tient à ce qu'il a adopté la
posture du poète dans son action politique et que, de ce
fait, il s'est exclu lui-même du jeu des « choses positives ». Ainsi, en s'inventant poète, Chateaubriand a
comme réalisé que la littérature devenait antinomique
avec le pouvoir : cette « indifférence à tout » qu'il s'attribue caractérise l'agent du spirituel face aux problèmes du temporel. Toute la carrière de Chateaubriand
semble ainsi écartelée entre deux postulations contraires :
faire reconnaître les droits du poète en politique ; se
démontrer *a contrario* que le poète ne peut plus en faire.
La meilleure preuve en est que Chateaubriand perdit son
poste de ministre au début de la Restauration parce qu'il
avait défendu les libertés de la presse et d'expression
contre la censure à laquelle les légitimistes ultras entendaient les soumettre : entre l'écrivain et le politique,
c'était choisir son camp on ne peut plus clairement.

CHAPITRE X

Hugo.
La poésie et la tribune

La période romantique a établi une relation singulière
– et en un certain sens inédite – entre la littérature et le
politique. Dans le prolongement du renouveau spiritualiste chrétien de la contre-révolution, la pensée romantique a en effet doté l'écrivain – identifié à la figure
idéalisée du poète – d'une fonction et d'un prestige distincts dans l'ordre social, en faisant de lui un agent du
spirituel ; parallèlement cependant, le romantisme a arti-
culé ce rôle social spécifique à une présence forte de
l'écrivain en politique. Cette faculté d'intervention n'a
pas été mise en œuvre par tous les romantiques, mais
elle a permis à un certain nombre de ses représentants,
de Lamartine à Hugo en passant par George Sand, de
s'illustrer avec éclat sur le terrain de l'engagement temporel, alors même que leur fonction sacerdotale parais-
sait devoir les éloigner de préoccupations de ce type.

Un autre paradoxe qu'il convient de relever tient à
l'évolution idéologique du romantisme. Quoiqu'il ait,
dès le début, compté une composante libérale non négligeable (Benjamin Constant et Germaine de Staël, relayés
ensuite par Stendhal), ce mouvement trouve son origine
principale dans la pensée contre-révolutionnaire et le
courant royaliste. Malgré cette ascendance conservatrice et réactionnaire, il faut pourtant constater que la
tendance générale du mouvement fut de glisser vers la
gauche, et de témoigner d'un intérêt de plus en plus pro-

noncé pour les questions sociales. L'apogée de cette évolution fut atteint avec la révolution de 1848 : pendant un temps très bref, bourgeois libéraux et ouvriers se trouvèrent unis pour « achever » 1789 et réaliser ce qui pouvait apparaître comme une utopie typiquement romantique. De l'échec de cette tentative, on sait la crise morale sans précédent qui a résulté pour les écrivains (voir p. 191-197).

Dans la constellation romantique, Victor Hugo se distingue indiscutablement : il est celui qui, en quelque manière, a donné sa pleine mesure à ce mouvement, incarnant, jusqu'à l'excès et la caricature parfois, ses caractéristiques et ses contradictions les plus profondes. Par sa longévité (1802-1885), il s'est trouvé en situation d'accomplir tout le cycle de l'évolution romantique, jusqu'à devenir la haute figure du proscrit républicain par laquelle a été sanctifiée la mission sociale du poète. Ici encore, pourtant, nous nous trouvons devant l'apparence d'une contradiction ou d'un paradoxe : Hugo ne devient vraiment Hugo, le romantisme n'atteint en lui son expression la plus achevée (du point de vue de la relation politique-littérature) qu'au moment même où l'échec d'une révolution d'inspiration romantique (1848) condamne les espérances du mouvement et où, en réaction, toute une génération de jeunes écrivains (Baudelaire, Flaubert, les Goncourt) désinvestissent avec amertume le terrain du politique, parce qu'ils sont parvenus à la conviction que la littérature ne pouvait plus exercer une fonction sociale à la mesure de l'autorité et de la liberté qu'elle revendiquait par ailleurs. Et c'est à ce moment précis que Hugo se révèle en quelque sorte à lui-même et qu'il se transforme en poète vengeur et prophète, affirmant imperturbablement la grandeur et la supériorité du rôle de l'écrivain.

En cela, Hugo n'est pas moderne : chez lui, il n'y a pas d'incompatibilité entre ce qu'il appelait « la poésie et la tribune », entre la littérature et la politique. Bien plus, si Hugo reste aujourd'hui une figure aussi fascinante, c'est sans doute parce qu'il a réussi à maintenir, contre vents et marées, un double rôle pour l'écrivain : il a été capable d'affirmer l'autonomie du fait littéraire tout en le concevant simultanément en liaison directe avec le politique. En d'autres termes, revendiquer à la fois la poésie et la tribune, c'est proclamer l'autosuffisance de la littérature et, en même temps, sa capacité à se constituer en discours (politique, social, etc.). Cette double postulation, que personne n'a été capable d'incarner comme Hugo, la modernité la décrétera contradictoire et irréalisable. En cela, en effet, Hugo n'est pas moderne, et son expérience de l'engagement, aussi magnifique et fascinante soit-elle, apparaît comme non reproductible.

1. D'une révolution à l'autre

Considérée en survol rapide, l'évolution politique de Victor Hugo apparaît impressionnante. Lui-même la résumait ainsi :

> 1818, royaliste ; 1824, royaliste libéral ; 1827, libéral ; 1828, libéral socialiste ; 1830, libéral socialiste démocrate ; 1849, libéral socialiste démocrate républicain. (Cité dans Bénichou, 1988 : 330.)

Il faut évidemment se garder, sauf pour en sourire, de prendre cette énumération au pied de la lettre. Les catégories politiques qu'elle propose n'ont pas de réelle pertinence, si ce n'est dans l'esprit de Hugo, et la datation des différentes étapes de sa pensée politique anticipe complaisamment sur l'évolution réelle de l'auteur.

Quoique fils d'un général d'Empire, Victor Hugo est d'abord légitimiste : ses premières *Odes* royalistes sont primées dès 1819, et il fonde la même année *Le Conservateur littéraire*. Conformément à la note reproduite ci-dessus, c'est effectivement vers 1824 que Hugo se rapproche de l'opposition libérale ; en 1830, il donne son adhésion à la monarchie bourgeoise de Juillet, et il lui conservera son soutien jusqu'à l'extrême fin du régime : durant cette période, Hugo fréquente le duc et la duchesse d'Orléans et il obtient d'importantes distinctions officielles (élection à l'Académie en 1841 ; pair de France en 1845). À partir de 1847, séduit par les propositions sociales de Louis-Napoléon Bonaparte, il plaide en faveur de son retour d'exil. Pendant la révolution de 1848, il tente de faire proclamer la régence de la duchesse d'Orléans, avant de se faire élire comme député catholique conservateur à l'Assemblée législative. Il prend néanmoins rapidement ses distances avec la droite la plus dure après la répression de Cavaignac, et il passe à gauche, tout en soutenant la candidature de Louis-Napoléon. Une fois celui-ci élu, il passe dans l'opposition, refusant la nature autoritaire et conservatrice du régime. La rupture est définitivement consommée avec le coup d'État, qui contraint Hugo à la clandestinité puis à l'exil. À partir de ce moment, il devient pleinement un républicain de gauche et son évolution politique se trouve accomplie.

Ce résumé schématique de la « carrière » politique de Hugo est sans doute emblématique de l'orientation idéologique prise par le romantisme entre 1830 et 1848. Il n'en reste pas moins qu'il laisse apparaître, sur bien des points, des équivoques ou des contradictions qui peuvent sembler aujourd'hui difficilement surmontables : comment peut-on, vers 1830, être un écrivain officiel de la monarchie libérale, contribuer intensément à l'édification du mythe napoléonien et prophétiser dans

Notre-Dame de Paris l'inéluctable victoire de la démocratie (le fameux « Ceci tuera cela ») ? De même, peut-
on, en 1848, être conservateur, se montrer favorable au
retour providentiel de Louis-Napoléon et prononcer un
virulent *Discours sur la misère* ? De tels brouillages
idéologiques doivent être rapportés, pour être compris,
à la façon dont le poète romantique se situe dans l'espace social et politique de son temps.

En première instance, il faut souligner que les romantiques ont eu à gérer l'héritage de quarante années de
bouleversements politiques : si la tentation de beaucoup
fut le rétablissement de la monarchie, aucun n'a pu
ignorer la rupture irrémédiable que représentait 1789 et
le déclin politique inéluctable que la Révolution avait
entraîné pour l'aristocratie. En même temps, la montée
en puissance de la bourgeoisie et son accession définitive au pouvoir en 1830 est insatisfaisante : l'écart entre
les préoccupations matérielles et économiques de la
bourgeoisie et l'idéalisation romantique de la mission
spirituelle du poète apparaît d'emblée aux yeux de la
« grande génération » ; la monarchie du Juste-Milieu ne
peut ainsi rencontrer et combler le désir d'élévation
esthétique et morale qui anime les tenants historiques
du romantisme. Cette incompatibilité entre haute littérature et bourgeoisie, qui va devenir le thème majeur de
la modernité, se traduit en première instance par l'exa-
cerbation du sacerdoce poétique : les cénacles romantiques se constituent sur un modèle religieux, et leurs
membres se conçoivent comme les ministres d'un culte
laïque et les porteurs des valeurs les plus hautes, ce qui
contribue à les placer en dehors ou au-dessus des classes
et des groupes sociaux.

Cette appartenance du poète à un ordre distinct, non
marqué socialement, aurait dû mener, comme ce fut
le cas avec la modernité, à couper toute communication entre sacerdoce poétique et immixtion dans la vie

publique. Chez beaucoup de romantiques, et chez Hugo en particulier, il n'en a rien été, parce qu'un certain nombre de passerelles ont été établies entre le littéraire et le politique. L'une des plus importantes consiste dans l'édification du mythe napoléonien, à laquelle Hugo participa activement dès 1827 avec *L'Ode à la colonne de la place Vendôme* : confronté à une alternative entre aristocratie et bourgeoisie dont les deux branches sont également insatisfaisantes, la tentation était grande d'exalter une figure providentielle qui pouvait apparaître comme l'émanation de la France dans ses multiples composantes tout en les transcendant par son action politique. Au surplus, le culte de l'Empereur présentait l'avantage d'établir une homologie, à laquelle Chateaubriand lui-même n'avait pu s'empêcher de succomber, entre la mission spirituelle du poète et la fonction providentielle de Napoléon dans l'ordre du politique, ces deux rôles se mirant mutuellement comme l'équivalent l'un de l'autre.

À cela s'ajoute le fait que si l'écrivain, agent du spirituel, échappe au marquage social, sa mission le prédestine à s'adresser au Peuple, en tant qu'il incarne l'âme collective de la nation, et à parler en son nom. De ce fait, un auteur comme Hugo passe aisément de la vision idéalisée du Peuple-nation à un intérêt concret pour la vie des couches populaires : l'obsession hugolienne de la misère et du paupérisme vient de là et explique pourquoi, jusqu'à l'exil, l'auteur des *Misérables* ne peut entrevoir de solution à ce problème que par l'exercice de la charité chrétienne et dans la perspective du paternalisme bourgeois. Les romantiques ont en effet une vision holiste du social et ils n'envisagent pas d'abord que la misère des couches populaires soit susceptible d'un traitement strictement politique (dont la nécessité se fera jour après 48, ce qui marque le « démarrage » de la lutte des classes). Lorsque, vers 1834, Hugo déclare

souhaiter « la substitution des questions sociales aux
questions politiques » (cité dans Bénichou, 1988 : 280),
il ne fait rien d'autre, somme toute, que de prescrire un
traitement social de la misère qui n'inscrit pas le problème dans l'ordre d'une politique partisane : pour
reprendre une terminologie hugolienne, on peut être
« libéral socialiste démocrate républicain », s'insurger
contre la misère du peuple et siéger dans les rangs des
catholiques conservateurs, parce que, dans le grand rêve
de réconciliation romantique, les questions sociales
transcendent les divisions politiques. Entre 1848 et 1851,
Hugo fera certes l'expérience que cette position était
intenable, mais jusque-là le poète pourra croire à la
coïncidence de ses missions spirituelle et sociale d'autant mieux que la représentation qu'il se fait de lui-
même et de son rôle le place en dehors des jeux politi-
ciens et partisans.

Dans cette perspective se pose la question de savoir
quel peut être le rôle spécifique de la littérature. On sait
en effet que le romantisme est caractérisé par une survalorisation de l'idéal esthétique, assimilé, comme on
l'a dit et répété, à une mission de type religieux. Dès
1816, le philosophe Victor Cousin invente la formule de
« l'art-pour-l'art » : cela postule tout à la fois l'autonomie de la pratique artistique et littéraire et son élévation
au rang d'un idéal métaphysique. Or, la singularité et la
force du romantisme tiennent précisément au fait qu'à
l'inverse de la modernité le privilège absolu conféré à
l'art n'est nullement perçu comme antinomique par rapport à la mission sociale que s'attribue l'écrivain. Hugo,
d'un bout à l'autre de sa carrière, affirmera que l'émancipation de l'art (son autonomisation en termes socio-
logiques) est exactement homologue de l'émancipation
civile et sociale. Le contenu de cette homologie pourra
certes varier (tantôt le romantisme est présenté comme
l'équivalent littéraire du libéralisme politique, tantôt la

révolution romantique consiste à « mettre un bonnet rouge au dictionnaire »), mais toujours est affirmé le principe de la non-contradiction entre l'art-pour-l'art et la mission sociale de l'écrivain. Bien plus, cette liaison intime des deux ordres de préoccupations consacre la supériorité de l'écrivain sur les politiques : « En fait de révolutions sociales, les partis ne sont que des prépara- teurs ; au moment marqué, le poète survient et conclut » (cité dans Bénichou, 1988 : 304). D'où l'idée essentielle et centrale chez Hugo que l'engagement en littérature (nous conservons à dessein l'ambiguïté de la formule) relève d'un *sacerdoce* :

> Il y a dans ma fonction quelque chose de sacerdo- tal : je remplace la magistrature et le clergé. Je juge, ce que n'ont pas fait les juges ; j'excommunie, ce que n'ont pas fait les prêtres. (Projet de préface à l'*Histoire d'un crime* ; cité dans *Les Châtiments*, p. 37.)

À la fois juge et prêtre, le poète romantique, par l'élé- vation de sa mission, est au-dessus du politique dont il sanctifie ou condamne l'action pour la postérité.

Le sacerdoce poétique relève ainsi d'une métaphy- sique du Beau, du Bien et de la Vérité : les trois valeurs sont indissociables et confondues, consacrant la double mission, esthétique et sociale, du poète. Cela signifie également que dans la perspective hugolienne, la litté- rature peut se faire discours politique sans renoncer à elle-même. En cela, et une fois de plus, il n'y a pas ici de conflit entre transitivité du discours politique et intransitivité de l'écriture littéraire, conflit qui caracté- risera la problématique moderne de l'engagement. Conçu en termes classiques de fond et de forme, ce débat est tranché par Hugo dans le sens d'une identité totale, où domine néanmoins la forme en tant qu'elle est ce qui spécifie le littéraire : « Chez les grands poètes, rien de plus inséparable, rien de plus adhérent, rien de plus consubstantiel que l'idée et l'expression de l'idée. Tuez la forme, presque toujours vous tuez l'idée. » (Cité dans Bénichou, 1988 : 291.)

Une telle position induit évidemment une esthétique littéraire. Ce n'est pas le lieu ici de faire le tour de la question, le romantisme apparaissant de ce point de vue comme un mouvement particulièrement riche et complexe, caractérisé notamment par une très grande liberté par rapport aux conventions antérieures. On sait aussi que l'idéalisation de la figure du poète ne signifie nullement que l'écrivain romantique ait renoncé à toute la palette des genres littéraires. Au contraire, ce qui est le plus remarquable dans cette optique, c'est la façon dont un écrivain comme Hugo a joué de l'hybridation des genres, du mélange des tons et des styles, de la variété des registres expressifs qui étaient à sa disposition. Cette pratique de l'hybridation participe pleinement de l'engagement, tel que la mission spirituelle et sociale du poète le détermine.

Ainsi, Hugo a estimé un temps que c'était au théâtre que son apostolat devait se réaliser le plus pleinement (lire à ce sujet Bénichou, 1988 : 296-303) : dans la lignée de la Révolution française, il entendait faire de la scène un moyen d'éducation des masses ; mais, remontant à la tradition du Moyen Âge, il voyait aussi le théâtre comme un lieu de communion avec le public, le moyen de lui faire partager une émotion quasi sacrée, ce qui en faisait une manière de temple ou d'église laïque où devait se divulguer un message plus spirituel que strictement politique. Et il est significatif que la loi esthétique du drame hugolien ait été la fameuse « antithèse du grotesque et du sublime » : ce qui s'exprime là est à la fois une certaine vision de la nature humaine, faite d'abjection et de grandeur, mais aussi le double

registre (temporel et spirituel) dans lequel s'exprime la
fonction du poète romantique.

Dans un autre ordre d'idées, le roman hugolien (de
Notre-Dame de Paris à *Quatrevingt-Treize* en passant
par *Les Misérables*) est également le cadre de nombreuses transactions esthétiques : l'inspiration épique y
côtoie le réalisme ; des digressions, qui sont de l'ordre
du discours (philosophique, moral, politique), inter-
rompent régulièrement la narration ; le récit historique
et la fiction se juxtaposent allégrement : il faut en effet
plus que de l'audace (une confiance inaltérable dans les
pouvoirs de la littérature) pour s'autoriser, comme le fait
Hugo dans *Quatrevingt-Treize,* à introduire auprès de
Robespierre, Danton et Marat, un quatrième acteur, de
pure fiction, affublé du nom de Cimourdain... L'hété-
rogénéité du romanesque hugolien est consubstantielle
au rôle social que s'attribue le poète, et elle prouve qu'à
l'âge romantique la doctrine de l'art pour l'art non
seulement n'est pas exclusive de l'engagement, mais
surtout qu'elle n'équivaut nullement à un purisme
esthétique.

2. Le temps des utopies

La façon dont les romantiques ont pu concevoir le
sacerdoce poétique et l'inscription du poète dans la vie
de la Cité n'est pas un phénomène limité à la sphère littéraire, au sens étroit du terme. Comme l'a montré Paul
Bénichou dans *Le Temps des prophètes* (1977), le credo
romantique est inséparable de l'efflorescence et de la
multiplication des doctrines philosophico-politiques qui
caractérisent la période. La haute idée qu'un écrivain
comme Hugo se fait de sa mission s'inscrit en effet
dans un univers de discours sociaux et politiques qui

autorise et relance la prédication du poète romantique.

Ces doctrines de l'âge romantique sont évidemment nombreuses et diverses. Leur inspiration peut varier, de même que les propositions qu'elles avancent. Toutes ne sont pas de même nature, et Paul Bénichou s'est notamment attaché à bien distinguer ce qui relève de l'utopie et ce qui se rattache dans ces discours à la pensée « humanitaire ». Il n'en reste pas moins que toutes ces doctrines partagent une série de points communs (qu'on retrouve également dans la littérature romantique). Le premier est ce que Bénichou nomme le « mal de l'avenir » : la Révolution, en mettant à bas l'ancien monde, a rompu la continuité historique ; la succession et la valse des régimes politiques qui ont suivi ont souligné combien l'Histoire ne possédait plus la stabilité qui était la sienne autrefois. Le devenir historique a perdu sa prévisibilité rassurante, l'avenir paraît obscur et incertain, donc source d'angoisses : toute cette littérature doctrinale s'attache dès lors à conjurer ces inquiétudes en définissant des plans pour le futur. À cela s'ajoute le fait que les données de l'expérience doivent être réarticulées à neuf : comment en effet marier la foi dans le progrès, la volonté que l'avenir soit le produit d'un libre choix humain et le sentiment d'un déterminisme historique pesant sur cet avenir (conflit s'exprimant dans le débat entre liberté et providence) ?

L'autre trait majeur qui unit tous ces discours (et qui est d'ailleurs directement relié au trait précédent) est ce que Marc Angenot a identifié comme la question du « mal social ». Toutes ces doctrines prennent en effet la mesure des ruptures et des divisions qui affectent la société post-révolutionnaire. Même si le discours de la « lutte des classes » n'existe pas encore comme tel, c'est déjà ce problème qu'affrontent utopistes et penseurs socialisants, en cherchant dans de nouvelles formes d'organisation de la Cité des remèdes aux fractures du corps social dont l'évidence s'impose à eux. Ici aussi, de difficiles conciliations intellectuelles doivent être mises en œuvre : la plupart de ces doctrinaires restent tributaires d'une vision holiste du social, en vertu de laquelle il est absolument impératif que la société continue de former un tout organique. Ce désir d'unité non seulement veut ignorer les divisions du corps social, de plus en plus apparentes, mais pose également la question de la place et de la fonction de l'individu dans la collectivité : pour porter remède au mal social, il est en effet tentant de concevoir un mode d'organisation tellement rigoureux et réglé que la liberté individuelle s'y trouve suspendue aux intérêts du groupe.

Dans leur détail, toutes ces doctrines divergent évidemment fortement. Un premier courant, lui-même extrêmement multiple, est celui des utopies, dont les deux représentants majeurs sont Saint-Simon et Fourier. Les doctrines utopistes se singularisent par leur volonté totalisante et systématique (l'ensemble des réalités humaines et sociales est intégré au sein d'un tout cohérent) et par leur dogmatisme : elles présentent généralement un caractère pseudo-scientifique, qui donne à leurs conclusions et aux solutions qu'elles proposent l'aspect de vérités contraignantes. Pourtant, toutes ces doctrines sont intensément traversées par le travail de la fiction et de l'imagination, et, souvent, elles rêvent le social et l'inventent plus qu'elles ne l'analysent. Il y a donc une dimension de foi et de croyance dans les utopies, qui explique qu'elles se soient souvent développées comme des sectes ou des églises, avec leurs prêtres et leurs fidèles, mais aussi avec leurs schismes ou leurs hérésies.

Pour Saint-Simon, la société future devait s'organiser autour des industriels, c'est-à-dire des producteurs (ou ceux qui possèdent les moyens de production). La structure sociale idéale devait aboutir à la suppression de toutes les formes de parasitisme (depuis celle de l'aristocrate d'Ancien Régime à celle, plus moderne, du fonctionnaire); la confiance que place Saint-Simon dans la capacité de l'économie à organiser harmonieusement la Cité future relève de la croyance : pour lui, tous les hommes doivent contribuer à l'accroissement du bien-être collectif, et l'accord se fait en vertu d'un principe d'amour fraternel qui implique que la morale et les impératifs économiques se rencontrent. Chez Fourier, la dimension fictionnelle et pseudo-scientifique est encore plus accusée : il rêve d'une société organisée sur la base de petites communautés autosuffisantes (les « phalanstères »), elles-mêmes fondées sur le principe d'Harmonie; Fourier entendait en effet appliquer la physique newtonienne à la morale et dégager des lois d'attraction et de répulsion permettant de prévoir les associations idéales entre individus, sur la base de la compatibilité entre leurs passions ou traits de caractère dominants.

À côté de ces utopies, Paul Bénichou insiste sur le courant humanitaire et socialisant, lequel n'a pas le caractère dogmatique des doctrines utopistes. Sa visée générale est de susciter une « religion de l'humanité », qui soit capable d'orienter le devenir social et puisse faire droit à la liberté individuelle. En cela, l'« humanitarisme » se présente avant tout comme une tentative de vaste conciliation spiritualiste, à caractère moins autoritaire et contraignant que les utopies. Le fond de la pensée humanitaire restera d'ailleurs longtemps actif et, tout en se banalisant, il se transmettra vers les mouvements socialisants ou socialistes. L'un des aspects les plus intéressants de l'humanitarisme reste cependant la fonction qu'il confère à l'écrivain : Saint-Simon ou Fourier lui accordaient certes une place précise dans leur système, mais celle-ci demeurait très largement de l'ordre d'une fonction instrumentale; la pensée huma-

nitaire donne au contraire à l'écrivain une autonomie et
une importance inédites, en faisant de lui l'agent principal de l'émergence de la religion de l'humanité dési-
rée. En d'autres termes, il y a ici reconnaissance de la
fonction sacerdotale que s'attribuait le poète romantique, et cette convergence de vue explique la séduction
exercée par l'humanitarisme sur bon nombre d'écrivains, depuis Michelet jusqu'à Hugo.

Plus largement, il faut souligner que ce bouillonne-
ment intellectuel et cette inventivité doctrinale favorisent une importante circulation des idées sociales et
politiques à travers le champ littéraire, ce qui aboutit à
une interpénétration très forte des deux ordres de préoccupation. L'un des exemples les plus frappants de ce
phénomène est le cas d'Eugène Sue et des *Mystères
de Paris* (publié à partir de 1842). Comme l'a montré
Umberto Eco (1993 : *De Superman au surhomme*), la
rédaction de ce long roman populaire, paraissant en
feuilleton dans la presse à grand tirage, a été marquée
par une véritable conversion politique de l'auteur, qui
est passé d'un dandysme aristocratique à un socialisme
sincère et inspiré. Au départ, le choix d'un roman centré sur le peuple reposait en grande partie pour Sue sur
un impératif commercial, qui consistait à exploiter
l'exotisme sordide des bas-fonds et la fascination
trouble qu'il exerçait sur le public. Cependant, il est
significatif que l'auteur, constatant que ses lecteurs
populaires se reconnaissaient dans le feuilleton, a progressivement infléchi sa perspective : l'aspect mélodra-
matique de son roman s'est doublé de façon de plus en
plus nette d'une dimension politique affirmée, à travers
laquelle l'auteur proposait un véritable programme de
réformes sociales (Eugène Sue finira d'ailleurs par se
présenter aux élections et sera contraint à l'exil sous le
Second Empire). Bien sûr, *Les Mystères de Paris* regor-
gent d'équivoques idéologiques, conçoivent le progrès

social sous une forme paternaliste et autoritaire, donnent au surhomme la fonction providentielle de monarque éclairé, etc. Mais il n'en reste pas moins que l'inflation, dans la littérature la plus triviale, du discours politique, associé chez l'écrivain à la conscience d'une responsabilité sociale forte, signale la prégnance à l'époque romantique de la littérature doctrinale qu'on a évoquée et sa capacité à « contaminer » la littérature tout entière, même la plus étrangère en apparence au sacerdoce poétique des grands écrivains romantiques. C'est aussi un trait important de l'époque que cette perméabilité de la littérature à tous les discours qui l'environnent.

3. L'apothéose hugolienne

Victor Hugo, on l'a dit, a été au cœur de l'effervescence intellectuelle qui a caractérisé la période romantique. Il est néanmoins curieux de constater, comme nous l'avons déjà fait, que l'auteur ne se réalise pleinement qu'après 1848, c'est-à-dire après l'échec d'une révolution qui a en quelque manière stoppé net l'élan humanitaire du romantisme et qui a déterminé chez les écrivains une rupture d'avec le politique, rupture fondatrice de la condition littéraire moderne. La conversion hugolienne à un républicanisme de gauche s'est produite entre 1848 et 1851. Sur le plan strictement politique, il s'agit là incontestablement d'un virage majeur. Mais rapportée à la conception qu'Hugo se faisait de sa mission d'écrivain, cette évolution radicale apparaît bien davantage comme un approfondissement et, pour tout dire, une apothéose : l'opposition hugolienne à Napoléon III, sanctionnée par l'exil, fut en effet pour le poète une expérience proprement *sanctifiante* ; le bien-

fondé et la justesse de la haute mission qu'il s'était attri-
buée ont été entérinés par le « martyre » enduré. Le
proscrit républicain, isolé sur son île de Guernesey, a
trouvé dans l'épreuve la singulière distinction qui le
consacrait en tant qu'écrivain. Que cette sanctification
de la fonction poétique ait été homologue d'une radicalisation idéologique ne doit pas étonner : c'est à travers l'opposition au régime impérial et dans la revendication républicaine et socialiste que Hugo a pu réaliser
complètement son sacerdoce : il devient à partir de ce
moment un poète vengeur et visionnaire, dont l'exil
atteste le caractère prophétique et dont l'isolement
emblématise l'autonomie acquise par la littérature.

Beaucoup d'indices attestent que c'est dans l'exil que
Hugo est devenu lui-même, c'est-à-dire qu'il est parvenu à coïncider avec l'image idéalisée du poète qu'il
avait antérieurement constituée : c'est à cette époque
qu'il laisse pousser sa barbe, ou qu'il se livre à des
expériences de spiritisme où il entre en communication
avec les grandes figures du passé, etc. Ces détails, sur
lesquels il serait facile d'ironiser, ne sont pas dépourvus
de sens : ils indiquent assez clairement qu'à Guernesey
Hugo a rejoint son personnage, que l'homme s'est
confondu avec le poète, ce qui représente sans doute la
consécration ultime à laquelle pouvait prétendre l'écrivain romantique.

De cette période paradoxalement bénie, sont notamment sortis *Les Châtiments* : il s'agit là sans doute du
dernier grand ensemble poétique qu'on puisse qualifier
pleinement d'« engagé » ; il y aura certes, dans la suite,
des poètes militants, mais seule la poésie résistante,
pendant la Seconde Guerre, parviendra peut-être à
atteindre une telle qualité poétique d'engagement, c'est-
à-dire une liaison aussi intime de l'exigence proprement
poétique et des nécessités de l'engagement. *Les Châtiments* ont été composés dans la foulée du coup d'État

du 2 décembre et de la répression qui l'a suivi. Publié à
Bruxelles dès 1853, le volume ne sera cependant édité
sous sa forme complète qu'après la chute du Second
Empire, alors que Paris est encore assiégé par les Allemands. Le succès du recueil sera cependant immédiat
et phénoménal : anecdote curieuse mais significative,
Hugo ne cessera d'être sollicité pendant le siège, afin de
donner des lectures publiques des *Châtiments* destinées
à recueillir des fonds pour acquérir des canons – lesquels s'appelleront notamment… *Châtiment* et *Victor
Hugo* : singulière consécration pour une littérature de
combat.

Le ton qui domine le recueil est évidemment celui
de l'indignation : Hugo dénonce les horreurs du coup
d'État et l'infamie de ceux – Louis-Napoléon bien sûr,
mais aussi les politiques, l'armée et le clergé – qui l'ont
organisé et soutenu. Et il appelle sur eux la vengeance.
Il est d'ailleurs révélateur que *Les Châtiments* aient été
doublés, dès l'origine, d'un pamphlet intitulé *Napoléon
le Petit* : il s'établit ici une liaison très nette entre la
fonction réparatrice et expiatoire que Hugo attribue à la
poésie et les caractéristiques propres (indignation
morale, dénonciation universelle, attaque *ad hominem*,
invectives, etc.) d'un genre qui représente par excellence la littérature de combat. Un tel attelage de la poésie et du pamphlet ne se maintiendra, au début de ce
siècle, que chez Charles Péguy.

Les Châtiments sont divisés en sept livres, dont le titre
ironise par antiphrase sur la nature conservatrice du
régime qu'ils attaquent *(La société est sauvée, L'ordre est
rétabli, La famille est restaurée, La religion est glorifiée,
L'autorité est sacrée, La stabilité est assurée, Les sau-
veurs se sauveront)*. Néanmoins, cette division du recueil
n'organise pas réellement le propos : d'un bout à l'autre
des poèmes, c'est la même indignation et le même appel
à la vengeance qu'on retrouve. Si, dès lors, le volume

échappe à la pure répétition, c'est essentiellement par la variété des tons et des genres qu'il emprunte : tantôt Hugo utilise la satire, tantôt il verse dans l'épopée (c'est durant l'exil qu'il compose *La Légende des siècles*) ; certaines pièces sont explicitement intitulées « chansons », dans d'autres, c'est l'inspiration tragique qui domine. Une telle virtuosité technique (qui se retrouve aussi dans la variété de la versification) sert incontestablement le dessein de Hugo : elle lui permet d'user de tous les registres, depuis l'invective jusqu'à l'hyperbole, en passant par l'allégorie, le dialogue ou le récit réaliste versifié. À certains moments, l'efficacité est atteinte par des ruptures de ton où une métaphore condense et résume tout le propos. Ainsi, de Napoléon III, il est dit : « Alors il vint, cassé de débauches, l'œil terne,/Furtif, les traits pâlis,/Et ce voleur de nuit alluma sa lanterne/Au soleil d'Austerlitz. » (*Les Châtiments*, *Nox*, III, p. 61.) À d'autres moments, le réalisme descriptif se marie à une amplification que seule la poésie autorise :

> Les morts sabrés, hachés, broyés par le canon,
> Dans ce champ que la tombe emplit de son mystère,
> Étaient ensevelis la tête hors de terre.
> Cet homme les avait lui-même ainsi placés,
> Et il n'avait pas eu peur de tous ces fronts glacés
> Ils étaient là, sanglants, froids, la bouche entr'ouverte,
> La face vers le ciel, blêmes dans l'herbe verte,
> Effroyables à voir dans leur tranquillité,
> Éventrés, balafrés, le visage fouetté
> Par la ronce qui tremble au vent du crépuscule ;
> 　　　　　　　　　　(*Les Châtiments*, *Nox*, V, p. 64.)

Par ailleurs, la variété des moyens poétiques convoqués n'empêche nullement le recueil de s'inscrire dans une référentialité claire et concertée : non seulement Hugo attaque nommément les acteurs du coup d'État et évoque les faits historiques, mais il date également chacune des pièces, cette datation ne correspondant pas systématiquement au moment de l'écriture, mais plutôt à celui où le poème aurait dû être écrit pour apparaître réellement comme une réaction immédiate à l'événement qu'il prend en charge. Enfin, Hugo a ajouté dans l'édition de 1870 une série de notes qui reproduisent certains de ses discours politiques de 1851 : façon de réaffirmer que la poésie et la tribune vont de pair.

Dernier caractère majeur des *Châtiments*, leur constante thématisation de la mission sacrée du poète vengeur et visionnaire : « Le banni, debout sur la grève,/Contemplant l'étoile et le flot,/Comme ceux qu'on entend en rêve,/Parlera dans l'ombre tout haut » (*Les Châtiments*, I, I, p. 72). Plus que sa propre personne, Hugo ne cesse de mettre en scène la fonction quasi religieuse qu'il entend remplir. Tout le recueil est ainsi traversé d'un intertexte biblique extrêmement prégnant. Dans le même but, le poète interpelle ses augustes prédécesseurs :

> Mais, n'est-il pas vrai, Dante, Eschyle, et vous, prophètes ?
>   Jamais, du poignet des poëtes,
> Jamais, pris au collet, les malfaiteurs n'ont fui.
> J'ai fermé sur ceux-ci mon livre expiatoire ;
>   J'ai mis des verrous à l'histoire ;
>   L'histoire est un bagne aujourd'hui
>   (*Les Châtiments*, I, XI, p. 94.)

À d'autres moments, c'est à l'océan que le poète s'adresse, attestant par cette communion avec les grandes forces de la nature de la fonction spirituelle qui est la sienne. De la sorte, *Les Châtiments* unissent indissolublement les deux dimensions de la « vocation » du poète romantique : mission sociale d'une part, qui détermine le caractère engagé du volume ; fonction sacerdotale et religieuse de l'autre, qui distingue le poète du commun des hommes et le fait évoluer dans la sphère du sacré.

Sans doute, cette autopromotion de l'apostolat poétique, souvent exhibé avec grandiloquence, est-elle très éloignée de notre sensibilité moderne. Baudelaire déjà notait dans ses *Fusées* : « Hugo-Sacerdoce a toujours le front penché ; – trop penché pour rien voir, excepté son nombril. » (Baudelaire, 1986 : 81.) Sartre, dans *Les Mots*, jouera d'un autre registre, disant à propos de son grand-père qu'il « se prenait, comme tant d'autres, comme Victor Hugo lui-même, pour Victor Hugo » (Sartre, 1964a : 22), autre façon de souligner l'irrecevabilité de cette constante mise en scène de soi et de cette spectacularisation du messianisme poétique. Et c'est sans doute sur ce point que la conception romantique de la mission sociale de l'écrivain – telle que Hugo l'incarne jusqu'à la caricature – paraît la plus impraticable pour l'écrivain engagé de ce siècle : il peut certes envier cette formidable confiance que le poète romantique avait en lui et dans le pouvoir spirituel du Verbe ; mais il ne peut en aucun cas la partager : pour lui, pas de sacerdoce ni d'apostolat, pas même de confiance sereine en la littérature, trop radicalement coupée de la « tribune » ; l'écrivain moderne, s'il veut s'engager, doit redevenir homme parmi les hommes, au risque de voir la littérature perdre la précieuse substance dont le romantisme avait si puissamment contribué à la parer.

Sélection bibliographique

Œuvres et textes cités :

CHATEAUBRIAND (François René), *Génie du christianisme*, 2 vol., Paris, Flammarion, « GF », 1966. Édition établie par P. REBOUL.

CHATEAUBRIAND (François René), *Mémoires d'outre-tombe*,

2 tomes, Paris, Gallimard, coll. « Quarto », 1997. Introduction, notes et variantes par Jean-Paul CLÉMENT.

HUGO (Victor), *Napoléon le Petit* et *Histoire d'un crime*, dans le volume *Histoire* des *Œuvres complètes*, Paris, Laffont, coll. « Bouquin », 1987. Éd. de Jacques SEEBACHER et de Guy ROSA.

HUGO (Victor), *Les Châtiments*, Paris, Flammarion, coll. « GF », 1998. Chronologie, présentation, notes, dossier, bibliographie et index par Jean-Marc HOVASSE.

HUGO (Victor), *Quatrevingt-Treize*, Paris, Flammarion, coll. « GF », 1965.

PASCAL (Blaise), *Pensées*, Paris, Flammarion, coll. « GF », 1976. Chronologie, introduction, notes, archives de l'œuvre et index par Dominique DESCOTES. [Cette édition suit l'édition Brunschvicg ; dès lors, nous renvoyons à la numérotation des pensées et non à la pagination.]

PASCAL (Blaise), *Les Provinciales*, Paris, Gallimard, coll. « Folio », 1987. Édition présentée, établie et annotée par Michel LE GUERN. [La présentation du volume s'avère particulièrement utile pour le lecteur non averti.]

STAËL (Germaine), *De la littérature considérée dans ses rapports avec les institutions sociales*, Paris, Flammarion, coll. « GF », 1991. Édition établie par Gérard GENGEMBRE et Jean GOLDZINK. [Remarquable introduction.]

VOLTAIRE, *Romans et Contes*, Paris, Flammarion, coll. « GF », 1966. Édition établie par René POMMEAU.

Sur Pascal et son temps :

GOLDMANN (Lucien), 1955 : *Le Dieu caché. Étude sur la vision tragique dans les « Pensées » de Pascal et dans le théâtre de Racine*, Paris, Gallimard. [Un classique de la sociologie littéraire d'inspiration marxiste.]

GOUHIER (Henri), 1986 : *Blaise Pascal. Conversion et apologétique*, Paris, Vrin. [L'une des meilleures études d'ensemble parues sur Pascal.]

GOYET (Thierry) *et al.*, 1991 : *Pascal. Port-Royal*, Paris, Klincksieck.

VIALA (Alain), 1985 : *Naissance de l'écrivain*, Paris, Éd. de Minuit. [Cet ouvrage décrit la mise en place des premières institutions littéraires à l'âge classique.]

Sur les Lumières, parmi la masse des ouvrages disponibles, on citera :

DARNTON (Robert), 1983 : *Bohème littéraire et Révolution. Le monde des livres au XVIIIᵉ siècle*, Paris, Éd. du Seuil. [Très bonne étude sur la « vie quotidienne » de la littérature au XVIIIᵉ siècle, appréhendée non à travers ses auteurs phares ou ses grandes œuvres, mais à travers son « petit personnel », au rôle obscur, mais déterminant.]

DIECKMANN (Herbert), 1948 : *Le Philosophe. Texts and Interpretation*, Saint Louis, Washington University Studies, « Language and literature », n° 18.

GOULEMOT (Jean-Marie) et OSTER (Daniel), 1992 : *Gens de lettres. Écrivains et bohèmes. L'imaginaire littéraire 1630-1900*, Paris, Minerve. [Adoptant une perspective historique large, cet ouvrage permet de confronter les imaginaires de la littérature propres à chaque période, et de saisir ainsi continuités et ruptures.]

MASSEAU (Didier), 1994 : *L'Invention de l'intellectuel dans l'Europe du XVIIIe siècle*, Paris, PUF, coll. « Perspectives littéraires ». [Cette approche sociologique du statut de l'intellectuel des Lumières met bien en évidence l'appareil institutionnel qui soutient l'entreprise philosophique.]

POMMEAU (René), 1991 : *L'Europe des Lumières*, Paris, Stock. [Par un spécialiste de Voltaire.]

Sur la période préromantique et romantique, on lira en priorité :

BÉNICHOU (Paul), 1973 : *Le Sacre de l'écrivain (1750-1830). Essai sur l'avènement d'un pouvoir spirituel laïque dans la France moderne*, Paris, Corti.

BÉNICHOU (Paul), 1977 : *Le Temps des prophètes. Doctrines de l'âge romantique*, Paris, Gallimard, coll. « Bibliothèque des idées ».

BÉNICHOU (Paul), 1988 : *Les Mages romantiques*, Paris, Gallimard, coll. « Bibliothèque des idées ». [Ces trois livres forment une trilogie indispensable pour quiconque entend connaître le romantisme.]

CONDÉ (Michel), 1989 : *La Genèse sociale de l'individualisme romantique. Esquisse historique de l'évolution du roman en France du XVIIIe au XIXe siècle*, Tübingen, Niemeyer, « Mimesis ». [Ouvrage bref et dense qui analyse sur de nouveaux frais la transition des Lumières au romantisme.]

TROISIÈME PARTIE

La littérature engagée
sous le régime
de la modernité

L'avènement de la modernité, vers le milieu du XIXᵉ siècle, a modifié profondément la représentation de la littérature qui prévalait jusque-là, fixant dans le même mouvement les conditions de l'apparition d'une littérature engagée, au sens où on l'a définie dans la première partie (voir p. 20-25). C'est sous le Second Empire que les valeurs et principes esthétiques de la modernité sont parvenus à la formulation la plus complète et la plus aboutie. À maints égards, le rôle décisif joué par ce régime dans l'élaboration de la conception moderne du littéraire peut apparaître comme purement négatif : engendré par l'échec d'une révolution utopiste, il s'effondre pour en susciter une autre ; le Second Empire a d'ailleurs laissé une image exécrable, notamment dans la littérature – qu'on pense seulement aux *Rougon-Macquart* de Zola. Aussi paradoxal que cela paraisse, étant donné le caractère conservateur et autoritaire du régime, c'est pourtant la France moderne qui est née durant cette période.

L'Empire de Napoléon III est certes un régime d'ordre social et moral très répressif : les libertés politiques et civiles y sont fortement limitées et toutes les formes de contestation ou d'opposition étroitement contrôlées par un important appareil policier. Mais c'est également un moment de grande prospérité au cours duquel la France se dote d'une économie moderne : on assiste à l'émergence d'une grande bourgeoisie financière et capitaliste, au démarrage de la révolution industrielle, à l'apparition corollaire du prolétariat urbain, au développement, enfin, d'une culture de la consommation et du luxe symbolisée par la « fête impériale », la création des grands magasins ou la rénovation de Paris par Haussmann.

La période présente ainsi une image contrastée : la France subit des mutations profondes et décisives de sa structure économique et sociale, tandis que le régime « gèle » l'évolution politique et civile. La littérature qui se développe alors porte les marques de cette période contrastée : contre l'ordre moral affiché par l'Empire – qu'on se souvienne des procès intentés à Flaubert et à Baudelaire –, elle revendique sa singularité et le droit de n'être pas jugée selon les critères de la morale sociale ordinaire ; elle conquiert par là son autonomie et parvient à une conscience aiguë d'elle-même, de ses possibilités et de ses finalités ; mais, en même temps, elle se retire de la vie sociale, oppose à l'émergence du capitalisme industriel une logique aristocratique de la gratuité et du désintéressement, et se tient à l'écart du débat politique et de la vie publique.

Du point de vue qui nous occupe, c'est là l'événement essentiel : la littérature, telle que la modernité la consacre, se définit par la coupure d'avec la politique et même, chez les défenseurs du purisme esthétique, *contre* le politique au sens le plus large. Pour reprendre une terminologie hugolienne, « le poète et la tribune » se séparent, et la littérature cesse d'agir dans l'ordre des *discours* (politiques, religieux, etc.). Cette situation, qui va conditionner toute la question de l'engagement littéraire, doit être mise en relation avec deux événements traumatiques qui encadrent l'histoire du Second Empire : l'instauration éphémère de la IIe République en 1848 et la proclamation de la Commune de Paris en 1871. Ces deux révolutions manquées ont marqué profondément l'imaginaire des écrivains en ce qu'elles ont violemment mis au jour la séparation qui, de fait, s'était instaurée entre le littéraire et le politique.

La révolution de 1848 a été abondamment commentée de ce point de vue : Sartre, Barthes et bien d'autres y ont vu le moment inaugural de la modernité, mais aussi le point de départ d'une impasse sociale et littéraire qui a perduré jusqu'à eux (Sartre, 1948a : 117-153 ; Barthes, 1953 : 41-45). Pour rappel, la révolution de 1848 a d'abord été une révolution heureuse et euphorique, dont l'atmosphère est abondamment évoquée par Flaubert dans *L'Éducation sentimentale* : en trois jours, les 22, 23 et 24 février, la monarchie de Juillet est balayée ; bourgeois républicains, emmenés par Lamartine, et ouvriers socialistes, conduits par Louis Blanc, s'allient pour proclamer la République et engager, dans le même élan, de considérables réformes politiques et sociales : suppression de la peine de mort, suffrage universel, liberté de la presse et liberté de réunion, droit au travail et à l'instruction, abolition de l'esclavage, etc. Les journées de 1848 sont ainsi vécues comme le prolongement et l'accomplissement de la révolution de 1789 : bourgeois et ouvriers unis mettent en place les fondements d'une société plus juste et plus égale, qui correspond assez exactement au grand rêve de réconciliation et de progrès du romantisme social (ce qui explique la présence, au cœur de ces événements, de Lamartine et de George Sand ou, en creux, de Hugo, dont on a dit que le virage à gauche datait de 48, et plus encore, du coup d'État de 51, à la faveur duquel il devient la grande figure du proscrit républicain que l'on connaît).

Très rapidement cependant, le nouveau régime va voir les bases de son projet sapées par l'hostilité de la grande bourgeoisie, qui contrôle l'économie : la bourse s'effondre, les usines ferment, les ouvriers sont massivement mis au chômage. La situation sociale devient explosive et intenable, tant et si bien que des élections anticipées chassent les socialistes du pouvoir ; en juin, une ultime tentative d'insurrection ouvrière est violemment réprimée par Cavaignac : les socialistes sont emprisonnés ou déportés, la bourgeoisie reprend seule les rênes du pouvoir, et s'amorce alors un retour à l'ordre dont Louis-Napoléon Bonaparte ne tardera pas à profiter. Le rêve des journées de février s'est écroulé.

Échec vécu comme personnel par les écrivains ; jusque-là en effet, ils se sentaient les porte-parole désignés d'une classe, la bourgeoisie, garante de valeurs universelles ; ses revendications libérales, issues de 1789, étaient valables pour tous (cf. la *Déclaration des droits de l'homme*), et ses conquêtes politiques et civiles bénéficiaient à l'ensemble du corps social. Or, la révolution de 1848 contredit cette vision optimiste : malgré son discours universaliste, la bourgeoisie est une classe d'oppression, attachée avant tout à défendre ses propres intérêts, au mépris des valeurs qu'elle professe par ailleurs. Du coup, la société apparaît profondément divisée entre classes ennemies et l'idéal d'un monde réconcilié disparaît. Il en résulte aussi que l'écrivain perd le rôle qui lui était dévolu et que sa conscience se déchire face aux antagonismes sociaux que 1848 lui révèle crûment : bourgeois, il se sent appartenir à une classe d'oppresseurs, alors que sa fonction d'écrivain lui prescrit de parler au nom des valeurs universelles. La littérature entre alors dans l'ère du *désenchantement* : l'écrivain ne cesse de maudire en lui le bourgeois – ce qu'il est le plus souvent –, et il affecte en retour des poses aristocratiques, cultivant l'art de la dépense ostentatoire et le refus radical de servir.

Plus que Flaubert, dont *L'Éducation sentimentale* décrit le désenchantement d'une génération qui s'est sentie sacrifiée et bernée, Baudelaire a explicité cette rupture de l'écrivain avec la politique. Dès le 5 mars

1852, il écrit à son ami Ancelle : « LE 2 DÉCEMBRE [coup d'État de Louis-Napoléon] m'a *physiquement dépolitiqué.* » (Baudelaire, 1986 : 587, n. 4.) Il avait pourtant pris part aux journées de juillet, mais revenant ensuite sur ces événements et analysant son « ivresse en 1848 », il ne peut que noter : « Goût de la vengeance. Plaisir *naturel* de la démolition. » (*Ibid.* : 92.) Cette séparation d'avec le politique ne laisse plus à l'écrivain qu'une fonction de négation gratuite, sans réel objet si ce n'est le ressentiment. D'où aussi la prédilection baudelairienne pour le personnage du dandy, dont l'impassibilité aristocratique symbolise l'indifférence hautaine que doit désormais afficher le poète :

> Ce que je pense du vote et du droit d'élections. Des droits de l'homme.
> Ce qu'il y a de vil dans une fonction quelconque.
> Un Dandy ne fait rien.
> Vous figurez-vous un Dandy parlant au peuple, excepté pour le bafouer ? (*Ibid.* : 97.)

Désormais donc, la *rupture* est consommée entre la littérature et la société : l'écrivain sera le porte-parole des seules valeurs de la littérature et de l'art. Pour Sartre, la génération des Flaubert et Baudelaire n'a pas su saisir, à ce moment, la chance historique qui s'offrait à la littérature (prendre le parti des ouvriers et continuer à jouer un rôle politique) ; pour Barthes, l'impasse ici rencontrée par les écrivains est le produit d'une nécessité historique qui les dépasse : de cette impasse sortiront la modernité littéraire et un « tragique de l'écriture » qui est la marque du divorce entre l'écrivain et la société.

Après 1848, l'écrivain se retire donc symboliquement de la société et ses textes s'arrachent à la contingence de la vie publique. Ce faisant, les frontières de la littérature elle-même se redessinent de façon décisive. L'homme de lettres cède la place à l'écrivain, dont la fonction singulière réside dans l'*écriture*, au sens que Barthes a donné à ce mot dans *Le Degré zéro* : *écrire* signifie assurer une fonction spécifique et sans utilité immédiate, qui consiste à interroger l'être même du langage et à tenter de résorber dans cette recherche – nécessairement formelle – tout autre questionnement ; l'écriture apparaît dès lors comme une façon de s'approprier le monde par la seule expérience du langage, de ses pouvoirs et de ses limites. La littérature n'a désormais plus rien à voir avec ce qu'on appelait naguère les « belles lettres » : l'histoire, la philosophie, l'essai politique ou religieux, bref, les textes d'idées ou de doctrine sortent du champ du littéraire, lequel s'identifie pour l'essentiel à la poésie et au roman.

Les grands textes utopiques de la période romantique vont être, d'une certaine manière, les premières victimes de la disjonction qui s'opère alors entre littérature et politique. Comme le voyait bien Baudelaire, qui pensait que « 1848 ne fut charmant que parce que chacun y faisait des utopies comme des châteaux en Espagne » (*Ibid.* : 93), la IIᵉ République a simultanément vu l'acmé de la tradition utopisante française et lui a donné un coup d'arrêt définitif, ces grandes fictions réconciliatrices perdant leur sens avec l'échec de la révolution. Renvoyé dès lors aux marges de tous les discours sociaux, le texte utopique échappe à la littérature, alors que sa dimension éminemment fictionnelle le désigne comme le plus littéraire des discours politiques. De Michelet à Pierre Leroux, de Fourier à Saint-Simon, un vaste continent discursif sort ainsi de la littérature, sans trouver à se replacer ailleurs. L'invention du politique, l'imagination du social et de ses nouvelles formes d'organisation semblent étrangères à la littérature ou n'y apparaissent plus que dans l'implicite des représentations, dans le regard distancié que l'écrivain porte désormais sur le monde. Il semble que la littérature ne puisse plus, après 1848, rêver la « Cité » idéale, ni même tenir sur elle un *discours*.

Ce processus, entamé en 1848, trouve son accomplissement avec la Commune de Paris. En 1870, en effet, la France déclare la guerre à la Prusse et subit une défaite écrasante à Sedan. Le Second Empire s'écroule comme s'était écroulée la monarchie de Juillet et, à la faveur d'élections bâclées, se met en place, sous la direction de Thiers, un gouvernement républicain conservateur chargé de négocier la paix avec Bismarck. Outrée par la perspective de la capitulation et de l'installation d'un pouvoir réactionnaire, la population de Paris s'insurge et proclame la Commune le 28 mars 1871 : à la différence des autres flambées révolutionnaires connues par la France, la Commune est ouvertement une guerre de classe ; son objectif affiché est la prise du pouvoir par ce qu'on appelle désormais le prolétariat. La réaction de la bourgeoisie sera à la mesure du danger politique qui la menace : soutenu par Bismarck, Thiers reprendra Paris par la force, dans un bain de sang qui fera en quelques journées plus de vingt mille morts chez les communards et qui éradiquera le socialisme révolutionnaire pour de longues années en France.

La Commune a été un événement majeur de l'histoire du mouvement ouvrier. En revanche, il semble bien qu'elle ne tienne que très peu de place dans l'histoire de la littérature et qu'elle n'ait pas eu sur la conscience des écrivains le retentissement de la révolution de 1848 : à quelques exceptions notables (Vallès et le peintre Courbet y jouèrent un rôle, Verlaine ou Rimbaud y circulèrent avec jubilation), l'ensemble du personnel littéraire et artistique est resté étranger à ce mouvement révolutionnaire, quand il ne s'y est pas violemment opposé (il faut lire à ce sujet la correspondance de Flaubert ou le journal de Goncourt). En cela, la Commune marque l'aboutissement du processus engagé en 1848 : l'utopie politique du romantisme est cette fois définitivement balayée, même si la figure isolée d'Hugo domine le siècle pour quelques années encore. L'écrivain se retire complètement du politique ; à la phase de rupture et de conscience malheureuse issue de 1848 succède une phase de *repli* total. La figure qui incarne le mieux cette évolution est sans doute celle de Mallarmé, dont la poésie est l'emblème de ce repli : devenue à elle-même son propre objet, la littérature efface presque complètement les marques de son rapport au monde. Pur objet autonome et autosuffisant, « bibelot d'inanité sonore », le poème mallarméen dit avec force le retrait de la littérature hors du monde, l'impossibilité qui la frappe de prendre directement en charge un discours sur le social ou le politique (et cette attitude a quelque chose de politique dans la radicalité même de son désengagement).

Dans ce contexte de repli, une figure fait cependant exception, qui mérite qu'on s'y arrête tant elle annonce la problématique ultérieure de la littérature engagée : celle de Jules Vallès. Né en 1832, il représente par excellence le type de l'écorché vif, en constante révolte contre la société et ses institutions : bachelier n'ayant pas accompli d'études supérieures, il fait partie de ce prolétariat intellectuel qui s'est développé au XIXe siècle sous le nom de bohème ; condamné, à l'instar de la plupart de ses collègues d'infortune littéraire, à vivre de petits métiers de plume, il s'en distingue cependant par son adhésion précoce au mouvement socialiste révolutionnaire ; sous le Second Empire, il se fera connaître comme journaliste politique et polémiste virulent. Ces différents titres en feront l'un des rares écrivains à prendre une part active dans la Commune (il fut élu représentant du XVe arrondissement). Ayant échappé de justesse à la répression des Versaillais et exilé à

Londres, il écrira une trilogie autobiographique, *Jacques Vingtras*, dont le dernier volet, *L'Insurgé*, relate les événements de la Commune et constitue de ce fait le principal témoignage littéraire que nous possédions sur cet épisode.

L'œuvre de Vallès nous intéresse d'abord en ce qu'elle construit une représentation singulièrement élaborée de l'écrivain engagé. Deux termes y reviennent en permanence, qui caractérisent la situation – fantasmée et magnifiée – de l'auteur : celui de *réfractaire*, d'abord, qui désigne cette posture de refus d'obéissance et de révolte constante qui est la marque héroïque de l'itinéraire de Vallès ; celui d'*irrégulier* ensuite, qui souligne sa résistance à tout embrigadement dans un parti, sa volonté de faire la révolution à côté des troupes « régulières » du socialisme. Vallès propose ainsi l'image d'un écrivain engagé, électron libre du mouvement révolutionnaire et voué à une forme quasiment héroïque d'isolement. Car Vallès apparaît doublement en rupture : avec le milieu littéraire d'abord, dont il stigmatise la passivité politique et dont il refuse l'idéalisation de la vie de bohème, en réalité pure misère aliénante (voir à ce sujet l'épisode de l'enterrement de Murger au début de *L'Insurgé*) ; avec le monde des ouvriers politisés ensuite, puisque Vallès ne cesse de mettre en évidence combien lui, l'intellectuel converti à la cause du peuple, reste séparé de ce prolétariat qu'il entend pourtant rejoindre parce qu'il partage la même misère.

> C'est pas tout ça ! Vous [Vingtras/Vallès] voulez garder vos pattes nettes pour quand vous serez devant le tribunal ou devant la postérité ! Et c'est nous, le peuple, l'ouvrier, qui doit toujours faire la sale besogne… (*L'Insurgé*, p. 299.)

En cela, Vallès dit d'emblée et avec force ce qui constituera par la suite le drame et la hantise des écrivains révolutionnaires (Berl, Malraux, Sartre et bien d'autres) : leur incapacité à se sentir appartenir pleinement au prolétariat en lutte, leur difficulté à être reconnus par lui, leur sentiment enfin qu'ils resteront toujours les bourgeois et les intellectuels d'une révolution qui peut parfaitement se passer d'eux.

La façon dont Vallès pose ainsi très tôt le problème de l'excentricité de l'écrivain dans la révolution débouche d'ailleurs sur la problématique de l'écriture elle-même : de diverses façons, *L'Insurgé* ne cesse de dire que l'écrivain engagé a beau écrire pour le peuple, la langue qu'il emprunte est celle des classes dominantes (et, en cela, elle est un instrument de pouvoir et d'oppression) :

> Comment [les bourgeois] ne se fâchent-ils pas ?
> C'est que j'ai gardé tout mon sang-froid, et que, pour faire un trou dans ces cervelles, j'ai emmanché mon arme comme un poignard de tragédie grecque, je les ai éclaboussés de latin, j'ai grand-sièclisé ma parole, – ces imbéciles me laissent insulter leurs doctrines et leurs religions parce que je le fais dans un langage qui respecte leur rhétorique, et que prônent les maîtres du barreau et les professeurs d'humanités. (*L'Insurgé*, p. 49.)

Pour Vallès, le problème est donc d'écrire du sein de la révolte et de la révolution, sans trahir l'élan rageur qui le porte. Il lui faut donc tenter de casser la langue classique et les codes littéraires institués ; en cela, son œuvre est d'une incontestable originalité et, à certains égards, annonce celle de Céline : insertion d'un langage trivial et cru dans la prose littéraire ; oralisation du style ; narration par fragments brefs, plus impressifs que descriptifs ou explicatifs ; alternance des registres, lyrique, polémique, humoristique ou réaliste ; pratique du collage (articles de journaux, etc.) ; autodérision constante. De la sorte, *L'Insurgé* n'est pas un « document » sur la Commune, ni un livre d'histoire ni même à proprement parler les mémoires d'un acteur de l'événement ; il s'agit d'une prise en charge littéraire, au sens fort du terme, d'un épisode politique, à travers lequel se déplient d'emblée toutes les facettes de la problématique de la littérature engagée. La vocation au témoignage de l'œuvre de Vallès se trouve ainsi largement transcendée par l'écriture simultanément littéraire et politique qu'elle s'efforce d'inventer. De ce point de vue, c'est d'ailleurs toute la trilogie de *Jacques Vingtras* qui relève de l'engagement : un texte comme *L'Enfant*, qui dénonce rageusement l'oppression de la famille et de l'école, est aussi un témoignage politique, d'autant plus virulent et durable qu'il a pour objet l'enfance opprimée.

À tous points de vue, l'œuvre de Vallès est isolée et excentrique par rapport à la littérature de son temps. Elle n'aura de postérité directe que dans un courant mineur de réfractaires illustré notamment par Georges Darien *(Biribi, Bas les cœurs, Le Voleur)*. Au-delà, elle apparaît pourtant comme fondatrice et visionnaire, annonçant sur bien des points la problématique de l'engagement littéraire, telle qu'elle se formulera au XXᵉ siècle. Seul de son temps à avoir tenté d'être un écrivain engagé et d'inventer l'écriture correspondant à ce projet, Vallès est aussi le premier à avoir fait l'expérience des difficultés et des limites de cette entreprise.

CHAPITRE XI

L'affaire Dreyfus :
le retour du politique

Entre 1848, date symbolique de la rupture entre le littéraire et le social, et 1898, moment non moins symbolique où Émile Zola publie le retentissant « J'accuse », la tendance dominante de la littérature française est à une manière d'aphasie politique. Ce silence quasi général de cinquante ans est rompu, à l'extrême fin du siècle, par l'affaire Dreyfus, événement fondateur et exemplaire à la faveur duquel la politique fait son grand retour en littérature.

Il est sans doute inutile de retracer ici le détail de l'Affaire, qui reste un épisode cardinal de l'histoire politique et intellectuelle de la France moderne. On se contentera donc d'en rappeler les grandes lignes, pour s'attarder ensuite sur ses effets et conséquences, qui nous intéressent au premier chef. En 1894, le capitaine Alfred Dreyfus, accusé à tort d'espionnage au profit de l'Allemagne, est condamné, dans l'indifférence générale, par une cour militaire et déporté en Guyane. Sous l'impulsion de sa famille et de Bernard Lazare se développe une campagne d'abord discrète pour la révision du procès et la réhabilitation du capitaine. L'affaire prend une dimension majeure en 1898, avec l'intervention de Zola et la publication de « J'accuse » dans *L'Aurore* de Clemenceau. L'opinion publique se divise alors en deux camps : les dreyfusards, qui placent la défense d'un innocent au-dessus de la raison d'État et entendent

faire triompher la justice et la vérité ; les antidreyfusards, qui, sur un fond de nationalisme exacerbé et d'antisémitisme virulent, défendent le prestige de l'armée
considérée comme le ciment de l'unité nationale. Après
de longues et multiples péripéties, les dreyfusards l'em-
porteront : Dreyfus sera gracié puis réhabilité.

Du point de vue qui nous occupe, l'intérêt majeur de
l'Affaire est sans doute qu'elle ne fut pas d'abord le fait
des politiques, mais bien celui d'une catégorie sociale
nouvelle, qui émerge publiquement à cette occasion
sous le nom générique d'*intellectuels*. Comme l'a montré Christophe Charle dans *Naissance des « intellectuels »* (1990), il s'agit là d'un ensemble relativement
hétérogène d'acteurs sociaux (scientifiques, universitaires, écrivains…) qui ont en commun, outre d'être des
professionnels du maniement des idées et des savoirs,
d'être arrivés, dans leurs secteurs d'activité respectifs, à
un degré suffisant d'autonomie et de prestige pour
revendiquer un droit de regard dans les affaires publiques.
En d'autres termes, l'intellectuel est celui qui, arguant
de la compétence qu'on lui reconnaît dans sa discipline,
souhaite en « abuser » pour la bonne cause, c'est-à-dire
pour prendre position dans le débat public au nom des
valeurs *désintéressées* qui guident son travail d'écrivain, de scientifique ou de professeur. L'intellectuel
tient donc de l'arbitre et du franc-tireur, et joue de sa
position d'extériorité par rapport à la sphère politique
pour proférer une parole à la fois autorisée et charismatique. Avec Zola et « J'accuse », l'intellectuel devient
une figure héroïque, puisque cette intervention s'effectue au péril même de la personne qui l'assume : Zola est
poursuivi, condamné, contraint à l'exil, conspué par une
partie de l'opinion et meurt dans des circonstances sus-
pectes. À l'incontestable efficacité de l'intervention
intellectuelle s'ajoute avec Zola la magnification des
acteurs qui la portent : un nouveau rôle social apparaît,

dont l'importance se manifestera pendant près d'un
siècle.

On reviendra plus loin sur la difficile distinction qu'il
y a lieu de faire entre intellectuel et écrivain engagé,
mais il convient d'abord de noter que l'apparition de
l'intellectuel permet aux écrivains de négocier un nouveau rapport entre le littéraire et le politique. Le principe de l'intervention intellectuelle autorise en effet
l'écrivain à reconquérir le terrain de la prédication politique, abandonné aux environs de 1848, sans néanmoins
renoncer en rien à l'autonomie de la pratique littéraire,
c'est-à-dire à la possibilité pour elle d'exister en dehors
de la société générale et selon ses propres principes et
valeurs : l'écrivain peut continuer à faire œuvre littéraire
indépendamment de l'actualité politique ou des contingences du débat public ; ce n'est qu'ensuite, et de façon
en quelque sorte secondaire, qu'il lui est loisible de
mettre le prestige ainsi acquis au service d'une cause
collective et extérieure à la littérature. Dès lors, l'écrivain qui assume une fonction intellectuelle est gagnant
sur tous les tableaux : sur le terrain de la littérature, dont
l'autorité et l'aura sortent non seulement intactes mais
grandies de son intervention ; sur le terrain sociopolitique, où il reprend pied après un demi-siècle d'absence.

Il faut pourtant souligner que, dans ce dernier domaine,
l'affaire Dreyfus a également consacré la montée en
puissance d'une catégorie concurrente – celle des universitaires ou des professeurs – qui sort du combat dreyfusiste à la fois confortée et dotée d'un prestige nouveau. La « République des professeurs », comme l'a
appelée Albert Thibaudet, a en effet joué un rôle de premier plan dans l'Affaire ; c'est dans ses rangs qu'ont été
recrutés les premiers dreyfusards (Lucien Lévy-Bruhl,
Lucien Herr, Charles Péguy alors normalien, Charles
Andler, etc.) et c'est elle qui a mené le travail de fond
qui devait aboutir à la réhabilitation du capitaine.

Les universitaires et les professeurs sont les piliers de la IIIᵉ République : choyés par elle, ils en sont en retour les gardiens, diffusant ses valeurs et son credo auprès d'un large public d'élèves et d'étudiants. Les professeurs de philosophie en particulier bénéficient d'un charisme important : discipline reine de l'Université, enseignée au niveau du baccalauréat et des classes préparatoires (les khâgne et hypokhâgne), la philosophie joue un rôle central dans la formation scolaire canonique ; dès lors, les professeurs qui l'enseignent deviennent insensiblement les maîtres à penser des jeunes générations qui passent entre leurs mains. Au moment de l'Affaire, les universitaires sont donc suffisamment conscients de leur rôle et de leur influence pour s'affranchir de la tutelle politique qui pèse sur eux et pour se faire, contre les politiques eux-mêmes, les gardiens et les garants de l'esprit républicain : face à la raison d'État et à la raison politique, leur grandeur sera d'affirmer la prééminence d'un certain nombre de valeurs républicaines et démocratiques avec lesquelles on ne peut composer : vérité, justice, droits de la personne, autant de principes qui s'exprimeront à travers la création de la Ligue des droits de l'homme, directement issue de l'Affaire et à la tête de laquelle se succéderont les plus prestigieuses figures de l'Université française.

Dans ces conditions, il ne faut pas s'étonner que le clan antidreyfusard se soit déchaîné contre les « mauvais maîtres », accusés d'exercer une influence pernicieuse sur la jeunesse en lui enseignant une philosophie rationaliste, abstraite et désincarnée (kantienne, selon les catégories de l'époque) qui contribuerait à affaiblir le sentiment national et l'attachement charnel à la patrie et à son histoire. C'est là exactement le portrait que Maurice Barrès, dans *Les Déracinés* (1897), dresse du professeur à travers le personnage de Bouteiller : le destin ultérieur des sept protagonistes centraux du roman, tous jeunes gens formés par lui, sera ainsi fonction de leur capacité à se détacher ou non de son enseignement nuisible. Dans cette veine, Barrès avait d'ailleurs été précédé par Paul Bourget, dont *Le Disciple* (1889) était d'emblée devenu le modèle de cette littérature à thèse anti-universitaire, dénonçant les professeurs de philosophie en montrant les errements, voire les crimes, auxquels conduit leur enseignement.

Mais la droite antidreyfusarde n'est pas la seule à constater avec inquiétude la montée en puissance des professeurs : l'ensemble du personnel littéraire se montre vaguement hostile à ce groupe social dont le prestige et l'autorité grandissants concurrencent les siens propres. On voit ainsi se constituer progressivement tout un système d'opposition entre l'écrivain et le professeur, système qu'Albert Thibaudet avait identifié par la distinction fameuse entre « héritier » et « boursier » : à l'écrivain revient l'apanage aristocratique du don inné, du talent qui ne s'apprend pas et s'exerce avec facilité et éclat ; au professeur s'attache l'image du travail laborieux, de l'érudition pesante, de l'esprit de sérieux et de l'effort, qui garantissent une progression sûre mais lente. Cette représentation contrastée des deux rôles sociaux rivaux restera active jusqu'à la Seconde Guerre au moins : elle explique partiellement la trajectoire d'un Sartre, entre autres acteurs, dont l'hégémonie intellectuelle tient beaucoup à la double « casquette » de philosophe et d'écrivain qu'il a revendiquée tout au long de son parcours.

À côté de cette réorganisation profonde du champ culturel au sens large, l'affaire Dreyfus a également eu des conséquences politiques, dont la plus importante et la plus durable est la polarisation du débat politique entre gauche et droite. Cette division binaire s'installe définitivement à la suite de l'Affaire : ses contenus réels pourront certes varier au cours du temps, mais elle restera le principe structurant de la vie politique jusqu'à nous, sans qu'aucune tentative de « troisième voie » ne parvienne à la contester. En gros, la droite se définira ainsi par la défense de l'État-nation, l'attachement à la tradition et à la continuité historique de la patrie, au respect de ses institutions fondamentales, y compris les plus répressives (famille, armée, Église, etc.) ; la gauche par contre se caractérisera par la volonté de changement et de progrès, la défense des droits de la personne au sein de la collectivité, la volonté de justice sociale, etc.

Dans les années qui suivent immédiatement l'affaire Dreyfus, cette polarisation du champ politique se traduit par l'émergence d'une droite nationaliste, xénophobe et antisémite, belliciste à outrance et antiparlementaire, dont les deux figures de proue sont Barrès et Maurras. À gauche, on constate essentiellement l'affermissement de la IIIe République, dominée par les radicaux : elle sort renforcée et confirmée de l'Affaire, puisqu'elle se maintiendra jusqu'à la Seconde Guerre, ce qui en fait le régime politique le plus long que la France post-révolutionnaire ait connu. Conséquence secondaire également, la politique de laïcisation accélérée et forcée que mène le ministère Combes à partir de 1902 : l'Église ayant, dans la grande majorité de ses représentants, soutenu les antidreyfusards, les dreyfusards parvenus au pouvoir appliqueront une politique fortement anticléricale, provoquant un débat qui dominera la Belle Époque et marquera la « décomposition » du dreyfusisme originel.

En littérature également, l'affaire Dreyfus marquera profondément. Barrès l'évoque abondamment dans ses articles, ses *Cahiers* et, de façon plus générale, elle constitue implicitement la toile de fond de bon nombre de ses romans postérieurs à l'Affaire. Émile Zola recueille ses articles polémiques dans *La Vérité en marche* et transpose l'Affaire dans *Vérité*, son dernier roman achevé. Anatole France décline l'épisode sous de multiples formes : à travers les chroniques rassemblées dans *Monsieur Bergeret à Paris*, dans la fable *L'Île des pingouins*, dans la nouvelle *Crainquebille*. La question du dreyfusisme reste bien entendu au cœur des pamphlets les plus forts de Péguy *(Notre jeunesse)*. Alors qu'il ne l'évoque que latéralement dans la *Recherche*, Proust lui avait d'abord donné une importance considérable dans *Jean Santeuil*. Plus révélateur encore, Roger Martin du Gard, trop jeune pour avoir pris une part active dans le combat dreyfusard, accorde une place centrale à l'Affaire dans *Jean Barois* (1913) : c'est le signe que l'épisode du dreyfusisme a profondément marqué les jeunes générations de la Belle Époque et qu'il a constitué pour elles une expérience fondatrice à travers laquelle se sont formées leur vision du monde et leur sensibilité intellectuelle.

Reste que se pose ici une question difficile : dans quelle mesure l'affaire Dreyfus, en suscitant l'émergence de l'intellectuel, induit-elle également l'apparition d'une littérature engagée, et en quoi celle-ci se distingue-t-elle de l'intervention intellectuelle ? Dans les faits, la ligne de partage entre l'intellectuel et l'écrivain engagé n'est jamais clairement discernable et il n'existe pas de solution de continuité nette entre ces deux rôles : l'écrivain qui fait œuvre d'intellectuel reste un écrivain – c'est même à ce titre qu'il prend position – et son intervention passe le plus souvent par l'écrit, ce qui contribue à brouiller les frontières entre les rôles d'écrivain et d'intellectuel. En droit, on peut cependant poser que l'intervention intellectuelle et l'engagement littéraire se distinguent sur deux points. D'abord, la première peut être ponctuelle et momentanée, portant sur un problème précis et limité qui incite l'écrivain à réagir, tandis que le second présente davantage un caractère permanent, se voulant un choix d'écriture fondamental. Ensuite et surtout, les deux démarches diffèrent par l'esprit qui les anime : pour un écrivain, se présenter comme un intellectuel consiste à effectuer un *mouvement sortant*, donc à poser un geste qu'il conçoit plus ou moins explicitement comme distinct de son activité proprement littéraire ; en revanche, l'écrivain engagé considère que ses prises de position font partie intégrante de sa démarche littéraire dans laquelle elles s'inscrivent pleinement, c'est-à-dire qu'il envisage la littérature comme un moyen direct de prendre part au débat politique et social. Ainsi, lorsque Zola écrit « J'accuse », il le fait à un moment où son œuvre majeure, *Les Rougon-Macquart*, est achevée et où il se trouve en quelque sorte disponible pour mettre son autorité et sa réputation au service d'une cause qui n'a formellement rien à voir avec le projet naturaliste au sens strict ; par contre, il s'oriente plus nettement vers la littérature engagée lorsqu'il entame le cycle des *Quatre Évangiles*, romans à thèse dans lesquels il entend fonder et défendre un certain modèle d'organisation politique et sociale : à ce moment, il conçoit la littérature comme dotée d'une force de proposition et/ou de contestation politiques.

On constate ainsi qu'à la suite de l'Affaire les conditions de possibilité d'une littérature engagée sont à peu près définies et fixées (l'apparition des avant-gardes après la Première Guerre venant compléter définitivement le tableau). Les pages qui suivent s'arrêteront sur quelques-uns des acteurs de l'affaire Dreyfus, pour indiquer dans quelle mesure et selon quelles modalités leur participation à ce combat a déterminé chez eux une pratique engagée de l'écriture.

1. De Zola à France : le dreyfusisme « organique »

Si l'affaire Dreyfus a pris l'importance et le caractère exemplaire qu'on lui reconnaît aujourd'hui encore, c'est qu'il est très tôt apparu qu'elle engageait des valeurs et des principes d'une portée universelle, impliquant fondamentalement une certaine vision de la Cité et de son fonctionnement. Il en résulte que le dreyfusisme fut bien plus qu'un combat ponctuel et localisé, mais qu'il s'est constitué en un idéal politique, civil et humain permanent dont la défense appelait à d'autres combats (c'est là le sens de la création de la Ligue des droits de l'homme). C'est à ce titre d'ailleurs qu'on peut parler d'écrivains ou d'intellectuels « organiques » du dreyfusisme, pour signaler que leur engagement s'est identifié très étroitement et très constamment aux valeurs qui se sont formulées à la faveur de l'Affaire.

Le premier d'entre ces écrivains organiques du dreyfusisme est sans conteste Émile Zola (1840-1902), dont on a dit plus haut le rôle éminent qu'il a joué dans l'élévation de l'Affaire à la dimension d'un débat national. Il faut pourtant rappeler ici que, si son intervention a été déterminante et qu'elle est devenue pour nous le moment héroïque de cet épisode, Zola n'est finalement entré en scène que tardivement, après que d'autres eurent élaboré le système de défense et d'argumentation qui devait assurer le succès de l'entreprise. Il ne s'agit pas ici de diminuer le mérite du maître de Médan, mais plutôt de rectifier une erreur de perspective courante : Zola n'est pas un écrivain toujours déjà engagé. Le cycle des *Rougon-Macquart,* qui reste son œuvre majeure et essentielle, a eu beau toucher un large public et provoquer parfois le scandale chez les bien-pensants, il n'est pas de la littérature engagée au sens fort du terme : certes *Germinal* ou *L'Assommoir* mettent en scène la condition ouvrière d'une façon qui peut susciter la commisération ou l'indignation, mais jamais ces romans ne se posent en brûlots politiques. Il en va de même de la mise en accusation du Second Empire : cette gigantesque charge contre le régime est menée après qu'il s'est lamentablement effondré et que son incurie est en quelque sorte devenue chose admise.

Bien plus, le projet naturaliste de Zola, tel qu'il informe la fresque des *Rougon-Macquart,* est conçu dans un souci de réalisme et d'objectivité quasi scientifiques : le narrateur zolien est une manière d'expérimentateur impartial, dont le rôle consisterait à poser le protocole d'une expérience et à en consigner ensuite les développements (voir *Le Roman expérimental*, ouvrage programmatique dans lequel Zola expose sa « méthode »). On conçoit évidemment que ce désir d'impartialité objective ne laisse aucune place à l'engagement. Par ailleurs, on sait aussi que ce projet hyperréaliste se trouve chez Zola contredit et miné par le développement incontrôlé d'un imaginaire extraordinairement actif, nourri par des fantasmatiques érotiques, morbides ou bestiales qui échappent complètement à la logique « expérimentale » du programme naturaliste. Cette constante et profonde métaphorisation du texte fait incontestablement l'intérêt des romans de Zola, mais, ici encore, il faut admettre que cette expansion incontrôlée d'un imaginaire intense, aussi bien sexuel que social ou idéologique, ne peut tenir lieu de prise de position engagée, au sens où on l'a défini dans la première partie (sur ce point précis, on se reportera aux analyses de Dubois, 1993 : 67-119).

Il faut plutôt attendre son œuvre postérieure, et en particulier *Les Quatre Évangiles* (*Fécondité*, 1899 ; *Travail*, 1901 ; *Vérité*, 1903 ; *Justice*, inachevé), pour voir Zola se muer en écrivain engagé. Encore faut-il préciser : ces romans prennent la forme de vastes fresques emphatiques où s'expose l'utopie d'un monde réconcilié et meilleur, où s'annonce lyriquement une organisation sociale harmonieuse (basée sur la coopération pacifique des classes en vue de l'intérêt collectif), organisation sociale qui apparaît en outre comme un modèle achevé et définitif, le terme d'une Histoire humaine désormais accomplie. En cela, Zola adopte une posture prophétique et messianique qui rappelle irrésistiblement Hugo ; comme si, pour un écrivain du calibre de Zola, le seul modèle auquel il pouvait s'identifier, tant par la verve que par la hauteur de vue, fût l'auteur des *Misérables*. Il n'en reste pas moins que la foi humanitaire et sociale de Hugo était en son temps soutenue par toutes les doctrines utopiques qui fleurissaient aux marges du romantisme ; celles-ci ont disparu à l'époque de Zola et ont cédé la place à des formes de socialisme plus réalistes (ou si l'on préfère : plus politiques), voire, avec le marxisme encore peu connu en France à ce moment, à une vision de l'Histoire fondée au contraire sur la lutte des classes ; les utopies zoliennes se trouvent de la sorte en décalage par rapport aux doctrines sociales ou politiques de leur temps, et paraissent tourner à vide, ce qui explique le peu d'enthousiasme que soulevèrent les trois premiers volets des *Quatre Évangiles*. En 1900, se prendre pour Hugo restait certes tentant pour un écrivain, mais n'avait plus guère de sens en termes politiques.

L'autre écrivain majeur du dreyfusisme est Anatole France (1844-1924). De la même génération que Zola, il s'est engagé dans l'Affaire assez tardivement, au moment précisément du procès intenté contre l'auteur de « J'accuse », dont il prit la défense. À partir de cette date, il participera à la plupart des épisodes de l'Affaire, au point de devenir une manière de porte-parole de la Ligue des droits de l'homme. Peu enclin, par tempérament, à s'investir dans des combats héroïques et d'avant-garde, il jouera plutôt le rôle d'écrivain officiel de la IIIe République, ce qui lui vaudra à sa mort des obsèques nationales ainsi qu'une agressive parodie d'enterrement organisée par le jeune groupe surréaliste.

Si Zola, à la fin de sa vie, se prenait pour Hugo, Anatole France, lui, s'est toujours pris pour Voltaire : du XVIIIe siècle, il a conservé l'esthétique classique et le goût délicat et épicurien d'un certain raffinement formel ; il est surtout l'héritier des Lumières par son scepticisme, son sens de l'ironie et son rationalisme exacerbé : ennemi de tout dogmatisme, anticlérical déclaré, il professait des sympathies socialistes. Son regard sur les affaires politiques est avant tout celui d'un moraliste passionné mais toujours distant, bienveillant mais sans illusion sur les hommes et la politique, accordant plus de confiance aux vertus de l'ironie et de l'esprit critique qu'à celles des actes de foi exaltés ou des grandes proclamations enthousiastes. En ce sens, Anatole France propose le profil singulier d'un écrivain engagé du « juste milieu » et de la modération, qui conserve en toute circonstance une manière de réserve par rapport à la cause qu'il est occupé à défendre.

De ce point de vue, son personnage fétiche, M. Bergeret, ne manque pas d'intérêt. On le retrouve dans une série de chroniques que France donnait à *L'Écho de Paris* et qu'il rassemblera ensuite en volume sous le titre général de *L'Histoire contemporaine*. Professeur de latin dans une université de province, vivant avec sa sœur et sa fille, M. Bergeret est un personnage falot, qui observe les événements qui se produisent autour de lui avec un étrange mélange d'esprit critique et de naïveté étonnée, comme s'il était incapable de s'y investir vraiment et de prendre parti, préférant discuter longuement de questions annexes ou s'attarder avec ironie sur les petitesses des acteurs concernés. En revanche, le dernier volume du cycle, *M. Bergeret à Paris*, voit le personnage nommé dans la capitale au moment où l'affaire Dreyfus bat son plein et tourne en faveur des dreyfusards : on découvre alors que M. Bergeret abandonne sa posture sarcastique et désabusée pour se ranger dans le clan des révisionnistes et proclamer sa foi nouvelle dans le socialisme. Cette évolution du personnage est très largement celle de France lui-même et témoigne de la force d'attraction qu'exerçait l'Affaire sur l'ensemble du personnel littéraire.

Cette adhésion sans réserve reste cependant un fait exceptionnel chez Anatole France et, dans ses textes postérieurs, il reviendra à la posture d'analyse ironique et distante qui le caractérise. Ainsi la nouvelle *L'Affaire Crainquebille*, publiée dans les *Cahiers de la quinzaine* de Péguy, déplace assez remarquablement l'enjeu de l'Affaire : Dreyfus y devient Crainquebille, marchand ambulant pauvre, ignorant et dépourvu de soutiens ; accusé à tort d'injure à un policier, il est condamné, malgré le témoignage disculpant d'un universitaire, au nom de la nécessité impérieuse de toujours protéger les représentants de l'ordre. La force du propos d'Anatole France est ici d'imaginer non seulement une affaire Dreyfus dans laquelle l'innocent ne serait jamais réhabilité, mais surtout de faire voir combien les injustices se commettent avec facilité et sans recours possible lorsqu'elles atteignent les plus faibles et les moins aptes à se défendre. Écrire cela en 1902, c'était déjà commencer à s'attaquer à la bonne conscience du dreyfusisme triomphant.

Enfin, en 1908, Anatole France publie *L'Île des pingouins*, qui entend tirer les conclusions de l'Affaire. Phénomène presque unique dans la littérature moderne, le texte emprunte la forme du conte voltairien : la France y est figurée sous les espèces de la Pingouinie et son histoire est brossée à grands traits pour arriver à l'« affaire Pyrot », officier juif accusé d'avoir détourné quatre-vingt mille bottes de foin au profit de la Marsouinie, l'ennemi héréditaire de la Pingouinie. La satire est certes brillante : Anatole France donne libre cours à sa fibre anticléricale, les grands protagonistes de l'Affaire sont habilement croqués et les conclusions du conte, qui voient les « pyrotins » se déchirer entre eux après leur victoire et la guerre éclater entre Marsouins et Pingouins, ne laissent guère de doute sur l'interprétation désabusée et pessimiste que France propose de l'Affaire (interprétation lucide également et à certains égards visionnaire).

Mais il demeure une question : en quoi ce conte léger et spirituel, qui est resté comme la contribution littéraire majeure de France à l'affaire Dreyfus, peut-il prétendre à une véritable efficacité, lorsqu'on le compare à la masse des pamphlets et des textes enflammés qui l'environnaient ? Dans ce contexte, le genre du conte philosophique présente en effet un caractère presque anachronique : la transposition ironique et satirique des faits et des acteurs crée moins un effet d'étrangeté salutaire, comme c'était le cas avec Voltaire, qu'un sentiment de distance et d'éloignement, comme si l'auteur évitait de se montrer en prise directe sur les événements et qu'il portait déjà sur eux un regard d'après-coup. En cela, le pouvoir d'intervention du conte philosophique – on devrait même parler de sa *force d'irruption* dans le débat – paraît faible et ne peut en tout cas prétendre concurrencer les discours politiques de tous types qu'une presse quotidienne omniprésente déverse en flots continus.

On mesure ainsi les limites de l'engagement littéraire tel qu'il s'est développé dans l'orbe du dreyfusisme officiel : lorsque Zola prenait la pose hugolienne, il manquait en quelque manière sa cible, parce que l'heure n'était plus à l'utopie réconciliatrice du romantisme ; de la même façon, Anatole France dans le rôle de Voltaire visait à côté, parce que l'intensité et l'alacrité du débat politique exigeaient des formes d'intervention beaucoup plus directes et immédiates. En somme, il ne s'agissait pas alors d'utiliser les modèles d'engagement déjà éprouvés, mais d'en inventer de nouveaux, adaptés à un monde où le débat politique évolue constamment et est accessible à tous par les journaux, et où la littérature doit s'interroger sur les ressources spécifiques dont elle dispose pour intervenir efficacement face à cette inflation des discours politiques, avec lesquels elle refuse d'ailleurs de se confondre. Deux voies paraissent se dessiner : le roman à thèse barrésien, qui cherche à exploiter à des fins persuasives la *mimésis* réaliste ; le pamphlet péguyen, qui est la forme à la fois basique et outrée d'une littérature de débat et de polémique.

2. Barrès et l'antidreyfusisme

Si l'histoire réserve un large accueil aux grandes figures du dreyfusisme, il ne faut pas oublier néanmoins que le clan antidreyfusard fut au départ très largement majoritaire dans l'opinion et qu'il a compté dans ses rangs un grand nombre d'écrivains et d'intellectuels, la plupart regroupés au sein de la Ligue de la patrie française, créée comme un contre-feu à la Ligue des droits de l'homme et présidée par Ferdinand Brunetière : en faisaient partie, entre autres personnalités, François Coppée, José Maria de Heredia, Paul Bourget, Jules Lemaitre, Pierre Louÿs, Jules Verne, Léon Daudet (Paul Valéry ne signera que la première pétition antidreyfusarde), les peintres Degas et Renoir, ainsi que Charles Maurras, qui entre en scène, avec *L'Action française*, à la faveur de l'Affaire. Mais la figure de proue de l'anti-

dreyfusisme est incontestablement Maurice Barrès, le
« prince de la jeunesse », dont l'influence était énorme
auprès de larges fractions de l'opinion.

Né en 1862 dans les Vosges, Barrès présente un profil
singulier, puisque double : il est sans doute le dernier
grand écrivain à avoir mené, en parallèle à son activité
littéraire, une carrière politique qui le conduira à plusieurs reprises à être élu député. De ce point de vue, son
cas n'est pas sans rappeler celui de Chateaubriand : à la
fois écrivain et homme politique, toute sa trajectoire est
conditionnée par l'articulation complexe entre ces deux
rôles distincts et réputés incompatibles, de sorte que, de
son temps, il est sans doute le plus politique des écrivains et le plus littéraire des hommes politiques. (On
indiquera en passant qu'à la même époque un Léon
Blum commence une carrière littéraire dans *La Revue
blanche*, pour abandonner cette voie lorsqu'il s'engage
pleinement en politique.)

Barrès s'est d'abord fait connaître en littérature à travers la trilogie du *Culte du moi* (1888-1891), qui exer-
cera une profonde influence sur les écrivains les plus
exigeants, de Gide, son presque contemporain, à Blum
alors jeune débutant : Barrès est à ce moment le chantre
d'un individualisme exacerbé, d'un égotisme qui refuse
toute contrainte et toute forme d'imposition sociale. Au
moment où il achève ce cycle, il devient député boulangiste et effectue un virage idéologique majeur : le
moi ne peut trouver seul son assise ; il est traversé par
le social, structuré par lui, enveloppé dans une histoire
et un terroir qui lui donnent son véritable sens. Ce culte
« de la terre et des morts » trouvera à s'exprimer dans
une nouvelle trilogie, *Le Roman de l'énergie nationale*,
dont le premier volet, *Les Déracinés*, paraît en 1897, à
point nommé pour faire de Barrès le porte-parole des
antidreyfusards. À partir de cette date, Barrès devient
avec Maurras le représentant majeur du nationalisme

français, tel qu'il est en train de se formuler à la faveur de l'Affaire. Avec l'éclatement de la guerre, que son bellicisme revanchard avait appelée de ses vœux, Barrès se transforme en thuriféraire officiel d'un patriotisme (et d'un bourrage de crâne) d'union nationale, réconciliant toutes les composantes de la nation française dans la lutte à mort contre l'ennemi commun. À sa mort en 1923, et non sans avoir subi un simulacre virulent de procès organisé par les dadaïstes et les surréalistes, on lui offrira, comme à Anatole France, des obsèques nationales.

Idéologiquement et politiquement, il est incontestable que Barrès incarne le pire : empruntant à Déroulède et à Drumont, son nationalisme, antiparlementaire et anti-démocratique, xénophobe, antisémite et belliciste, a certainement constitué le terreau de ce que l'historien Zeev Sternhell a baptisé les « origines françaises du fascisme » (voir Sternhell, 1972 et 1978). Il n'en reste pas moins que Barrès échappe par certains côtés à cette seule image et que sa séduction s'est exercée bien au-delà des franges nationalistes de l'opinion. Et cela, non seulement parce qu'il était un écrivain de talent, mais aussi et surtout parce que sa pensée était trop mobile pour faire de lui un doctrinaire intransigeant ; à la différence de Maurras, il n'avait pas la tête théorique et restait un esprit relativement libre, conduit souvent par des réactions émotives : en 1922, alors qu'il était devenu la figure de référence de la droite la plus réactionnaire, il s'offrira ainsi le luxe de publier *Un jardin sur l'Oronte*, roman où l'amour et la sensualité occupent une large place et qui indignera les milieux catholiques conservateurs. En plus, il faut souligner que, même dans les polémiques les plus vives, Barrès ne se départira jamais d'une certaine élévation chevaleresque et d'un véritable respect de l'adversaire : lors de l'assassinat de Jaurès, on le verra ainsi se précipiter auprès de sa dépouille

pour rendre hommage à son ennemi politique ; cette attitude contrastait heureusement avec celle d'un Maurras
et de l'Action française, qui développaient au même
moment un climat de haine et de guerre civile, recourant à la violence physique (avec les camelots du roi) et
lançant des appels au meurtre, climat détestable qui
pèsera lourd dans la suite de l'histoire politique de la
France.

D'un point de vue littéraire, Barrès présente tous les
traits de l'écrivain engagé ; encore qu'il faille faire le
départ, dans son œuvre, entre ce qui ressortit de façon
prédominante à l'écriture politique (ses *Scènes et Doctrines du nationalisme* par exemple, ou ses nombreux
articles de presse) et ce qui relève de la seule littérature
(*Le Culte du moi*, *Un jardin sur l'Oronte*, etc.). À l'in-
tersection de ces deux tendances se situe l'œuvre proprement engagée de Barrès, qui est considérable et
s'illustre surtout dans le roman à thèse. Ce genre constitue en effet la forme de référence de tout engagement
romanesque : après Barrès, tous les écrivains engagés
qui pratiqueront le roman, de Malraux, Drieu, Aragon,
Nizan à Sartre ou Camus, seront confrontés, d'une
manière ou d'une autre, au modèle du roman à thèse, tel
que Barrès a contribué à l'instituer ; fait significatif
d'ailleurs, le premier texte engagé de Sartre, *L'Enfance
d'un chef* (1939), est très clairement lisible comme la
subversion parodique du récit à thèse barrésien.

On a indiqué précédemment (voir p. 83-88) quelles
étaient les caractéristiques du roman à thèse : il s'agit
d'une forme de récit autoritaire, qui entend prouver et
imposer un sens qui soit le plus univoque possible ; la
vision du monde qui oriente le récit se doit d'être claire,
non ambiguë et explicite. Par ailleurs, cette thèse s'expose par la fiction réaliste et, dès lors, son autorité et sa
crédibilité ne reposent que sur la vraisemblance du récit
lui-même, c'est-à-dire sur la conformité référentielle de

l'histoire narrée. À la différence du texte utopique, qui
possède une liberté quasi illimitée de construire le réel à
sa guise, le roman à thèse se trouve donc étroitement
assujetti à cette nécessité de vraisemblance, qui circonscrit sa marge de manœuvre et constitue la marque
propre de cette entreprise littéraire.

Avec la trilogie du *Roman de l'Énergie nationale,*
Barrès illustre à merveille les pouvoirs et les limites qui
sont ceux du roman à thèse et nous suivrons ici l'analyse qu'en a proposée Susan Suleiman (1983 : 146-163).
Le premier volet du cycle, *Les Déracinés,* correspond
à un fonctionnement quasi idéal du genre : il met en
scène le destin (et la montée à Paris) de sept jeunes
Lorrains, qui ont tous subi l'influence démoralisante et
anémiante de l'enseignement de Bouteiller, chantre du
déracinement et du rationalisme abstrait ; sur cette base
commune, les trajectoires des protagonistes vont diver-
ger selon qu'ils se libéreront ou pas des doctrines
néfastes de leur maître, le roman proposant ainsi un univers de valeurs parfaitement dichotomique. Destins
« exemplaires négatifs », pour ceux qui resteront dans
la dépendance de Bouteiller et se perdront, le plus faible
d'entre eux, Racadot, allant jusqu'à commettre un
meurtre et à être guillotiné ; destins « exemplaires positifs » pour le petit nombre d'entre eux qui trouveront la
force et l'énergie de s'arracher aux idées malfaisantes
de leur pédagogue et retrouveront le sens de l'enracine-
ment par l'adhésion instinctive au sentiment national et
aux valeurs de la terre et des morts.

Ainsi décrite, la fiction à thèse remplit son office efficacement – même si une lecture plus fine révélerait sans
mal quelques failles majeures dans la construction
contraignante produite par Barrès. Mais les deux autres
volets du triptyque sont plus significatifs dans la mesure
où l'on voit cette fois le récit intégrer au premier plan
des événements de l'histoire politique récente : *L'Appel*

au soldat traite de l'aventure boulangiste et *Leurs figures* du scandale de Panama, deux épisodes auxquels Barrès a pris part avec le ferme espoir de voir la IIIᵉ République s'effondrer. Or, comme l'a bien noté Suleiman, ces deux campagnes antiparlementaires ont échoué et, pour Barrès, c'est le camp adverse qui l'a emporté. On mesure dès lors la difficulté à laquelle s'affronte le romancier à thèse : la *réalité historique*, à laquelle il est bien obligé de se soumettre pour conserver la vraisemblance du récit, *va à l'encontre de la thèse développée par l'auteur*. Il y a là une contradiction proprement irréductible, qui signale les limites du genre : Barrès a beau proposer quelques artifices fictionnels visant à prouver que le camp du Bien (*i.e.* de la droite nationaliste et antiparlementaire) aurait pu l'emporter et avait raison, il a beau suggérer que deux batailles perdues ne signifient pas une défaite finale et que l'avenir verra triompher le bon camp, l'Histoire, elle, lui donne tort. Et cela signale les impératifs contradictoires entre lesquels est écartelé tout romanesque engagé : soit prendre en charge l'histoire immédiate, parce qu'elle est la matière même de l'engagement, au risque pourtant de la voir donner tort à l'auteur ou de se développer, à tout le moins, en dehors de son contrôle (à la différence d'un récit purement fictionnel) ; soit pratiquer un type de récit autoritaire et contraignant, où s'exposent sans fard et sans ambiguïté les positions défendues par l'auteur, au risque de le voir se détacher du frémissement du temps présent. Cette difficulté presque insurmontable sera au cœur de l'expérience romanesque des écrivains engagés des années trente.

3. Péguy, l'irrégulier

On ne peut achever ce panorama de la littérature engagée au moment de l'affaire Dreyfus sans évoquer
Charles Péguy qui est sans doute la personnalité la plus
attachante et la plus irritante de cette période : attachante par sa générosité, sa pureté, sa fidélité à soi-
même et aux valeurs défendues pendant l'Affaire ; irritante par son intransigeance, son obstination confinant à
l'obsession, sa certitude d'avoir raison contre tous.

Né en 1873 dans une famille pauvre, Péguy est un
authentique « irrégulier » : il s'est constamment main-
tenu en dehors de toute affiliation idéologique figée et a
résisté à toutes les formes d'embrigadement partisan. Il
est d'ailleurs, politiquement, inclassable, ce qui explique
que son héritage a pu être revendiqué aussi bien par la
droite que par la gauche : socialiste et catholique, républicain et défenseur de la France éternelle, dreyfusard
de la première heure et belliciste va-t-en-guerre à la fin
de sa vie (il mourra au front à la veille de la bataille de
la Marne), Péguy était pétri de contradictions et tout son
effort a consisté à tenter de les dépasser en une synthèse
qui devait réconcilier tous les « visages de la France ».

Admis à l'École normale de la rue d'Ulm, Péguy a été
acquis à la cause dreyfusiste par l'entremise de Lucien
Herr. Il fut donc parmi les premiers à s'engager dans le
combat pour la révision du procès et il fut de ceux qui
convainquirent Jaurès d'y prendre part. Franc-tireur du
socialisme, il s'opposa d'abord à Jules Guesde, avant
de se brouiller violemment avec Jaurès. Parallèlement,
il quitta l'École normale pour ouvrir une librairie, dans
laquelle se rencontraient les éléments les plus actifs du
dreyfusisme. En 1900, il lança les *Cahiers de la quinzaine*, entreprise éditoriale qu'il porta seul et à bout de

bras jusqu'à sa mort, ce qui le condamna à vivre dans une très grande précarité matérielle.

L'œuvre littéraire de Péguy est double, à la fois poétique et polémique. Il a en effet été le chantre de Jeanne d'Arc, une Jeanne d'Arc à la fois populaire et catholique, républicaine et incarnant les valeurs de la France éternelle, démarche qui n'allait pas sans ambiguïté, puisque au même moment la droite la plus conservatrice l'érigeait en effigie des valeurs nationales : la publication, en 1910, du *Mystère de la charité de Jeanne d'Arc* sera ainsi perçue par la gauche comme un reniement, en même temps que la droite, et Barrès en particulier, y verra l'occasion inespérée de rallier Péguy à sa cause. Parallèlement à cette œuvre poétique abondante dans tous les sens du terme, Péguy était le rédacteur principal des *Cahiers de la quinzaine*, revue qu'il concevait comme l'organe et la mémoire du dreyfusisme originel : toute son œuvre en prose, qui est celle d'un extraordinaire pamphlétaire, y a paru, au rythme d'une actualité politique que Péguy suivait et commentait avec une attention et une vigilance extrêmes.

Parmi les nombreux textes qui furent publiés dans les *Cahiers*, et dont certains (*L'Argent*, *Notre patrie*, etc.) font partie des très rares textes d'idées et de combat à avoir acquis le statut de classiques, *Notre jeunesse* est peut-être le plus représentatif. Paru en 1910, en même temps que le *Mystère*, ce pamphlet est une réponse tant à la droite qu'à la gauche, une façon donc pour Péguy de refuser de se rallier à un camp et de jouer à nouveau ce rôle d'irrégulier et d'inclassable qu'il affectionnait. L'auteur y revient sur l'expérience fondatrice de l'Affaire et dénonce la « décomposition » du dreyfusisme (commencée en 1901-1902, avec l'adoption des lois Combes sur la séparation de l'Église et de l'État, contre lesquelles Péguy s'était violemment insurgé). Le propos de ce long pamphlet est de dénoncer ce qu'on appellerait aujourd'hui la « récupération politicienne » de l'Affaire et la dégradation de l'idéal dreyfusiste en un opportunisme politique, sans rapport avec les valeurs qui animaient les premiers dreyfusards, dont Péguy se fait le porte-parole. Pour rendre compte de cette évolution lamentable, Péguy induit une distinction entre « mystique » et « politique », soulignant que « Tout commence en mystique et finit en politique » (*Notre jeunesse*, p. 20) : la mystique correspond ici à l'élan profond et désintéressé par lequel s'instituent un certain nombre de valeurs, où une vision du monde trouve à s'exprimer dans toute la force et toute la pureté de l'idéal ; c'est, pour Péguy, une adhésion à la fois spontanée et réfléchie, un acte de foi dans lequel l'individu s'engage tout entier. La mystique cède le pas à la politique au moment où les valeurs qu'elle a engendrées perdent leur substance et se corrompent dans les calculs d'intérêt et les combinaisons issues du réalisme politique, où elles deviennent de simples affirmations formelles servant à la définition des partis et justifiant tous les opportunismes. Contre la décomposition politicienne, *Notre jeunesse* entend réaffirmer la primauté de la mystique : sans s'en rendre compte, Péguy est ainsi occupé à entériner l'opposition en train de s'établir entre intellectuels et politiques, dans la mesure où l'intervention intellectuelle s'effectue souvent contre la politique et au nom des valeurs de désintéressement et d'idéal qui caractérisent la mystique selon Péguy.

Dans cette perspective, tout le pamphlet est marqué par le refus obstiné d'entériner la division politique binaire qui est issue de l'Affaire. Pour l'auteur, le dreyfusisme originel procédait en effet d'une triple mystique : française, chrétienne et juive. Parce qu'elle était française, la mystique dreyfusiste subsumait l'opposition entre nationalistes et républicains ; parce qu'elle était chrétienne et juive, elle refusait tant l'anticlérica-

lisme des uns que l'antisémitisme des autres. On mesure
donc à quel point Péguy, au nom de ses propres contradictions ou de son propre syncrétisme idéologique, nie
l'évidence de l'opposition entre gauche et droite, telle
qu'elle structure désormais la vie politique. Dans ces
conditions, le but du pamphlet est de renverser la situation : les contradictions idéologiques de l'auteur ne
constituent pas une aberration eu égard à la situation
politique, mais c'est l'opposition gauche-droite qui
constitue une aberration au regard de l'évidence, qui est
que la seule conception juste et vraie de la politique est
celle de Péguy.

On mesure dès lors à quelle solitude et à quel isolement Péguy est voué en affirmant, seul contre tous, le
primat de sa propre vision du monde :

> Nous sommes extrêmement mal situés. Nous
> sommes en effet situés historiquement à un point
> critique, à un point de discernement, à ce point de
> discrimination. Nous sommes situés juste entre les
> générations qui ont la mystique républicaine et
> celles qui ne l'ont pas, entre celles qui l'ont encore
> et celles qui ne l'ont plus. Alors personne ne veut
> nous croire. Des deux côtés. *Neutri*, ni les uns ni
> les autres des deux. (…)
> Nous sommes entre les deux. Nul ne veut donc
> nous croire. Ni les uns ni les autres. Pour tous les
> deux nous avons tort. (*Notre jeunesse*, p. 11-12.)

Le texte, on le voit, thématise cet isolement. Il est en
cela tributaire d'un pathos pamphlétaire que nous avons
déjà décrit (voir p. 91-96) : le pamphlétaire sait qu'il
prêche seul dans le désert, qu'il n'y a personne pour le
croire. D'où aussi cette vision du monde crépusculaire
qui traverse le texte, cette certitude plusieurs fois affirmée d'être à un moment critique et d'assister, sans

espoir de rétablissement, à la décomposition inéluctable
de la mystique dreyfusiste et républicaine.

Cette vérité d'évidence que détient le pamphlétaire, il
sait pourtant qu'elle est rigoureusement incommunicable, parce que la dégradation est à ce point avancée
que lui et les autres ne parlent plus le même langage.
Chez Péguy, cet affrontement à des mots dont le sens a
été détourné et trahi est particulièrement sensible dans
l'écriture du pamphlet :

> Vous nous parlez de la dégradation républicaine,
> c'est-à-dire, proprement, de la dégradation de la
> mystique républicaine en politique républicaine.
> N'y a-t-il pas eu, n'y a-t-il pas d'autres dégrada-
> tions ? Tout commence en mystique et finit en poli-
> tique. Tout commence par *la* mystique, par une
> mystique, par sa (propre) mystique et tout finit par
> *de la* politique. La question, importante, n'est pas, il
> est important, il est intéressant que, mais l'intérêt,
> la question n'est pas que telle politique l'emporte
> sur telle ou telle autre et de savoir qui l'emportera
> de toutes les politiques. L'intérêt, la question, l'es-
> sentiel est que *dans chaque ordre, dans chaque sys-*
> *tème* LA MYSTIQUE NE SOIT POINT DÉVORÉE PAR LA
> POLITIQUE À LAQUELLE ELLE A DONNÉ NAISSANCE.
> L'essentiel n'est pas, l'intérêt n'est pas, la ques-
> tion n'est pas que telle ou telle politique triomphe,
> mais que dans chaque ordre, dans chaque sys-
> tème, chaque mystique, cette mystique ne soit
> point dévorée par la politique issue d'elle. (*Notre*
> *jeunesse*, p. 20.)

Toute l'écriture pamphlétaire de Péguy repose ainsi
sur une forme de circularité répétitive et énumérative
qui en constitue la marque singulière. Pensée obstinée
et obsessionnelle bien sûr, mais aussi affrontement

direct au langage : pas de beau style ici, mais une écriture qui se démultiplie et s'accroît, brassant constamment les mêmes termes et les mêmes expressions dans une sorte de désir compulsif de fixer leur sens par la répétition et l'énumération des quasi-synonymes. Chaque pamphlet de Péguy réinvente de la sorte le langage qu'il parle, fixe à neuf la signification des mots qu'il utilise, fonctionnant en circuit fermé selon sa propre logique du sens, telle que cette écriture sans pareille l'institue.

On conçoit dès lors que l'attelage de la poésie et du pamphlet chez Péguy ne soit pas aussi incongru qu'on puisse le penser à première vue : dans l'un et l'autre cas, c'est la même lutte sourde et obstinée avec le langage qu'on retrouve, la même volonté d'en faire le tour pour s'en rendre maître. Aussi, l'engagement de Péguy est-il éminemment littéraire, au sens moderne du terme, puisqu'il est toujours, en dernière instance, affaire d'écriture et de langage. Et, à ce titre, il sera toujours ambigu : porter sa révolte sur le langage lui-même, n'est-ce pas la forme d'engagement la plus respectueuse des exigences de la littérature, mais aussi la plus impuissante dans l'ordre du politique ?

CHAPITRE XII

Le laboratoire
de l'entre-deux-guerres

En France, les années vingt et trente voient le retour massif des préoccupations politiques en littérature. L'ensemble du personnel littéraire, à des degrés et dans des sens certes très divers, semble alors « convoqué » par le débat social et politique : beaucoup d'écrivains sortent de leur réserve pour prendre position, et les plus lucides s'interrogent sur les moyens de concilier leur pratique littéraire avec des engagements idéologiques qu'ils n'hésitent plus désormais à afficher et à revendiquer. De la sorte, l'entre-deux-guerres correspond à une période d'intense confrontation entre le littéraire et le politique et constitue de ce fait une manière de laboratoire dans lequel ont été expérimentées diverses formes d'engagement littéraire.

Les raisons pour lesquelles le monde littéraire, à l'instar d'ailleurs de l'ensemble de l'opinion, subit ainsi l'attraction du politique sont aisément identifiables. Il y a d'abord le désastre de la Grande Guerre, dont le pays sort vainqueur, mais exténué et traumatisé : personne n'avait imaginé l'horreur et la durée de ce conflit, dont le coût humain et moral apparaît exorbitant ; la conscience européenne se déchire face à cette première guerre « moderne » (c'est-à-dire industrielle et capitaliste) : on comprend qu'elle est la face sombre d'un modèle de société dont la violence fondamentale était jusque-là euphémisée. Par ailleurs, la paix négociée avec l'Allemagne s'avère très vite extrêmement fragile : l'énormité des dommages de guerre imposés au vaincu, le désarmement du pays et l'occupation de la Ruhr sont autant d'humiliations qui obèrent les chances d'une paix durable.

En contrepoint de cet avenir incertain, se lève cependant une « lueur à l'Est » : la révolution d'Octobre 1917 ébranle les esprits et suscite chez certains un nouvel espoir ; le communisme s'impose soudain comme un nouveau possible politique et il semble qu'enfin une grande utopie politique soit en voie de se réaliser. La foi révolutionnaire, qui depuis 1789 restait très vive en France, trouve dans le régime des Soviets un nouveau modèle dans lequel s'investir, ce qui explique le nombre d'écrivains et d'intellectuels qui céderont à ce « tropisme » de la révolution russe, tropisme d'autant plus fort qu'il fut très tôt soutenu par une propagande efficace, organisée par les instances soviétiques et relayée par les communistes français (qu'on pense simplement au rituel du voyage en URSS, auquel tant d'intellectuels philo-communistes ont sacrifié dès le début des années trente).

Enfin, la prise du pouvoir en Italie par Mussolini dès 1922 et la montée en puissance du nazisme à partir de 1930 marquent l'émergence d'un nouveau pôle d'attraction politique ; la plupart des acteurs de la vie publique et intellectuelle auront ainsi à se situer par rapport au fascisme, d'autant que l'arrivée au pouvoir de Hitler en 1933 signifie aussi la résurgence d'une Allemagne militairement menaçante. La tentation du fascisme en France fut réelle, et s'explique par la capacité prêtée à cette idéologie de dépasser la traditionnelle alternative gauche-droite : le fascisme serait simultanément social et national, révolutionnaire et conservateur, donc ni de droite ni de gauche (sur ce point, on se reportera aux analyses contestées mais essentielles de Zeev

Sternhell, 1983). Autre paramètre expliquant certaine fascination pour l'idéologie fasciste, l'image de jeunesse, de force virile, de discipline martiale et de fanatisation des masses qu'elle véhicule à travers ses grandes manifestations de foules.

Au début des années trente, la démocratie parlementaire se trouve donc prise en étau entre deux totalitarismes en phase ascendante. Face à eux, son pouvoir de séduction auprès des intellectuels et de l'opinion paraît bien faible : non seulement, elle porte dans les esprits la responsabilité de la boucherie de 14-18 et bientôt celle de la crise économique de 1929, mais elle apparaît en outre comme un régime vieillissant, pratiquant une politique du juste milieu, sans ambition et ouverte à tous les compromis, voire à toutes les compromissions ; accaparée par les notables, elle ne parvient pas à susciter ces vastes et puissantes adhésions populaires dont l'Italie fasciste, l'Allemagne nazie ou la Russie soviétique présentent l'image fascinante. L'irruption des totalitarismes a dès lors provoqué une reconfiguration considérable de la vie politique française : les deux extrêmes aimantant désormais le débat idéologique et c'est par rapport à eux qu'il convient de se situer ; malgré des tentatives pour sortir de l'alternative gauche-droite (lesquelles se solderont en bien des cas, on l'a dit, par des ralliements au fascisme), cette opposition reste active, mais se dote de nouveaux contenus : la droite se rassemble sous la bannière de l'anticommunisme, la gauche sous celle de l'antifascisme. Reste que cette apparente lisibilité d'un débat politique binaire ne doit pas faire illusion et que la période est celle de toutes les équivoques idéologiques : le traumatisme de la Grande Guerre et la peur panique devant la probabilité d'un nouvel affrontement suscitent des revirements ou des aveuglements qui nous paraissent aujourd'hui injustifiables ou incompréhensibles. Un exemple particulièrement frappant de ces ambiguïtés idéologiques est la façon dont les premiers romans de Céline (*Voyage au bout de la nuit* et *Mort à crédit*) ont été reçus : révolutionnant l'écriture romanesque de l'époque et habité par une indignation authentique devant les horreurs du premier conflit mondial, Céline a été salué tant par la droite que par la gauche (Elsa Triolet et Aragon traduisant même le roman en russe), qui trouvaient chacune dans son œuvre de quoi alimenter leur propre discours. Mais cette équivoque idéologique, que lèveront les pamphlets antisémites de l'auteur, se manifeste à un autre niveau : *Voyage au bout de la nuit* relève-t-il de l'engagement littéraire ? L'auteur n'a cessé de revendiquer le « style contre les idées », de souligner que son entreprise était avant tout de l'ordre d'un travail esthétique, et qu'il n'entendait pas « faire de la politique » avec la littérature. Cependant il ne contredira pas toujours ceux qui donnaient un sens politique à son œuvre et il ne résistera pas à toutes les sollicitations, y compris bien sûr à celle du pamphlet. Et là encore, l'équivoque est entretenue, puisqu'on a pu lire récemment des critiques qui avançaient l'hypothèse selon laquelle *Bagatelles pour un massacre* devait se lire comme partie intégrante de la recherche stylistique entreprise par Céline, plutôt que comme un texte – seulement (!) – antisémite.

Ce contexte politique et idéologique très tendu rejaillit évidemment sur les écrivains et sur leur travail – l'exemple de Céline et de sa réception manifestant tout à la fois l'omniprésence de ce contexte et les ambiguïtés multiples qu'il génère. Le milieu littéraire est en effet traversé par les mêmes lignes de fracture, les mêmes attirances et les mêmes ambiguïtés que la société française dans son ensemble. De plus, le monde littéraire doit également apurer quelques dettes contractées pendant la guerre : beaucoup d'écrivains se sont fait les chantres de l'Union sacrée et ont contribué à un « bourrage de crâne » dont la littérature doit en quelque manière se racheter ; les invectives sacrilèges des surréalistes à l'égard de Barrès ou de France s'inscrivent dans ce contexte, tout comme l'aura entourant Romain Rolland, qui, dès 1915, résistait à l'embrigadement des esprits en publiant *Au-dessus de la mêlée*.

Il n'en reste pas moins qu'il serait simpliste et réducteur de s'imaginer que l'engagement, pour les écrivains, consiste simplement à afficher telle ou telle position politique : en effet, à la logique commune qui régit les choix idéologiques individuels se superpose ici une logique spécifiquement littéraire, qui complexifie singulièrement les termes du débat. Pour le dire autrement, la question qui est au cœur de l'engagement n'est pas seulement politique, mais aussi et surtout littéraire, puisqu'il s'agit de déterminer dans quelle mesure et comment les impératifs de la littérature peuvent se concilier avec ceux de l'action politique.

La question est d'autant plus importante qu'au cours des années vingt le modèle intellectuel instauré durant l'affaire Dreyfus se modifie et qu'apparaissent de nouvelles attitudes : l'engagement idéaliste pour la défense de valeurs universelles est désormais concurrencé par l'engagement « partisan » ou « utile », en vertu duquel l'intellectuel accepte, par souci d'efficacité, de mettre son prestige au service d'une formation politique (le plus souvent le PCF ou l'Action française). Cette nouvelle forme d'engagement, par laquelle l'intellectuel renonce à une part de son indépendance pour se lancer dans une action politique collective et organisée, sera violemment contestée par ceux qui avaient vécu l'Affaire : dès 1921-1922, Romain Rolland, chantre de « l'indépendance de l'esprit », et Henri Barbusse, premier écrivain français rallié au PCF, s'opposent sur ce thème, avant que Julien Benda, dans *La Trahison des clercs* (1927), ne s'en prenne de façon plus violente encore à cette dérive qui conduit, selon lui, les intellectuels à abandonner les valeurs spirituelles d'idéal et de désintéressement au profit d'interventions temporelles partisanes. Cette nouvelle donne de la vie intellectuelle se répercute aussi en littérature, puisqu'il s'agit ici encore de déterminer comment l'écrivain peut et doit s'engager, et s'il mettra son prestige et sa plume au service d'un parti ou s'il continuera à incarner « l'indépendance de l'esprit ».

Aussi, pour décrire les multiples formes qu'a pu prendre la littérature engagée durant l'entre-deux-guerres, faut-il avant tout tenir compte de la configuration du champ littéraire. De ce point de vue, la littérature dans les années vingt et trente s'organise autour de deux pôles majeurs, qui incarnent l'un et l'autre une certaine conception de ce que doivent être les rapports entre politique et littérature : il s'agit de l'avant-garde surréaliste d'abord ; de la mouvance *NRF* d'André Gide ensuite.

1. Surréalisme et révolutionnarité

L'une des conséquences culturelles les plus visibles de la crise morale et intellectuelle provoquée par le désastre de la Première Guerre est l'apparition de ce qu'il est convenu d'appeler les avant-gardes. Phénomène européen, l'après-guerre voit le déferlement d'une série de petits groupes d'artistes et d'écrivains dont le point commun est une révolte violente contre le modèle de société qui a rendu possible la boucherie de 14-18 : leur volonté est de faire table rase du passé et d'opérer une rupture radicale avec l'art et la littérature qui les précèdent ; il s'agit pour eux de subvertir les modèles institués, de provoquer le scandale en inventant des formes d'expression qui heurtent de front les habitudes culturelles et intellectuelles. En France, le rôle d'avant-garde a été monopolisé, à partir de 1924 (et après l'intermède Dada auquel il s'était associé), par le groupe surréaliste emmené par Breton et Aragon : il s'agit là d'une avant-garde d'une longévité exceptionnelle, puisqu'elle s'est maintenue active pendant tout l'entre-deux-guerres et qu'elle a constitué l'un des pôles structurants de la vie littéraire française pendant cette période.

Ce n'est pas le lieu ici de rappeler en détail le programme esthétique du surréalisme. Il convient surtout d'indiquer que, telles qu'exposées dans le *Manifeste du surréalisme* (1924), les positions du groupe relevaient avant tout d'une logique contre-institutionnelle et anti-littéraire ; si ce n'est par son attitude de révolte radicale, le surréalisme, dans sa première phase, ne s'ouvrait donc pas à la dimension politique. C'est dans un second temps seulement que le mouvement a pris fait et cause pour la révolution et qu'il s'est rapproché des communistes, au nom d'un principe déjà évoqué dans la première partie (voir p. 23-25) : l'homologie de structure qui conjoint la position de rupture esthétique de l'artiste d'avant-garde avec celle du révolutionnaire en politique. En d'autres termes, pour Breton et consorts, surréalistes et communistes, dans leurs sphères d'activité respectives, poursuivent des objectifs analogues et sont donc solidaires. Le *Second Manifeste du surréalisme*, publié par la *Révolution surréaliste* en 1929, tout entier consacré à la question politique, énoncera ce principe en ces termes : « "Transformer le monde", a dit Marx, "changer la vie", a dit Rimbaud : ces deux mots d'ordre pour nous n'en font qu'un. » (André Breton, *Discours pour la défense de la culture*, 1935 ; reproduit dans Nadeau, 1970 : 422.) Placer dans un rapport d'équivalence structurale Rimbaud et Marx, la poésie et la révolution, ainsi peut être définie ce qu'on appellera la *révolutionnarité* des avant-gardes.

Cette révolutionnarité, chez les surréalistes, poursuit deux objectifs : tout en reconnaissant le rôle directeur du parti communiste dans le processus révolutionnaire, les membres du groupe entendent d'abord se rallier au mouvement sans perdre leur autonomie et leur indépendance en matière littéraire et artistique ; et faisant cela, il s'agit ensuite pour eux d'obtenir de la part des communistes une espèce de délégation autorisant le surréalisme à incarner la révolution dans le champ littéraire. Pour le parti communiste, qui a une vue totalisante et unitaire du processus révolutionnaire, cette double revendication des surréalistes était impossible à satisfaire : la littérature était pour lui un moyen d'action parmi d'autres, et il n'était pas concevable de déléguer cette responsabilité à d'autres acteurs, en leur abandonnant tout droit de regard et de contrôle sur les affaires littéraires. Il en résulte que les rapports entre surréalistes et communistes, d'un bout à l'autre de leur histoire commune, seront tendus et frappés du sceau de l'incompréhension : Breton et les siens refuseront obstinément de se soumettre aux directives littéraires du Parti et les communistes ne croiront jamais à la sincérité révolutionnaire de ceux qu'ils considéraient comme de jeunes bourgeois dilettantes.

Un épisode de cette histoire mouvementée caractérise bien l'impasse à laquelle conduit la révolutionnarité surréaliste : l'affaire *Front rouge*. En 1930, Aragon, accompagné de Georges Sadoul, s'était rendu au congrès de Kharkov, où il avait dû accepter de revenir sur les positions d'indépendance littéraire qu'exposait le *Second Manifeste*. Dans l'euphorie du congrès, il avait également rédigé un virulent poème de propagande à la gloire du Guépéou (la police politique du régime soviétique), incitant à l'insoumission révolu-

tionnaire et intitulé *Front rouge*. Le texte avait ensuite
été publié en France et Aragon fut poursuivi, en janvier 1932, pour incitation à la désobéissance et provo-
cation au meurtre. Breton prit alors sa défense dans le
pamphlet *Misère de la poésie* : tout en affirmant son peu
de goût pour le texte, il y défend la liberté d'expression
du poète et revendique pour la poésie une différence qui
interdit qu'on la juge selon les normes de la justice
civile. Aragon n'accepta pas la défense de Breton, rom-
pit avec lui et avec le surréalisme pour rejoindre le parti
communiste, dont il sera l'écrivain officiel pendant plusieurs dizaines d'années.

On voit ici à quelles conséquences mène une conception trop exclusive de l'autonomie de la littérature : un
poème militant, poursuivi pour sa portée subversive, se
trouve finalement défendu non pas pour les idées qu'il
véhicule, mais au seul nom de la poésie et au motif
que celle-ci ne relève pas de la juridiction de la société
générale. La visée et l'efficacité politiques de l'œuvre
s'en trouvent annulées et le poète renvoyé à l'innocuité
impuissante de sa pratique. La révolutionnarité de
l'avant-garde aboutit ainsi à un cul-de-sac. Breton et
quelques fidèles se rapprocheront de Trotski, dont la
situation d'opposant à Staline leur permettait d'affirmer
leur révolutionnarité sans s'inféoder au PCF. Par ailleurs
se produit un important essaimage de la nébuleuse surréaliste : en Belgique par exemple, Paul Nougé revendique une distinction nette entre l'engagement personnel de l'écrivain et sa démarche esthétique (laquelle se
veut d'une radicalité exemplaire, mais dépourvue d'une
portée politique immédiate).

Il est significatif que le surréalisme se soit divisé
sur un problème politique : l'incapacité de Breton à se
faire reconnaître comme interlocuteur par le PCF et
l'absence du surréalisme dans l'Association des écrivains et artistes révolutionnaires (AEAR) créée par

Vaillant-Couturier marquent l'échec de la cor
avant-gardiste de l'engagement littéraire. Il ne f
pas s'étonner que la littérature engagée se soit ensuit
définie contre la révolutionnarité des avant-gardes, dont
Sartre stigmatisait l'attitude en soulignant que, pour les
surréalistes, « l'écrivain a pour premier devoir de provoquer le scandale et pour droit imprescriptible d'échapper à ses conséquences » (Sartre, 1948a : 140).

2. André Gide et la tentation de l'engagement

À l'autre pôle du champ littéraire se trouve *La Nouvelle Revue française* fondée par André Gide (voir
Anglès, 1979). Étroitement associée à l'éditeur Gallimard, dont le catalogue sera bientôt le plus prestigieux
de la littérature française, la *NRF* est en quelque sorte
le moniteur de la grande littérature française, puisqu'elle publie les auteurs les plus en vue du moment et
qu'elle constitue l'une des principales instances de
consécration pour les jeunes écrivains qui débutent. Plus
que d'un groupe ou d'une école, il convient à propos de
la *NRF* de parler de « mouvance », tant sa ligne esthétique est de nature à accueillir des types de littérature
relativement différents. En gros, la revue que chapeaute
Gide et que dirigent Jacques Rivière puis Jean Paulhan
est un lieu de compromis : compromis esthétique
d'abord, puisque le label *NRF* repose essentiellement
sur un subtil dosage de distinctions (néo)classiques et
d'audaces modernistes ; compromis idéologique également puisque la revue regroupe des collaborateurs de
sensibilités politiques extrêmement diverses (on y
retrouve tout le spectre politique français) et qu'elle
tend à neutraliser ces divergences idéologiques par une
politique de défense de la littérature avant tout. C'est

dire que la *NRF* n'est pas un lieu d'engagement littéraire, même si, de façon ponctuelle, elle ouvrira ses
colonnes à certaines interventions de type politique,
mais en refusant toujours d'adopter un point de vue
partisan.

On pourrait se demander pourquoi un organe littéraire
aussi influent a constitué dans l'entre-deux-guerres une
manière de dernier bastion de la « littérature pure ». À
cela, il faut répondre que la position d'abstention politique de la revue était la condition de sa prétention à
représenter l'ensemble et le meilleur de la littérature
française et cette position d'ensemble n'excluait nullement, par compensation, les engagements individuels
de ses collaborateurs. De ce point de vue, le cas de Gide
est sans doute le plus intéressant.

Écrivain le plus prestigieux de sa génération, Gide fut
aussi, dans l'entre-deux-guerres, un véritable maître à
penser, au point qu'il paraît aujourd'hui impossible de
faire une histoire des intellectuels sans lui accorder une
place prépondérante (voir Winock, 1999 : 187-484). Si
l'influence de Gide est en effet incontestable, il faut
néanmoins rappeler qu'elle tient beaucoup moins à son
statut d'intellectuel politiquement engagé qu'à celui de
moraliste : l'hédonisme des *Nourritures terrestres* (1897),
l'ambiguïté savamment entretenue de *L'Immoraliste*
(1902), la courageuse et inédite défense de l'homo-
sexualité contenue dans *Corydon* (1924) représentaient
un appel d'air bienvenu dans l'atmosphère confinée de
l'après-guerre et ont valu à Gide une réputation sulfu-
reuse de non-conformisme et de liberté d'esprit propre
à séduire de nombreux lecteurs.

Il est vrai également qu'avec *Voyage au Congo*, journal du périple qu'il a fait en Afrique en 1925-1926, Gide
a été l'un des premiers à dénoncer les dérives de la colo-
nisation et les exactions commises à l'encontre des indi-
gènes et ce, en un temps où il était de bon ton de vanter

l'œuvre civilisatrice de l'Occident en Afrique. Ici encore, il est hors de question de mettre en doute ni la lucidité de Gide ni la portée qui fut celle de ce texte. Il faut cependant souligner que *Voyage au Congo* s'inscrit bien plus dans le modèle classique d'une intervention intellectuelle située et limitée que dans la perspective d'un engagement littéraire permanent ou durable : ce livre est une réaction généreuse et forte exprimant l'indignation de son auteur face à une situation qu'il a rencontrée ; mais il reste un à-côté de la production de Gide, qui ne s'identifiera jamais, en tant qu'écrivain, à la cause qu'il a ponctuellement et brillamment défendue.

La seule véritable tentation de l'engagement chez Gide date du milieu des année trente. Dès le début de la décennie, il a fait connaître son intérêt et sa sympathie pour la révolution soviétique : cette adhésion relative repose moins sur une analyse proprement politique que sur le tempérament gidien lui-même, caractérisé par une certaine mobilité de vues, une réelle curiosité et une grande capacité d'enthousiasme. Il semble ainsi que ce grand bourgeois rentier, élevé dans le purisme esthétique du symbolisme, se soit découvert dans les années trente un besoin de radicalité politique, qui aurait été comme le pendant des positions qu'il avait adoptées en matière de morale sexuelle ou sociale. Quelles que soient cependant les raisons qui motivèrent le rapprochement de l'auteur avec les communistes, ceux-ci ne manquèrent pas d'exploiter la caution symbolique que leur apportait l'un des écrivains majeurs de l'époque : occupés alors à promouvoir un vaste rassemblement des écrivains et intellectuels autour du Parti, les communistes firent de Gide l'emblème de cette nouvelle politique. Celui-ci se prêta assez complaisamment au jeu, acceptant de participer à de nombreuses rencontres, adhérant en 1933 au Comité Amsterdam-Pleyel, refu-

sant cependant, la même année et par volonté d'indépendance, d'être membre de l'AEAR que chapeautaient
les communistes.

C'est en 1935 que Gide aura sans doute cédé le plus
nettement à la tentation de l'engagement littéraire : non
seulement il accepte de présider le grand Congrès international des écrivains pour la défense de la culture qui
se tenait à Paris, mais surtout il publie, dans le prolongement des *Nourritures terrestres*, les *Nouvelles Nourritures*, texte dans lequel l'auteur ne s'adresse plus à
Nathanaël, mais à un « camarade » ; on mesure ainsi
combien le tropisme révolutionnaire s'exerce alors
puissamment sur Gide et le conduit, pour la première
fois dans son parcours, à mettre son œuvre littéraire (il
s'agit de poèmes et de prose poétique) au diapason de
ses enthousiasmes politiques. Cette implication renforcée dans la cause révolutionnaire se prolonge très logi-
quement l'année suivante par un voyage en URSS, fait
en compagnie d'Eugène Dabit et de Louis Guilloux ;
bien que triomphalement accueilli par les Soviétiques,
Gide sort très critique de son périple : il a perçu avec
acuité et lucidité les dérives déjà patentes du totalitarisme stalinien. Il confie ses réticences dans *Retour de
l'URSS*, qu'il complète de *Retouches* l'année suivante :
les propos de Gide font un tollé parmi les communistes,
qui l'accusent de trahison. L'événement marque surtout
la rupture – exceptionnelle de clairvoyance – de Gide
avec l'engagement politique. Tout se passe ici comme
si, en quelques années seulement, Gide avait fait le tour
du problème et en avait tiré ses propres conclusions :
retour à la littérature (et à elle seule). Peu après (en
1938), sur la question d'une littérature au service des
luttes politiques, Paulhan publie un article dont le titre,
définitif, dit clairement la position de la *NRF* : « Il ne
faut pas compter sur nous. »

La trajectoire de Gide est emblématique, parce qu'elle

montre combien, pour les écrivains consacrés de cette
génération, l'engagement a été une tentation impossible,
qui les obligeait à faire le grand écart entre une conception puriste de la pratique littéraire et un désir d'implication dans la vie politique auquel ils n'étaient pas
préparés. De ce fait, l'espace propre de la littérature
engagée dans l'entre-deux-guerres, s'il peut se définir
vraiment, se situe entre le surréalisme et la grande littérature bourgeoise et distinguée de la *NRF,* entre la révolutionnarité des avant-gardes et la tentation politique
velléitaire de Gide et consorts.

3. Les contraintes de la littérature militante

L'engagement, pour beaucoup d'écrivains de l'entre-
deux-guerres, ne peut se concevoir que dans le sillage
d'Octobre 1917. Ce tropisme révolutionnaire donne au
parti communiste et aux dirigeants soviétiques un rôle
inédit dans le débat littéraire : pour la première fois
depuis longtemps, une instance politique, de surcroît
extérieure à l'espace français, se trouve dotée de fait
d'un droit de regard sur la vie littéraire, puisque, comme
on l'a vu avec les surréalistes, les écrivains qui entendent s'inscrire dans le mouvement révolutionnaire sont
amenés à rechercher auprès des communistes une forme
de caution validant leur engagement. Cette situation met
évidemment en cause l'autonomie du champ littéraire,
qui se trouve soumis à des injonctions extérieures,
injonctions d'autant plus fortes que l'autoritarisme et
le dogmatisme du PC le prédisposent à élaborer une
véritable doctrine littéraire doublant les grandes orien-
tations de la politique soviétique : de Moscou parviennent aux écrivains communistes français des directives
leur indiquant la voie à suivre en littérature (pour une

vue détaillée de la politique littéraire du PC dans ses rapports à la France, se reporter à Morel, 1985).

Cet interventionnisme littéraire se marque bien dans les hésitations des instances soviétiques à reconnaître ceux que Trotski avait appelés les « compagnons de route », c'est-à-dire des écrivains non communistes, mais acquis à la cause révolutionnaire et désirant « coopérer » avec le PC. Celui-ci était en effet tenté de n'accepter qu'une littérature de parti, conforme à ses vues et aisément contrôlable ; mais il avait par ailleurs besoin du prestige que lui conféraient les ralliements spectaculaires d'écrivains célèbres même si, comme le montre le cas de Gide, il ne pouvait attendre d'eux une discipline aussi stricte que celle demandée à ses militants. Dans les faits, l'attitude littéraire des communistes variera en fonction des grandes inflexions stratégiques de la politique stalinienne : une relative fermeture aussi longtemps que s'appliquera la politique de « classe contre classe » interdisant au PCF toute alliance avec d'autres forces politiques de gauche ; une large conciliation dès le moment où le Parti développera la stratégie de « front commun contre le fascisme » (à partir de 1932).

L'entre-deux-guerres est de ce point de vue un moment d'intenses débats. Les revues communistes ou communisantes se multiplient : à côté de *L'Humanité*, devenue en 1921 organe officiel du PCF, on trouve *Clarté* (créée par Barbusse en 1921, pacifiste et marxisante), *Monde* (créé par le même en 1928, communiste mais pratiquant une politique d'ouverture), *Commune* (1933, organe de l'AEAR animée par Aragon et Nizan) et *Ce soir* (1937, quotidien communiste dirigé par les mêmes). Les rencontres internationales d'écrivains communistes et philo-communistes se développent également : du congrès de Kharkov en 1930 au Congrès international pour la défense de la culture en 1935, ces réunions favorisent les échanges (Barbusse, Aragon, Gide, Malraux y croisent Ehrenbourg, Babel, Pilniak et y discutent des œuvres de Dos Passos ou Döblin…). Mais elles sont aussi le lieu d'âpres débats littéraires et politiques, où s'affrontent des points de vue parfois inconciliables : comme l'a montré Morel (1985), la question centrale y est celle de la compatibilité entre modernité littéraire et révolution politique ; pour beaucoup d'écrivains philo-communistes, proches en cela de la position des surréalistes, il y a une manière d'analogie entre la novation esthétique et la révolution politique ; pour les communistes au contraire, la modernité reste une conception élitiste de la culture, par laquelle les écrivains et les intellectuels se coupent des masses. Et il faut constater que la politique littéraire de Staline privilégiera en effet des esthétiques souvent conservatrices, voire régressives, et qu'elle marginalisera, voire éradiquera, les recherches littéraires les plus novatrices en URSS.

En France, le premier écrivain d'envergure à rejoindre le PCF est Henri Barbusse : il doit sa notoriété à un roman, *Le Feu* (1916), qui a inauguré la veine importante de la littérature sur la Grande Guerre (voir Rieuneau, 1974), littérature dénonçant l'horreur des combats et montrant la fraternité des tranchées. Proche d'abord de Romain Rolland et de son pacifisme, il choisit ensuite l'engagement « utile » et adhère en 1923 au PCF (dont il sera l'écrivain phare jusqu'à sa mort en 1935). Souvent attaqué par les communistes « durs » pour son œcuménisme, il lancera néanmoins dans la revue *Monde* un grand débat sur la littérature prolétarienne, à travers lequel les écrivains français pourront mesurer toute la rigueur des directives littéraires soviétiques.

Au sens large, et telle que la conçoivent des écrivains non communistes comme Poulaille, la littérature prolétarienne est une littérature pratiquée par des autodidactes, ouvriers, paysans pauvres, artisans, qui revendi-

quent le droit d'exprimer par la littérature ce que sont
leurs conditions d'existence ; c'est donc une littérature
de témoignage, plus préoccupée de la « valeur humaine »
que de la distinction littéraire, même si cette production
possède une certaine singularité d'écriture (voir Aron,
1995). Pour les communistes, alors dans la phase de fermeture dogmatique représentée par la politique de
classe contre classe, la littérature prolétarienne doit être
en phase avec l'orthodoxie marxiste : il faut qu'elle soit
pratiquée par des *rabcors,* des correspondants ouvriers
formés idéologiquement, qui recueillent témoignages et
enquêtes sur la condition des prolétaires et présentent
ce matériel sous une forme politiquement idoine.

En ce qui concerne les écrivains « bourgeois » ralliés
au communisme, il était question de leur prescrire une
« rééducation politique » sous la houlette des *rabcors.*
En d'autres termes, les écrivains étaient sommés de se
soumettre aux directives du Parti jusques et y compris
dans leur pratique de la littérature. La prétention des
Soviétiques à diriger ainsi la production littéraire peut
aujourd'hui faire sourire, mais, pour caricatural qu'il
soit, le phénomène marque bien le dilemme que rencontre l'écrivain communisant : son adhésion à la cause
révolutionnaire semble impliquer qu'il renonce à son
indépendance et qu'il accepte même de sacrifier la littérature, telle qu'il la conçoit, sur l'autel de la révolution. Pour ces raisons, le débat sur la littérature prolétarienne provoquera en France une crise considérable au
sein du champ littéraire (voir Péru, 1991), dont toutes
les composantes seront alertées par l'importance de
l'enjeu : des surréalistes à Gide, tout le monde aura à se
prononcer sur la littérature prolétarienne et chacun
devra mesurer jusqu'où il souhaite aller dans son adhésion à la cause révolutionnaire.

Les principales victimes de cette crise seront les surréalistes, exclus de l'AEAR, et les prolétariens de Pou-

laille, laminés par la machine communiste et récupérés par l'école populiste de Thérive et Lemonnier. Paradoxalement, la solution viendra de Moscou qui résoudra la crise en changeant sa politique : en même temps qu'ils organisent un vaste rassemblement des écrivains philocommunistes sous la bannière de l'antifascisme, les communistes, en la personne de Jdanov, prescrivent désormais l'adoption du « réalisme socialiste », qui restera l'esthétique officielle du stalinisme. On a beaucoup glosé ce que Barthes a appelé « l'indigence imperturbable » du roman soviétique (voir Mathewson, 1975, et, surtout, Robin, 1986) : la volonté de mettre en scène un « héros positif » et exemplaire, l'univocité de ce romanesque à vocation didactique, son dogmatisme idéologique, tous ces éléments laissent penser que le réalisme socialiste était à tout le moins une « esthétique impossible », selon l'expression de Régine Robin, c'est-à-dire dépourvue d'une réelle littérarité.

Il n'en reste pas moins qu'en France ce fut avant tout une esthétique de réconciliation entre communisme et littérature, laquelle se traduira par un retour aux formes classiques du grand réalisme romanesque, brillamment illustré par Aragon et Nizan : le premier inaugure cette veine par les quatre volets du cycle du *Monde réel* (1933-1944), le second par une trilogie composée de *Antoine Bloyé,* du *Cheval de Troie* et de *La Conspiration* (1933-1938) ; dans les deux cas, nous avons affaire à des romans à thèse qui, à travers la trajectoire exemplaire d'un ou de plusieurs personnages, désignent la révolution comme le sens ultime de l'histoire individuelle et collective et le communisme comme l'horizon idéologique de ce combat nécessaire et juste (pour une analyse précise sur ce point, voir : Suleiman, 1953 : 126-146).

Néanmoins, ces œuvres dépassent très largement le cadre de la littérature de propagande politique. Chez

Nizan, le roman à thèse se double en effet d'un caractère autobiographique, qui donne sa profondeur et sa virulence au récit : normalien issu d'un milieu modeste, Nizan assume ce déclassement par le haut avec un sentiment de trahison vis-à-vis de sa classe d'origine, et ce malaise transparaît fortement dans ses romans ; de plus, l'auteur met en scène les hésitations et le désabusement d'une jeune génération qui se sent sacrifiée parce qu'elle ne trouve pas sa place dans le monde en décomposition de l'entre-deux-guerres. En cela, Nizan, très critique également à l'égard de l'Université française, incarne aussi les charmes et l'intransigeance d'une révolte juvénile dont la première phrase d'*Aden Arabie* (1932) est devenue l'emblème : « J'avais vingt ans et je ne laisserai personne dire que c'est le plus bel âge de la vie. » Rayé de l'histoire officielle du PCF parce qu'il avait quitté le Parti lors de la signature du Pacte germano-soviétique, Nizan sera redécouvert après Mai 68.

Dans le cas d'Aragon, la séduction opère à travers la peinture au vitriol proposée de la bourgeoisie (vieux thème littéraire français, réactivé ici dans une perspective politique), mais surtout grâce à une grande virtuosité narrative : sur les conventions d'un réalisme presque balzacien, Aragon parvient à greffer la technique du collage, des passages d'un lyrisme remarquable (voir l'épilogue des *Cloches de Bâle*), et superpose différentes histoires apparemment sans lien mais articulées les unes aux autres par un complexe jeu d'échos. Dès avant la Seconde Guerre, et grâce à Aragon et Nizan, la littérature communiste a ainsi gagné ses lettres de noblesse et une légitimité pleine et entière.

4. La littérature de bonne volonté

Face aux certitudes idéologiques massivement affichées par la littérature communiste, il n'est pas nécessairement facile de pratiquer un engagement littéraire « libre », c'est-à-dire indépendant d'une doctrine constituée ou d'un appareil de parti. Cette position médiane entre littérature militante et littérature « dégagée » est pourtant parmi les plus importantes dans les années d'entre-deux-guerres. C'est pourquoi il convient de faire place ici à un ensemble d'écrivains, qu'on ne lit plus guère aujourd'hui, mais dont l'audience fut considérable durant toute la période : on pense, entre autres, à Jean Guéhenno, Jules Romains, Georges Duhamel, Charles Vildrac, Louis Guilloux, Jean Prévost, ou André Chamson. Même si leur progressisme modéré et conciliant pâlit quelque peu à côté des grands enthousiasmes révolutionnaires de l'époque, il s'agit pourtant d'authentiques écrivains engagés, dont la pratique préfigure à certains égards la conception sartrienne de l'engagement littéraire. Pour la plupart universitaires, ces écrivains sont en outre de purs produits de la méritocratie républicaine et ont manifesté en littérature tous les traits du « boursier », tel qu'on l'évoquait plus haut (voir p. 204-206).

Ce qui rassemble ces auteurs est un réseau informel organisé autour de la figure tutélaire de Romain Rolland : l'auteur de *Jean-Christophe* (1904-1912), prix Nobel en 1915, devait son influence à son pacifisme, qu'il avait exprimé très tôt, et à contre-courant de l'opinion générale, dans *Au-dessus de la mêlée* (1915). Chantre de l'« indépendance de l'esprit », admirateur de Gandhi, promoteur d'un esprit européen censé éradiquer les nationalismes, bientôt sympathisant communiste, Rol-

land avait su coaliser autour de lui toute une génération
de jeunes écrivains et intellectuels. Leur organe était la
revue littéraire *Europe*, créée en 1923 et dont Guéhenno
fut longtemps l'animateur : son audience était aussi
importante que celle de la *NRF*, mais à la différence de
son aînée et rivale, *Europe* accordait une large place aux
questions politiques et au débat d'idées. De façon générale d'ailleurs, tous ces écrivains furent très actifs dans
les revues intellectuelles de l'entre-deux-guerres et on
les retrouve aussi bien dans *Clarté* que dans les grands
organes du Front populaire (*Commune*, *Vendredi* ou,
dans une moindre mesure, *Marianne*).

Outre leur pacifisme – lequel constitue une des
grandes équivoques de l'entre-deux-guerres, puisqu''il
a pu servir d'alibi tant au défaitisme qui conduisit aux
accords de Munich qu'au laisser-faire bienveillant de
l'extrême droite vis-à-vis de Mussolini, Hitler ou
Franco –, tous ces écrivains ont en commun d'avoir
considéré avec sympathie la révolution soviétique (ils
furent à des degrés divers des compagnons de route) et
d'avoir été parmi les plus fervents artisans du Front
populaire, dont ils représentent les composantes radi-
cale-socialiste et socialiste. De ce point de vue, pour
paraphraser Jules Romains, leur engagement fut vraiment celui des « hommes de bonne volonté » : ils étaient
profondément antifascistes, partisans d'un progressisme
de large conciliation et du juste milieu, attachés à la
défense des valeurs démocratiques et républicaines atta-
quées de toutes parts. Ils n'étaient pas de grands théoriciens politiques, leurs positions idéologiques man-
quaient parfois de netteté, mais ils étaient toujours
disponibles, suivaient avec attention l'actualité et inter-
venaient de façon répétée et constante dans les débats
qu'elle suscitait. Il y avait aussi chez eux une réelle
générosité qui les amenait à vouloir écrire pour le grand
nombre, dans le désir d'associer les classes populaires

au développement de la culture, projet dont Jean Guéhenno s'était fait le porte-parole dans *Caliban parle*
(1928).

D'un strict point de vue littéraire, leurs œuvres n'ont
sans doute pas gagné une réputation impérissable. Cela
est parfois injuste (*Le Sang noir* de Guilloux ou certains
romans de Romains ou Duhamel méritent assurément
le détour), mais il faut reconnaître que leur production
n'a généralement pas la distinction formelle qui caractérise celle de la *NRF* et qu'elle emprunte souvent à
des esthétiques déjà constituées et parfois vieillies :
les romans de Chamson ou de Prévost présentent par
exemple un aspect ruraliste ou populiste qui a beaucoup
contribué à les desservir. Par ailleurs, la plupart de ces
écrivains de bonne volonté ont une très nette tendance à
la polygraphie, dans laquelle domine, pour cause d'engagement, l'essai politico-littéraire (chez Guéhenno,
Prévost, Jean-Richard Bloch ou Claude Aveline), Jules
Romains proposant quant à lui l'éventail de genres
maximal puisqu'il pratique indifféremment la poésie, le
roman, le théâtre (avec grand succès) et l'essai.

Enfin, dans la lignée de Romain Rolland et de *Jean-
Christophe*, plusieurs de ces auteurs ont pratiqué le
genre du roman-fleuve : Duhamel avec *Vie et Aventures
de Salavin* (1920-1932) et la *Chronique des Pasquier*
(1933-1945), Romains avec les 27 tomes des *Hommes
de bonne volonté* (1932-1946) – vu sous cet angle,
Roger Martin du Gard s'ajouterait à la liste avec *Les
Thibault* (1922-1940). Le lecteur d'aujourd'hui, qui se
trouve d'emblée confronté à la totalité de ces sommes
romanesques, peut avoir l'impression d'assister à une
inflation narrative proprement monstrueuse ; il faut
néanmoins préciser que le public de l'entre-deux-
guerres, lui, lisait ces chroniques selon le rythme de la
parution des tomes : cette façon de procéder constitue
une forme de pragmatique de la littérature engagée,

dans la mesure où elle offrait à ces écrivains un moyen
de mimer assez efficacement le mouvement même de
l'histoire contemporaine et de donner le sentiment de sa
profusion (la meilleure preuve en étant que le plan primitif de ces ouvrages de longue haleine a souvent été
modifié en cours de route, pour s'adapter aux développements récents de l'actualité). L'ambition démesuré-
ment totalisante de ces cycles romanesques relève également de la volonté d'engagement, puisqu'il s'agit
d'englober dans son entier la réalité sociale et politique
de l'époque pour parvenir à une ouverture maximale sur
le monde : significativement, ces fresques, dont le début
tient souvent de la chronique familiale, élargissent progressivement le champ narratif jusqu'à atteindre au
politique dans sa généralité la plus grande, la trajectoire
des protagonistes principaux s'identifiant ainsi graduel-
lement au réel historique et social qui les environne.
Sartre lui-même s'inspirera de cette façon de procéder
lorsqu'il concevra le plan du cycle des *Chemins de la
liberté*.

Ce dernier a d'ailleurs pointé dans *Situations, II* l'importance collective de ces écrivains : amorçant une véritable « réconciliation avec le public », « ils ont renoncé
à la solitude orgueilleuse de l'écrivain, ils ont aimé leur
public, ils n'ont pas tenté de justifier les privilèges
acquis, ils n'ont pas médité sur la mort ou sur l'impossible, mais ils ont voulu nous donner des règles de vie ».
De ce fait, ils « doivent être tenus pour des précurseurs »
de la littérature engagée (Sartre, 1948a : 199-205). Il
n'en reste pas moins que tout ce groupe d'écrivains a
disparu presque complètement après la Seconde Guerre.
Sartre soulignait ainsi que « l'Histoire leur a[vait] volé
leur public » (*ibid.* : 205), précisément sans doute parce
que lui-même et la littérature engagée ont pris la place
qu'ils occupaient dans les années vingt et trente. Écar-
telés entre la distinction littéraire de la *NRF* et le dog-

matisme politique de la littérature militante, ces auteurs n'ont pas réussi à imposer durablement leur présence collective. Et cela, selon Sartre toujours, parce qu'ils ont pratiqué une « littérature de *situations moyennes* » (autre nom, somme toute, d'une littérature de bonne volonté), alors qu'il fallait faire une « littérature de situations extrêmes » (*ibid.* : 221).

5. Malraux, le compagnon de route exemplaire

Cette littérature de situations extrêmes, capable de prendre en charge l'héroïsme des « grandes circonstances », s'il est un écrivain qui l'incarne dans les années trente, c'est assurément André Malraux. Autodidacte brillant, aventurier doté d'un réel courage physique et d'une propension à la mythomanie qui n'est pas sans charme (voir Lyotard, 1996), il a joué de façon exemplaire le rôle du compagnon de route et il est sans doute celui qui, en France, a su concilier le mieux engagement politique et littérature en instaurant dans ses grands romans *(Les Conquérants, La Condition humaine, L'Espoir)* un véritable imaginaire littéraire de la révolution, résolument à l'écart de toute propagande.

Le romanesque malrucien repose en effet sur une réhabilitation du thème de l'aventure, qui se dote chez lui d'une dimension métaphysique héritée de Conrad *(Au cœur des ténèbres)* : dans un roman comme *La Voie royale* (1930), l'affrontement du personnage à une nature sauvage et hostile renvoie à un rapport de l'homme au monde à la fois primitif et essentiel, et devient une expérience des limites par laquelle le protagoniste se révèle à lui-même et assume jusqu'au bout (dans la mort le plus souvent) le destin qu'il s'est ainsi découvert. Le coup de génie de Malraux est d'avoir

appliqué cet imaginaire de l'aventure à la révolution
elle-même : de la sorte, l'action politique s'élève elle
aussi au rang d'une quête métaphysique ultime, elle
devient une aventure à la fois éminemment collective –
la révolution, pour Malraux, c'est l'apprentissage de
la fraternité – et toute personnelle, un lieu où se rejoi-
gnent donc l'Histoire et le destin. Mobilisant ainsi les
grandes forces par lesquelles se dévoile la « condition
humaine », les romans de Malraux ont contribué à la
constitution d'une manière de mythologie héroïque et
épique de la révolution.

Cet imaginaire, somme toute très littéraire, n'était
certes pas conforme à l'orthodoxie marxiste, et Malraux, à ses débuts, fut souvent en butte aux attaques des
communistes. Néanmoins, sa vision de la révolution
était propre à séduire un large public et le Parti ne pouvait se passer de l'apport littéraire malrucien, capable
de rallier un grand nombre de lecteurs à sa cause. Aussi,
Malraux devint-il dès 1933 avec *La Condition humaine*
la figure phare du rassemblement antifasciste organisé
par le PCF : il fut de toutes les grandes rencontres internationales d'écrivains, de tous les comités antifascistes,
avant de prendre part directement à la guerre civile
espagnole aux côtés des républicains.

La place de Malraux dans le dispositif philo-commu-
niste est d'autant plus centrale que ses romans réfléchissent précisément la condition du compagnon de
route (ou, si l'on préfère, de l'intellectuel bourgeois rallié au PC), suscitant sur ce thème un véritable *tragique
de l'engagement*. En effet, dès *Les Conquérants* (1928),
Malraux établit la distinction entre révolutionnaire
« romain », ou militant, et révolutionnaire « conqué-
rant », ou aventurier. Le premier représente le militant
communiste par excellence : discipliné et appliqué, il
organise rationnellement la révolution, sachant parfaitement qu'elle est un processus historique long et col-

lectif dans lequel son individualité propre pèse de peu de poids. L'aventurier, lui, ne s'oublie jamais dans le groupe auquel il se joint et il poursuit à travers la révolution une quête personnelle : il s'agit de trouver dans l'action révolutionnaire un moyen de se réconcilier avec lui-même ; sa violence est avant tout destructrice et elle présente de la sorte une gratuité qui la fait échapper au contrôle des révolutionnaires romains ; cette position excentrique condamne l'aventurier aux actions terroristes et suicidaires, dans lesquelles il se complaît d'ailleurs puisque c'est dans le sacrifice et la mort, assumés lucidement, qu'il peut véritablement s'accomplir et atteindre à l'impossible réconciliation qu'il recherche.

Cette mise en scène tragique de la condition de l'intellectuel qui s'engage dans la révolution était un thème d'époque. Dans *Mort de la pensée bourgeoise* (1929), Emmanuel Berl, ami de Malraux, s'arrête longuement sur ce point : pour lui, l'intellectuel qui rallie le PC reste irrémédiablement séparé du prolétariat qu'il entend pourtant rejoindre à travers son engagement révolutionnaire ; quoi qu'il fasse et quelles que soient la sincérité et la profondeur de son adhésion, il ne sera jamais un militant parmi les autres, parce qu'il reste tributaire d'une culture individualiste et critique qui l'empêche de se fondre dans la masse ; son engagement est dès lors marqué par un déchirement et une contradiction qui ne peuvent trouver de solution. Ce constat d'impossibilité, qu'on retrouve sous des formes plus ou moins explicites chez beaucoup d'écrivains et d'intellectuels de l'époque, Malraux en propose une formulation telle que la contradiction se trouve dépassée dans le destin tragique (au sens fort) qui régit la trajectoire de ses personnages. Là encore, la solution trouvée par ce compagnon de route exemplaire est toute littéraire, mais c'est en cela qu'elle est efficace : la littérature engagée, telle que Malraux la pratique, transcende les faits et l'expé-

rience pour les doter d'une signification universelle – la
révolution n'y est rien d'autre que l'avatar contemporain de l'éternel affrontement tragique de l'homme au
destin et à l'Histoire.

L'engagement révolutionnaire de Malraux, et sa prise
en charge littéraire, vont trouver leur accomplissement
dans la guerre civile espagnole, à laquelle l'auteur participera physiquement et dont il tirera *L'Espoir* (1937).
Ce dernier roman a été beaucoup discuté et l'on y a souvent lu un « virage stalinien » : par souci d'efficacité
dans la guerre, Malraux aurait adopté le point de vue du
révolutionnaire romain (*i.e.* du communiste stalinien) et
aurait prôné une organisation rigoureuse et hiérarchisée
des troupes républicaines, cautionnant implicitement
l'élimination par les communistes des anarchistes et
trotskistes espagnols. Cette perspective est incontestablement présente dans l'œuvre, mais elle ne la résume
pas entièrement. Comme l'indiquait Suleiman (1983 :
164-184), le roman reste avant tout celui de l'antifascisme et il mobilise dans ce but tout le système de représentations décrit plus haut. Par ailleurs, *L'Espoir*, qui
adopte une narration simultanéiste inspirée des romanciers américains, est un récit très polyphonique, dans
lequel se juxtaposent des voix et des protagonistes qui
sont autant de points de vue différents (mais toujours
républicains) sur la guerre, ce qui interdit une lecture
univoque du texte. Enfin, ce roman est inséparable de
l'engagement personnel de Malraux en Espagne : cette
présence active de l'auteur sur le terrain procure au
roman force et crédibilité, d'autant qu'il paraît à un
moment où cette guerre n'est pas finie, donnant ainsi le
sentiment que le livre participe vraiment de l'Histoire
qu'il raconte. En cela, *L'Espoir* représente en effet cette
littérature engagée, des « situations extrêmes », que
Sartre rêvera de pratiquer après-guerre.

6. La droite littéraire,
de l'Action française au fascisme

On ne peut évidemment achever ce tour d'horizon de l'entre-deux-guerres sans évoquer brièvement la droite littéraire. Il faut néanmoins préciser que, de ce côté, la problématique *spécifiquement littéraire* de l'engagement se pose avec beaucoup moins d'urgence qu'à gauche, essentiellement parce qu'il n'y a pas là d'instance politique qui, à l'instar du parti communiste, menace l'autonomie du littéraire et oblige ainsi les écrivains à s'interroger sur le sens profond et les moyens de leur engagement. C'est pourquoi l'aperçu ici proposé sera moins développé que ce qui précède.

Au sortir de la Grande Guerre, le centre moteur de la droite intellectuelle est plus que jamais l'Action française, dont l'activisme atteint à son comble à cette époque. La littérature d'AF est pour l'essentiel une production de type pamphlétaire extraordinairement violente, à tel point que ses deux ténors, Maurras et Daudet, seront condamnés à des peines de prison pour leurs appels répétés au meurtre (ce qui n'empêchera pas le premier nommé d'être élu à l'Académie). En tout état de cause, l'influence de l'Action française sur la droite intellectuelle est prépondérante dans l'entre-deux-guerres et bon nombre des représentants de la jeune droite extrême sont issus de ses rangs. Cette hégémonie idéologique commence cependant à être battue en brèche à partir de 1926 et de la condamnation de l'AF par Pie XI : ce désaveu papal déterminera l'éloignement de nombreux catholiques, suscitant les réflexions des « non-conformistes » de droite (voir Loubet del Bayle, 1969) et surtout l'essor de l'existentialisme chrétien des Mounier, Marcel et Maritain, d'une grande importance dans le renouvellement de la pensée chrétienne.

Parmi les rejetons de l'Action française, Georges Bernanos constitue une exception remarquable : formé par l'antisémitisme social de Drumont, catholique ultra, ennemi radical de la modernité et de la démocratie, tout le destinait à incarner en littérature ce que la pensée de droite avait produit de plus extrême depuis les débuts de la IIIᵉ République. Néanmoins, c'était sans compter une farouche indépendance d'esprit et un refus radical de toute forme de compromission intellectuelle : ne cédant jamais aux humeurs du temps, très vigilant quant au respect de ses convictions profondes, Bernanos se distingue dans les années trente par une hauteur de vue qui n'est pas exempte de noblesse. Son œuvre romanesque se double ainsi d'une production polémique de haute tenue, inaugurée en 1931 par *La Grande Peur des bien-pensants* et dont l'aboutissement le plus remarquable est *Les Grands Cimetières sous la lune* (1938) : à l'instar de Mauriac, mais avec une force d'indignation plus forte encore, il dénonce les crimes commis en Espagne par Franco au nom de l'Église ; présent sur le terrain aux côtés des franquistes, il prend conscience de l'horreur injustifiable de la répression exercée sur les républicains ; son propos dans *Les Grands Cimetières* sera dès lors de rappeler à l'ordre la droite bien-pensante et les catholiques, en indiquant que la guerre d'Espagne n'est pas un combat pour la restauration des valeurs chrétiennes et traditionnelles, mais le premier affrontement entre fascisme et communisme, deux idéologies produites par la modernité et dont les catholiques devraient se dégager, sous peine de se perdre.

L'intervention de Bernanos est d'autant plus salutaire et nécessaire pour la droite que la tentation fasciste est réelle en France depuis le tournant du 6 février 1934 : ce jour-là, la manifestation organisée par la droite antiparlementaire suite à l'affaire Stavisky tourne à l'émeute et à l'insurrection ; la IIIᵉ République n'est sauvée que de justesse, et au prix de plusieurs morts. Pour beaucoup d'intellectuels de droite, ce moment est celui de la rupture avec Maurras et d'une conversion au fascisme : la journée du 6 février a en effet montré qu'il y avait en France la possibilité d'assister à un sursaut populaire et national, et Maurras, l'apôtre du coup de force, s'est révélé incapable de saisir l'opportunité qui se présentait à lui ; dès lors, face à l'impasse dans laquelle s'est enfermée la droite nationaliste en reculant devant la prise du pouvoir, beaucoup voient dans le fascisme la seule possibilité d'une régénération politique radicale. Explicite chez Drieu La Rochelle, ce virage idéologique se traduit chez lui par l'adhésion au Parti populaire français (PPF) de Doriot, principale formation politique fascisante dans la France des années trente.

Le fascisme a donc eu ses écrivains en France, d'autant que la propagande nazie, à l'instar de la soviétique, sut courtiser les intellectuels en les conviant à venir admirer les réalisations du Reich. Lucien Rebatet, Alphonse de Châteaubriant, Maurice Bardèche ou Robert Brasillach, des journaux comme *Je suis partout*, *Gringoire* ou *La Gerbe*, furent en France les têtes de pont du fascisme. C'est grâce à eux que les Allemands purent mettre en place une efficace politique de collaboration intellectuelle pendant l'Occupation – cette période fut aussi, pour certains de ces écrivains, le moment d'une prise de pouvoir littéraire. De cet ensemble d'acteurs se dégage la personnalité complexe de Pierre Drieu La Rochelle : ami d'Aragon et de Malraux, il fut, on l'a dit, parmi les premiers à céder ouvertement à la fascination pour le fascisme ; ayant pris la tête de la *NRF* dès les premiers mois de l'Occupation, il fut le principal artisan de la collaboration littéraire, mais, en même temps, il protégea Jean Paulhan, résistant de la première heure et très tôt en délicatesse avec la Gestapo ; et l'on devrait ajouter encore que cet antisémite virulent, peu avant son suicide en 1945, confiait à son *Journal* sa tentation de se convertir au communisme.

Que Drieu soit l'homme de toutes les contradictions et que son impuissance à les résoudre soit en partie à l'origine de sa dérive idéologique, cela ne fait aucun doute. Son roman le plus célèbre, *Gilles* (1939), mélange d'autobiographie et de récit à thèse, en témoigne largement : le mépris de soi-même et le sentiment de sa propre médiocrité y débouchent sur le culte du chef et de la force ; le ressentiment en face d'un monde jugé dégradé conduit à investir dans le fascisme un désir non pas de régénération mais de destruction universelle. Le fascisme de Drieu s'expose ainsi sans fard comme un appel à l'apocalypse, une forme de négation à la fois désespérée et haineuse, une manière de fuite en avant sans illusion. Au-delà cependant de cette dimension autobiographique, l'œuvre de Drieu livre aussi la clé de ce que fut peut-être la séduction fasciste sur les intellectuels. Entre autres romans, *L'Homme à cheval* (1943) est ainsi l'épopée d'un révolutionnaire latino-américain, racontée par un guitariste qui fut son compagnon et son confident. Tout le récit met en scène la relation entre le narrateur et le personnage principal ; à travers elle, Drieu développe en fait une représentation de l'intellectuel fascisant : soumission humiliée et fascination éperdue pour le chef, pour son énergie vitale et pour sa force virile ; sentiment de sa propre déchéance, de la médiocrité et de l'impuissance que représente la pensée face à l'action, etc. Sorte d'image inversée et négative de la représentation de l'intellectuel révolutionnaire construite par Malraux, la mythologie fascisante de Drieu dit peut-être ce qu'il y avait de désespéré et de suicidaire dans l'adhésion des écrivains au fascisme : l'abdication de la pensée et de la culture devant la force brute ; le désir de voir l'intelligence humiliée par la puissance de l'instinct.

CHAPITRE XIII

L'apogée sartrien

Les lendemains de la Seconde Guerre sont en France dominés par la figure de Jean-Paul Sartre. En quelques mois, l'existentialisme sartrien s'impose comme la pensée majeure de l'époque et, avec lui, s'installe pour une dizaine d'années une conception radicale de l'engagement littéraire (dont la première partie de ce livre a largement exposé les justifications théoriques). Par l'ampleur du terrain qu'il a couvert, Sartre a sans doute été l'intellectuel le plus important et le plus écouté de ce siècle, même si cette hégémonie sans précédent a été à ce point écrasante qu'elle a aussi suscité le rejet. Toujours est-il que le succès foudroyant rencontré dans l'immédiat après-guerre par Sartre et ses proches (Simone de Beauvoir, Maurice Merleau-Ponty ou, plus éloignés, Albert Camus, Michel Leiris, Armand Salacrou), pour exceptionnel qu'il soit, s'explique très largement par la capacité de l'existentialisme à tirer les conséquences de l'expérience du passé et à donner sens au moment historique présent.

1. Les conséquences de la guerre

Il faut tout d'abord souligner que l'émergence de l'existentialisme sartrien est très intimement liée à

l'« humeur » de la Libération et à ses ambiguïtés. La
période est en effet celle d'une liberté retrouvée dans
l'enthousiasme et dans une frénésie de vie qui compense la dureté des années d'Occupation. Mais l'am-
biance est aussi à l'inquiétude et au pessimisme : l'apparition de l'arme atomique et de ses possibilités de
destruction massive, le clivage Est-Ouest qui se met en
place et les risques de nouvel affrontement qu'il recèle,
l'énorme effort nécessaire à la reconstruction de l'Europe, tous ces éléments tempèrent les réjouissances et
l'euphorie de la Libération. Dans ce contexte, la philosophie sartrienne, telle qu'elle s'est fait connaître dès
1943 par *L'Être et le Néant* et telle qu'elle se divulgue
après-guerre dans le théâtre existentialiste paraît rencontrer assez exactement l'atmosphère du moment.
L'association faite entre l'existentialisme et la vie fes-
tive de Saint-Germain-des-Prés, même outrée, souligne
d'ailleurs ce phénomène d'accointances étroites entre
une philosophie et l'état d'esprit d'une époque.

Pour Sartre, la liberté humaine est absolue et inaliénable : aussi barré que paraisse l'horizon et aussi réduite
que soit la marge de manœuvre de l'individu, celui-ci
possède toujours la faculté de poser un choix libre, d'accepter ou de refuser la situation qui lui est faite. Dans
une France qui sortait de quatre années d'Occupation et
de régime autoritaire, cette façon de réaffirmer hautement que la liberté humaine est inaliénable, quel que
soit le poids des contraintes pesant sur elle, ne pouvait
manquer de « parler » à un vaste public, d'autant que,
pour Sartre, cette liberté toujours présente implique de
la part de l'individu une responsabilité accrue : chacun
a le devoir d'assumer la liberté qui lui est donnée et personne ne peut donc se dérober à la nécessité du choix, ce
qui suscite angoisse et inquiétude. Liberté, responsabilité, angoisse, ces trois dimensions étroitement liées de
la pensée sartrienne correspondaient parfaitement à

l'expérience vécue de la guerre et de l'Occupation. De ce fait, Sartre a pu rapidement devenir une figure charismatique, le maître à penser de la génération d'après-guerre, et sans doute l'influence morale du discours existentialiste a-t-elle en quelque manière précédé et facilité l'acceptation de la doctrine de l'engagement littéraire proprement dit.

Car Sartre n'a certes pas inventé l'engagement, mais il reste le seul à avoir osé l'élever au rang d'un impératif littéraire absolu et à avoir mis en demeure les autres écrivains de s'y soumettre intégralement. Ce « terrorisme » de l'engagement, dont Sartre restera pour beaucoup l'incarnation, tient en grande partie à la radicalisation des positions intellectuelles et littéraires consécutive à la guerre et à l'Occupation. Dans l'atmosphère de la Libération, il semble en effet que les positions soient nettement tranchées et qu'entre résistance et collaboration, non seulement l'Histoire a fait son choix, mais encore qu'il n'y a pas de neutralité possible. Dans *Situations, II*, Sartre écrira : « Nous sommes donc jansénistes parce que l'époque nous a faits tels » (Sartre, 1948a : 222). Façon pour lui d'indiquer que l'intransigeance de ses positions et sa volonté de distinguer clairement entre le Bien et le Mal en refusant tout relativisme sont les conséquences du grand affrontement idéologique de la Seconde Guerre.

En littérature même, et pour une période relativement brève, le politique prend une importance décisive (voir Sapiro, 1999). Dès décembre 1941, Jean Paulhan et le communiste Jacques Decour avaient créé le Comité national des écrivains (CNE), destiné à être l'organe de la résistance littéraire, et bientôt, par un élargissement de son recrutement, à devenir une manière d'ensemble représentatif de la littérature non compromise dans la collaboration. De ce fait, le CNE assurera à la Libération l'« épuration » des écrivains et des intellectuels (voir à ce sujet Assouline, 1985) : il importait en effet que ce soit les milieux littéraires eux-mêmes qui effectuent ce travail, sous peine de voir les nouvelles institutions politiques de la France libre le faire à leur place et la littérature perdre dans cet épisode une partie de son autonomie. À l'intérieur même du CNE, il y eut évidemment de fortes divergences d'appréciation, et Paulhan, Mauriac ou Schlumberger quittèrent assez rapidement le Comité parce qu'ils refusaient la « chasse aux sorcières » à laquelle certains, en particulier les communistes, entendaient se livrer. Il n'en reste pas moins que, pendant quelques mois, le politique aura été au cœur de la vie littéraire. Sartre, qui était membre du CNE mais ne paraît pas avoir pris une part très active à ses débats, tirera cependant les conséquences logiques de cet épisode : en promulguant la nécessité de l'engagement, il ne fera somme toute rien d'autre que de prolonger l'expérience littéraire de l'Occupation et de la Libération ; la littérature n'est pas un luxe gratuit, mais possède un rôle véritable que révèlent les circonstances exceptionnelles ; chaque écrivain est responsable de ce qu'il écrit et doit l'assumer jusqu'au bout ; la littérature participe pleinement du politique, sans quoi le partage entre littérature résistante et littérature de la collaboration n'aurait aucun sens.

Enfin, le dernier élément majeur qui détermine la configuration intellectuelle de l'après-guerre est la nouvelle donne politique internationale dans laquelle la France se trouve désormais totalement insérée. La division du monde en deux blocs antagonistes apparaît très vite comme irrémédiable et, dès 1947, la guerre froide sanctionne cette opposition irréductible. Il semble dès lors que les intellectuels soient obligés de choisir leur camp, sans échappatoire possible – la doctrine sartrienne de la nécessité du choix paraissant particulièrement adaptée à cette situation politique et idéologique. Si l'on ajoute qu'en France, et à l'exception des gaullistes qui bénéficient du prestige de la Résistance, la droite paraît extrêmement compromise, tandis que le parti communiste, tout auréolé de l'héroïsme de Stalingrad et de sa participation active à la Résistance (on oublie donc et les purges staliniennes des années trente et le Pacte germano-soviétique), devient le premier parti de gauche avec un score électoral avoisinant les 30 %, on mesure combien la marge de manœuvre des intellectuels se trouve réduite.

Il apparaît ainsi qu'on ne peut, dans l'immédiat après-guerre, s'engager sans passer, d'une manière ou d'une autre, par le parti communiste. Toute la difficulté des intellectuels de gauche est dès lors de manifester leur indépendance, sans cependant entrer dans une opposition frontale avec le PCF. Il en résulte que beaucoup, sans adhérer au Parti, adoptent comme position de principe le refus de toute forme d'anticommunisme, ce qui revient à limiter très fortement leur capacité critique. Cette attitude, qui sera notamment illustrée par Emmanuel Mounier et le groupe *Esprit* et que contestera très tôt Albert Camus (ce qui contribuera à le marginaliser quelque peu), correspond dans une large mesure à ce qu'il est convenu d'appeler aujourd'hui l'aveuglement des intellectuels vis-à-vis du régime soviétique.

Sartre s'inscrit pleinement dans cette configuration intellectuelle : son attitude est nécessairement paradoxale puisqu'elle consiste à soutenir l'URSS de façon à la fois inconditionnelle et critique. Tout se passe ici comme si Sartre avait tenté d'adopter une position de critique interne (et donc constructive) du communisme tout en restant en dehors du Parti. Cette position politiquement intenable, Sartre a tenté de la théoriser en reprenant l'opposition malrucienne de l'aventurier et du militant (voir « Portrait de l'aventurier », dans Sartre, 1964) : selon lui, l'intellectuel doit désormais choisir l'action constructive et collective du militant ; cepen-

dant, il convient d'introduire dans la positivité de cet
engagement intégral un peu de la négativité de l'aventurier, telle que Malraux l'avait mise en scène ; en d'autres
termes, le monolithisme de l'engagement militant doit
être traversé par un subtil dosage d'esprit critique hérité
de l'aventurier. Cette description des rapports de l'intellectuel au Parti peut aujourd'hui apparaître comme une
casuistique intellectuelle assez vaine, et au surplus inap-
plicable (comment un intellectuel isolé et non affilié au
Parti pouvait-il prétendre à être un interlocuteur privilégié et critique face au puissant appareil communiste
qui ne tolérait ni les dissidences ni les divergences ?) ;
il n'en reste pas moins qu'à l'époque cette position a pu
sembler la seule capable de garantir à l'intellectuel une
certaine forme d'autonomie dans le champ politique.
En cela, Sartre aura été par excellence l'intellectuel de la
guerre froide et, comme l'a montré Anna Boschetti
(1985), son attitude peut apparaître comme la seule
réponse intellectuelle alors possible face à l'hégémonie
politique du PCF, et cela même si elle porte en germe
toutes les erreurs ou tous les aveuglements qu'il est
aujourd'hui devenu banal de dénoncer chez l'intelli-
gentsia de gauche.

2. La synthèse sartrienne

La capacité de Sartre à incarner ainsi, et jusqu'à l'excès, les tendances profondes et les contradictions de
l'après-guerre tient à de multiples facteurs. Le premier
d'entre eux est sans conteste l'exceptionnelle aptitude
que Sartre a développée de cumuler les rôles et fonctions et de constituer ainsi une figure d'« intellectuel
total » (voir Boschetti, 1985 : 15-181). Qu'on y songe :
il est à la fois philosophe (ou universitaire) et écrivain

(ou créateur), romancier, dramaturge, essayiste et critique ; directeur de revue, il s'essaie à tous les styles, tâte de l'écriture cinématographique et du reportage, réalise quelques émissions radiophoniques... On mesure ainsi l'amplitude du terrain couvert par Sartre et le prestige que cela lui confère : son autorité et son influence tiennent avant tout à sa faculté d'être partout en même temps. Il en résulte que Sartre additionne sur sa personne différents rôles et prestiges symboliques : de Gide, il reprend en quelque manière la fonction de maître à penser, mais il y ajoute une orientation politique et idéologique que le fondateur de la *NRF* ne présentait guère et que l'on trouvait davantage chez un Romain Rolland ; de plus, son statut de philosophe lui confère l'aura que dégageaient, avant la guerre, des personnalités aussi différentes que Bergson ou Alain.

Par ailleurs, le succès de Sartre est paradoxalement fonction du « retard » dont il souffre. Né en 1905, il est en effet de la même génération que Malraux, Nizan, Chamson ou Prévost. Mais contrairement à eux, son entrée en littérature est tardive, puisqu'elle date de l'extrême fin de l'entre-deux-guerres. Son premier roman, *La Nausée*, paraît en 1938 et ne lui laisse guère le temps de se faire connaître avant le déclenchement du conflit, d'autant que le livre expose une vision du monde qui paraît aux antipodes de la démarche d'engagement. Cette situation de retard, caractéristique de Sartre, se révélera néanmoins un atout à la Libération : elle lui procurera une espèce de virginité littéraire qui lui permettra de se présenter comme un auteur neuf, issu de la guerre, à l'instar d'un Camus ou d'un Vercors. Or, Sartre est tout le contraire d'un jeune auteur débutant ; c'est, profondément, un écrivain façonné par l'entre-deux-guerres, et dont la vision de la littérature a été formée à cette époque par un suivi très attentif de l'actualité littéraire : Simone de Beauvoir et Sartre

lisaient avec acharnement la *NRF*, ils avaient pour ami
Paul Nizan – ils connaissaient donc bien les milieux littéraires qui gravitaient autour du PCF –, ils lisaient Malraux avec un mélange significatif d'admiration et d'irritation... En d'autres termes, Sartre bénéficie à la
Libération d'une expérience approfondie de la littérature antérieure, tout en pouvant passer pour un auteur
nouveau, situation dont Beauvoir dira à juste titre
qu'elle conciliait « les contradictoires privilèges de la
jeunesse et de la vieillesse : [...] savoir beaucoup et
pouvoir presque tout » (Beauvoir, 1963 : 21).

Dans ces conditions, Sartre est particulièrement bien
placé pour tirer les leçons de l'expérience de l'entre-
deux-guerres et pour formuler une manière de synthèse
des diverses positions qui se sont exprimées alors.
D'ailleurs, le virage vers l'engagement apparaît chez lui
dès l'extrême fin des années trente : en 1939, la nouvelle *L'Enfance d'un chef* propose une vision satirique
du parcours intellectuel d'un jeune ligueur d'Action
française ; la même année, Sartre commente longuement John Dos Passos, alors le plus engagé des romanciers américains. Dès la mobilisation, il met à profit les
loisirs de la « drôle de guerre » pour reformuler sa pensée philosophique autour des concepts de liberté et
d'historicité, et pour entamer un cycle romanesque intitulé *Les Chemins de la liberté*. Au stalag enfin, il s'essaie pour la première fois au théâtre, avant de tenter, de
retour en France, de monter un groupe de résistance
(« Socialisme et liberté »).

Sartre sort donc tout armé de la guerre, muni d'une
pensée philosophique constituée et pourvu d'une doctrine littéraire. Il aura d'autant plus de facilité à imposer
cette dernière qu'il bénéficie du vide relatif qui caractérise la littérature à la Libération. La droite littéraire a
en effet été laminée par la guerre, compromise dans
la collaboration ou dans le culte du Maréchal. Seul

François Mauriac fait exception et devient alors la haute figure morale (et ironique) d'une droite qui devra attendre les années cinquante, avec *La Table ronde* et les Hussards (Roger Nimier, Jacques Laurent, Antoine Blondin et Michel Déon) pour oser à nouveau s'affirmer comme telle – et encore : son discours consistera pour l'essentiel en une réhabilitation esthétique et littéraire des écrivains de droite. Par ailleurs, la guerre a accéléré le processus de renouvellement du personnel littéraire : avec l'arrêt de la publication de la *NRF*, engagée par Drieu dans la collaboration, c'est aussi toute la génération gidienne qui quitte les avant-postes, du même pas que le surréalisme.

Enfin, l'unité de la littérature résistante se brise rapidement après la Libération : en 1953, les communistes reprennent le contrôle exclusif du CNE et des *Lettres françaises*, cherchant de la sorte à monopoliser l'héritage de la résistance littéraire. Cette dernière fut pour l'essentiel poétique : Aragon, Eluard, Ponge, Char, Pierre Emmanuel, Guillevic et bien d'autres s'y illustrèrent, contredisant avec éclat la conviction sartrienne selon laquelle l'engagement poétique est impossible. Mais il faut aussi indiquer que les conditions qui ont permis cette grande efflorescence de la poésie résistante (dont l'aventure de la revue *Messages* est le meilleur témoin) disparaissent avec la Libération : la force et la grandeur de ce lyrisme poétique étaient intimement liés à l'Occupation, et à l'acte suprême de liberté que représentait le seul fait d'écrire et de publier clandestinement. La littérature et, singulièrement ici, la poésie devenaient un risque majeur, dans lequel l'écrivain se jetait tout entier. Dans une époque où la liberté était à ce point raréfiée, on comprend aisément que la célébration poétique des valeurs résistantes ait pu être une manière d'accomplissement total de l'acte littéraire. Après la Libération, par contre, cette démarche perd l'élan qui la soutenait et significativement se dégrade chez certains (Aragon ou Eluard entre autres) en pure poésie de propagande à la gloire de Staline ou du communisme.

En 1945, Sartre a donc le champ libre pour imposer ses vues. Il le fait notamment en créant une revue, *Les Temps modernes*, qui ambitionne, sans y parvenir réellement, de prendre le relais de la *NRF*. Dans les faits, *Les Temps modernes*, auxquels collaboreront un temps Camus, Paulhan ou Aron avant que l'équipe ne se resserre autour de Sartre, Beauvoir et Merleau-Ponty, seront plus proches de ce qu'était *Europe* avant-guerre : une revue littéraire qui accorde et accordera une place de plus en plus importante au débat intellectuel et aux questions politiques. Reste que le premier numéro des *Temps modernes* s'ouvre sur une « Présentation » (voir Sartre, 1948b : 10-30) dans laquelle Sartre annonce clairement que l'heure est désormais à une littérature passionnément occupée du temps présent et soucieuse de prendre position dans le débat politique. Autrement dit, le mot d'ordre de la littérature est alors, et pour quelques années, celui de l'engagement intégral.

3. Une littérature introuvable ?

Postuler la nécessité de l'engagement constitue un geste décisif dans le contexte de l'après-guerre, mais cela ne préjuge finalement pas de la forme ni des moyens littéraires mobilisés pour y parvenir. Il faut ainsi souligner que l'hégémonie sartrienne est avant tout celle d'un *discours sur la littérature* – dont il ne faut pas négliger l'importance et l'influence – et beaucoup moins celle d'une *esthétique littéraire*, au sens où, avec l'engagement, s'imposerait une série d'impératifs stylistiques et formels contraignants. Ainsi, au moment où

Sartre publie *Les Chemins de la liberté*, dont la technique s'inspire explicitement des romans simultanéistes américains, au moment aussi où il produit un théâtre dont la facture n'est, somme toute, pas très différente de celle des pièces d'un Giraudoux avant guerre, apparaissent des auteurs tels que Ionesco, Beckett, Genet, Sarraute, Des Forêts ou Simon, lesquels entament un renouvellement des formes romanesques ou théâtrales totalement indépendant de la doctrine sartrienne et des nécessités de l'engagement.

Cela signifie que l'on peut s'interroger sur l'esthétique de l'engagement, tel que Sartre le pratique concrètement. Dans cette perspective, quelques remarques générales doivent être formulées. D'abord, il faut souligner que la variété des genres pratiqués par Sartre rend son esthétique de l'engagement nécessairement multiple. Ensuite, on notera que les « lieux » de l'engagement sartrien ne sont pas nécessairement là où l'on pense *a priori* les trouver. Ainsi, le roman a toujours semblé le genre de prédilection de l'auteur : c'est par lui qu'il est entré en littérature et toute sa première critique littéraire (rassemblée dans *Situations, I*) est axée sur la recherche d'une esthétique romanesque nouvelle – *Situations, II* expose de même les grandes lignes d'un programme romanesque spécifique à l'engagement ; or, force est de constater que ce n'est pas sur le terrain du roman que l'engagement sartrien s'est manifesté avec le plus d'éclat : le cycle des *Chemins de la liberté*, qui paraît après guerre et devait concrétiser l'ambition sartrienne d'un romanesque engagé, est resté inachevé, pour des raisons que nous évoquerons dans la suite. En revanche, le théâtre a sans conteste été le lieu où l'engagement sartrien s'est divulgué le mieux et le plus largement, alors que rien ne prédestinait l'auteur à être à ce point présent sur la scène dramatique. Enfin, s'il est un genre que Sartre a tenu à réhabiliter littérairement et dont il a renouvelé l'esthétique, c'est bien celui de l'essai, dont on sait pourtant qu'aujourd'hui encore il reste à la périphérie des genres littéraires canoniques.

À ces considérations, il convient d'en ajouter une autre, qui tient à l'esprit même du projet sartrien. Faisant le bilan littéraire de l'entre-deux-guerres (voir Sartre, 1948a : 169-233) et relevant de la sorte les différentes modalités de l'engagement littéraire présentes à cette époque, l'auteur a bien marqué son ambition : il s'agissait pour lui de faire une littérature qui possède l'assurance politique (on dira peut-être : le dogmatisme) de la littérature militante (ou communiste) et qui soit en même temps cette littérature des « grandes circonstances » ou des « situations extrêmes » brillamment illustrée par Malraux. En d'autres termes, il y avait chez Sartre le désir de concilier la positivité d'un discours politique ou idéologique proféré avec netteté et la négativité propre à la littérature, c'est-à-dire sa capacité à travailler l'implicite ou le non-dit des discours, à faire apparaître la contradiction qui gît au cœur des représentations instituées, bref à subvertir la positivité de la parole socialisée.

En cela, le projet sartrien est soumis à une tension extrême, puisqu'il vise à conjoindre deux postulations finalement contradictoires. Ce que le discours politique gagne en assurance, c'est un peu la littérature qui le perd, et, inversement, ce que la littérature gagne en finesse critique, c'est la positivité du propos politique qui le perd. Plusieurs critiques ont noté cette dimension problématique de l'engagement littéraire de Sartre : Denis Hollier, dans *Politique de la prose* (1982), a mis finement en évidence les apories d'un tel projet ; renversant la perspective, Jean-François Louette (*Silences de Sartre*, 1995) a, quant à lui, accentué la dimension littéraire de l'engagement sartrien, décelant une négativité critique à l'œuvre dans les meilleurs de ses textes, et constituant en quelque manière la « vérité » de l'engagement sartrien. Dans l'un et l'autre cas, cependant, ce sont bel et bien les limites de l'engagement littéraire qui se découvrent.

Un double exemple permettra de les indiquer brièvement. En 1939, Sartre publie *L'Enfance d'un chef*, nouvelle déjà évoquée qui raconte l'itinéraire d'un jeune bourgeois qui se cherche et finit par se trouver en rejoignant les rangs des camelots du roi. Analysant le texte, Suleiman (1983 : 287-300) montre qu'il s'agit là d'une parodie de roman à thèse : le destin exemplaire et positif du héros est tourné en dérision par une exhibition volontairement outrée des codes et conventions du récit à thèse. En cela, la réussite sartrienne est totale, puisque les fondements d'un genre littéraire autoritaire et contraignant se trouvent sapés du même pas qu'un certain modèle idéologique est ironiquement dénoncé. Mais il faut noter que l'engagement est ici négatif ou critique, et que la position de l'auteur reste en quelque manière implicite. Sitôt qu'il s'agit d'énoncer positivement une thèse, les difficultés surgissent : ainsi, *Les Chemins de la liberté* se voulaient une sorte de chronique romanesque des années trente à travers laquelle Sartre entendait exposer les choix qui s'étaient offerts à sa génération. Un personnage, Mathieu Delarue, semble y jouer le rôle de substitut de l'auteur et son itinéraire intellectuel en devient emblématique, montrant les hésitations et les résistances à s'engager d'un individu qui, pourtant, en perçoit de plus en plus nettement la nécessité. Le dernier volet publié du cycle, *La Mort dans l'âme*, a pour cadre la débâcle de 1940 et montre Mathieu refusant de se rendre aux Allemands, adoptant de la sorte une attitude d'héroïsme suicidaire qui rappelle les personnages malruciens. On sait pourtant que, dans la suite du cycle, le protagoniste devait réapparaître. Or, celle-ci ne verra jamais le jour, laissant l'en-

semble romanesque inachevé. Les raisons de cet abandon sont sans doute multiples, mais il en est une qui
saute aux yeux : si Mathieu a survécu, la suite de son parcours ne peut que le montrer posant enfin les choix responsables qu'il avait contournés jusque-là et les assumant désormais dans la positivité des certitudes
acquises : or, quel intérêt romanesque pouvait présenter
un héros désormais débarrassé de ses doutes et assuré de
ses convictions ? Et cela d'autant plus que l'ensemble du
cycle aurait alors pris l'apparence d'un pur roman à thèse
(contant l'apprentissage exemplaire positif de Mathieu),
conforme au modèle barrésien précédemment dénoncé ?

Cet exemple volontairement simpliste montre bien la
résistance qu'une certaine conception de la littérature
oppose à l'engagement, compris au sens d'affirmation
positive des choix et des valeurs. Il en résulte que, chez
Sartre, la littérature engagée est en quelque manière
introuvable et qu'elle n'a en tout cas pas produit de
chef-d'œuvre, à l'instar de ce que peuvent représenter,
dans leurs contextes respectifs, *Les Châtiments* de Hugo
ou *La Condition humaine* de Malraux. D'où, aussi, une
attitude parfois ambivalente de Sartre à l'égard de la littérature, constamment tenté d'en finir avec elle comme
d'un instrument inopérant sur le plan de l'engagement
ou, ce qui revient au même, amené à affirmer que toute
prise de parole est littérature, du roman à l'essai politique, de *La Nausée* aux articles rassemblés dans les
volumes de *Situations*.

Néanmoins, il est un lieu où engagement et littérature
semblent pouvoir se réconcilier dans le projet sartrien. Il
s'agit de l'écriture (auto)biographique que l'auteur a
explorée de façon parallèle à l'engagement. Dès *L'Être
et le Néant*, Sartre avait en effet développé le projet
d'une « biographie existentielle » : celle-ci se voulait
une entreprise de connaissance de la personne humaine,
saisie à travers la multiplicité de ses facettes et rappor-

tée à l'unité d'un « projet originaire », c'est-à-dire à la permanence d'un même rapport au monde. Consacrés à des écrivains (Baudelaire, Mallarmé, Genet, Flaubert), les essais biographiques sartriens unifient les divers profils de sa personnalité, puisqu'il s'agit d'une démarche de connaissance philosophique, mais aussi d'un travail littéraire, au sens où il faut tout à la fois inventer une écriture et s'interroger sur le sens de la vocation littéraire, c'est-à-dire finalement comprendre quel engagement recèle le choix de devenir écrivain. En cela, la biographie existentielle est peut-être la forme d'engagement sartrien la plus modeste et la plus ambitieuse : la plus modeste puisqu'elle se limite à tenter de comprendre une personne singulière ; mais la plus ambitieuse, parce qu'à travers cette connaissance approfondie d'une singularité unique c'est fondamentalement une forme d'universalité que Sartre essaie d'atteindre, en déterminant comment l'époque, la société, le monde dans sa généralité ont façonné l'individu et quelles possibilités celui-ci a eues de se déterminer librement par rapport à eux. Dans cette perspective, l'interrogation biographique, omniprésente chez Sartre à partir de la Libération, joue le rôle d'élément régulateur de son engagement : elle est à la fois questionnement sur ce qui fonde tout engagement et dépassement de celui-ci dans une connaissance empathique de l'homme.

4. Les résistances à Sartre

L'hégémonie du discours sartrien sur la littérature dans l'immédiat après-guerre ne doit pas masquer les résistances que le personnel littéraire oppose à une conception aussi radicale et contraignante de l'engagement. Sans même évoquer le déchaînement médiatique de la droite ou les invectives des communistes, on constate que s'affirment çà et là des positions qui tantôt refusent, tantôt tempèrent la conception sartrienne de l'engagement au nom de la littérature elle-même.

Parmi ceux qui s'opposent à la mainmise de la doctrine littéraire de Sartre, se trouve notamment Jean Paulhan. Discret et influent, celui-ci demeure fidèle à ses positions d'avant-guerre : la littérature est et reste une activité singulière, que l'on ne peut juger selon des critères politiques et idéologiques. En cette matière, l'autorité de Paulhan tient au fait qu'il est une des grandes figures de la résistance intellectuelle (il a participé à la fondation des *Lettres françaises* et du CNE), et qu'on ne peut dès lors le soupçonner de quelque arrière-pensée politique que ce soit. S'opposant d'abord à la manière dont le CNE conduisait l'épuration des écrivains (sa *Lettre aux directeurs de la Résistance* est restée célèbre), il participa à la création des *Temps modernes*, avant de s'éloigner de Sartre et de son groupe pour tenter de recréer ailleurs le réseau littéraire qui était celui de la *NRF* avant guerre : *Les Cahiers de la Pléiade* rempliront un temps cet office, avant que ne (re)paraisse en 1952 *La Nouvelle Nouvelle Revue française*. Ami et disciple de Paulhan, Étiemble prendra lui aussi ses distances avec *Les Temps modernes*, au nom d'un identique refus de voir la valeur littéraire subordonnée à des considérations idéologiques et politiques. Il signe durant cette période de nombreux articles polémiques et souvent provocateurs, dans lesquels il s'en prend notamment à Sartre ; entre les deux hommes, la rupture sera consommée en 1953, lorsque Étiemble écrira dans la *NNRF* : « Pour tout avouer, aux stalinos-nazis [tel Claude Roy] je préfère les francs salauds, les salauds francs, les nazo-nazis [tel Lucien Rebatet] » (voir Étiemble, 1955).

De façon plus subtile, mais conduisant à une rupture plus retentissante encore, la position d'Albert Camus se distingue progressivement de celle du groupe des *Temps modernes*. Jusqu'à un certain point, la proximité de Sartre et de Camus est telle qu'on a pu les confondre dans le même courant philosophique et littéraire : l'un et l'autre basent leur engagement sur l'expérience de la guerre et de l'Occupation ; les influences qu'ils ont subies sont *grosso modo* les mêmes ; ils investissent tous deux la littérature par la pratique simultanée du roman, de l'essai philosophico-littéraire, du théâtre et des chroniques (aux *Situations* de Sartre répondent les *Actuelles* de Camus). Ce dernier présente cependant une pensée moins systématique et moins théorisante que celle de Sartre, plus ouverte en revanche aux dimensions affective et émotionnelle de l'engagement. Enfin, Camus se comporte en politique comme un moraliste, avant tout préoccupé de défendre une vision humaniste de l'homme à laquelle son aîné et rival ne souscrit que du bout des lèvres (qu'on pense à *L'existentialisme est un humanisme*, conférence que Sartre avait prononcée en 1945, pour la désavouer ensuite).

La divergence majeure entre les deux auteurs tient cependant à leurs positions respectives envers le totalitarisme stalinien, auquel Camus n'hésitait pas à préférer un système démocratique certes imparfait, mais garantissant au moins les libertés les plus élémentaires. De ce fait, il a été plus naturellement proche des écrivains qui, les premiers, s'employèrent à mettre au jour les dérives du régime soviétique : en porte témoignage son amitié avec Arthur Koestler dont *Le Zéro et l'Infini* (1940), qui évoque les procès de Moscou, jouissait alors d'une très grande notoriété. Avec Koestler débutait en fait une lignée littéraire importante dans l'histoire idéologique de l'après-guerre, celle des romans et témoignages dénonçant le totalitarisme soviétique, lignée dont la figure majeure sera Alexandre Soljenitsyne. Plus que d'autres parmi ses pairs et comme Gide dans les années

trente, Camus aura été attentif aux signaux envoyés par
les dissidents communistes

Sur le plan littéraire, Camus se détache également de
Sartre par une conception moins radicale de l'engagement, même s'il a pu, par son travail de journaliste à
Combat (grand journal résistant), réaliser une modalité
de l'engagement littéraire à laquelle Sartre aspirait sans
pouvoir y atteindre. Il suffit néanmoins de lire les *Discours de Suède* (Camus, 1965 : 1065-1096), prononcés
par Camus au moment de la réception de son prix Nobel
(1957), pour mesurer combien, dans ses grandes lignes,
sa conception de l'engagement littéraire épouse celle de
Sartre : même volonté qu'écrire soit acte, même désir
d'atteindre le plus vaste public, même refus que la littérature soit seulement un jeu formel, un « mensonge
luxueux » et frivole, même « idéal de la communication
universelle », même analyse historique de l'évolution
littéraire, etc.

Cependant, Camus, plus que Sartre, est sensible aux
limites et aux contradictions de l'engagement littéraire,
qu'il conçoit essentiellement en terme de réalisme,
c'est-à-dire de rapport entre l'art et le réel. Pour lui,
« l'art n'est ni le refus total ni le consentement total à ce
qui est » ; dès lors, « l'artiste se trouve toujours dans
cette ambiguïté, incapable de nier le réel et cependant
éternellement voué à le contester dans ce qu'il a d'éternellement inachevé » (Camus, 1965 : 1090). On retrouve
ici, formulée autrement, la contradiction entre positivité
et négativité que nous évoquions plus haut à propos de
Sartre : il est significatif de constater que Camus, quant
à lui, insiste sur l'*ambiguïté* qui caractérise l'œuvre littéraire dans son rapport au monde, c'est-à-dire sur son
irréductibilité à telle ou telle attitude idéologique ; c'est
là une manière de sauvegarder la spécificité du littéraire,
et de refuser, à l'inverse des partisans du réalisme socialiste, de « sacrifie[r] l'art pour une fin étrangère à l'art »

(*ibid.* : 1088). On voit ainsi se dessiner la limite de l'engagement littéraire camusien : malgré sa « bonne volonté », il ne peut se résoudre à mettre en question le statut même de la littérature ou de l'art ; l'acte d'écriture, même engagé, reste en son fond intransitif, parce que sa finalité ne se trouve qu'en lui-même. Ce n'est que dans un second temps, en vertu de la puissance que l'on prête à l'art, que l'œuvre peut bouleverser les consciences, pousser à la révolte, contester le monde. Cette position préserve donc certaine image sacralisante et magnifiée de la littérature et de l'écrivain ; elle continue de dire que la littérature n'agit qu'en vertu de la croyance qu'on place en elle, position idéaliste que Sartre, dans *Situations, II*, n'avait cessé de dénoncer.

Il faut enfin faire ici une place à Georges Bataille, qui apparaît, dans l'immédiat après-guerre, comme l'un de ceux qui ont formulé la réponse la plus radicalement opposée et la plus circonstanciée à la théorie sartrienne de l'engagement. Un temps surréaliste, Bataille a développé dès l'entre-deux-guerres une pensée complexe et à certains égards ésotérique, qui entendait délibérément transgresser les frontières entre littérature, philosophie et sciences humaines, et qui se fondait entre autres choses sur une constante « expérience des limites », c'est-à-dire sur une volonté de ne penser les problèmes qu'à partir du lieu où la connaissance classique et rationnelle échoue à les appréhender. Dans les années trente, il avait fondé avec Michel Leiris et Roger Caillois le « Collège de sociologie », sorte d'avant-garde intellectuelle où avait été menée une réflexion très approfondie sur le sens du sacré dans la société contemporaine et notamment sur ses enjeux politiques (voir Hollier, 1995). Dans l'après-guerre, Bataille fonde *Critique*, qui sera la principale revue susceptible de contester l'hégémonie intellectuelle des *Temps modernes*. Mettant à profit ses recherches et réflexions de l'avant-guerre, Bataille ne cessera d'affiner (notamment dans *La Littérature et le Mal*, 1957) une conception de la littérature qui apparaît diamétralement opposée à celle de Sartre.

Sans pouvoir évoquer complètement la pensée complexe de Bataille, dont l'influence presque souterraine aura été considérable pendant le demi-siècle écoulé, on voudrait insister sur deux de ses aspects, qui nous intéressent au premier chef. D'abord, Bataille s'oppose frontalement à Sartre en ce que la littérature est pour lui, fondamentalement, « négativité sans emploi », c'est-à-dire une activité dépourvue de toute forme d'utilité, pure dépense, destruction gratuite et irresponsable du monde ; et c'est en cela que la littérature est nécessairement prise dans une forme d'engagement, puisqu'elle conteste radicalement la logique d'un monde où domine l'utilitaire, et qu'elle la conteste donc dans un mouvement de négation sans fin. Par ailleurs, et c'est là aussi qu'il annonce avec force ce qui va suivre, Bataille récuse la conception instrumentale que Sartre a du langage. Pour lui, ce qui fonde le langage est la part d'incommunicable qu'il recèle ; ce qui paradoxalement assure l'échange entre les partenaires de la communication est précisément l'expérience qu'ils font de l'indicible qui les sépare irrémédiablement. Postuler, cela revient évidemment à contester le fondement même de la conception sartrienne de l'engagement : cette croyance profonde que la littérature est avant tout échange et communication à travers la positivité d'un langage-instrument.

On voit ainsi que la doctrine sartrienne constitue certes l'apogée de la littérature engagée, l'effervescence de l'entre-deux-guerres trouvant chez lui une manière d'équilibre. Mais cet équilibre paraît également fragile, parce qu'à travers lui se révèlent assez nettement les apories constitutives de la démarche d'engagement.

C'est tout à la fois dû à la radicalisation théorique opérée par Sartre, laquelle pousse la réflexion jusqu'à ses dernières conséquences, et aux réactions que provoque l'hégémonie du discours sartrien : progressivement se développe une réflexion qui, sondant les contradictions de l'engagement sartrien, élabore une autre vision de la littérature et de l'engagement.

CHAPITRE XIV

Le reflux de l'engagement

Après dix ans d'hégémonie du discours sartrien sur la littérature, on constate vers le milieu des années cinquante, et plus visiblement encore au début de la décennie suivante, un très net reflux de l'engagement littéraire. Non pas que la mobilisation idéologique des intellectuels et des écrivains cesse d'être d'actualité – elle aurait tendance au contraire à s'accentuer et à se généraliser ; mais c'est le désir de la faire paraître dans les œuvres qui s'amoindrit, comme si la littérature était alors occupée à reconquérir sa singularité contre l'envahissement du politique qui avait caractérisé la période sartrienne. Sans doute, l'excès de radicalité et de dogmatisme de la doctrine de Sartre a-t-il suscité cette réorientation des possibles littéraires, mais il faut surtout dire que cette radicalité et ce dogmatisme n'ont plus alors la raison d'être et la pertinence qu'ils avaient au sortir de la guerre.

En effet, à la charnière des années cinquante et soixante, la défiance envers le communisme soviétique se répand parmi les intellectuels et provoque nombre de désaffections : les témoignages sur la nature réelle du régime se multiplient, confortés par le Rapport Khrouchtchev sur les crimes de Staline que *Le Monde* publie en 1956 ; par ailleurs, l'intervention soviétique de 1956 en Hongrie et la construction du mur de Berlin en 1961 font voir que le système soviétique n'a pas fondamen-

talement changé de nature avec la mort de Staline. À
cela s'ajoute le fait que de nouvelles causes, et donc de
nouveaux « lieux » d'engagement, se dessinent pour les
intellectuels : la décolonisation en Afrique, la guerre
d'Algérie, le socialisme de Tito en Yougoslavie, la révolution cubaine, le tiers-mondisme et bientôt la Révolution culturelle en Chine apparaissent comme autant de
possibles politiques dans lesquels peuvent s'investir une
foi et un enthousiasme révolutionnaires que le totalitarisme soviétique a déçus. Cela signifie également que
l'hégémonie idéologique et politique du communisme
soviétique, si prégnante dans l'immédiat après-guerre,
se fissure et laisse place à des modèles alternatifs, ce qui
a pour effet d'élargir l'éventail des choix à la disposition des intellectuels de gauche : on peut désormais cri-
tiquer l'URSS, sans paraître renier son engagement
révolutionnaire. Avec cette ouverture des possibles politiques, c'est un peu la raison d'être du positionnement
sartrien vis-à-vis du PCF qui disparaît.

Par ailleurs, la montée en puissance de la pensée
structuraliste, qui arrive alors à sa pleine maturité après
une longue période de « latence », se présente comme
une solution de remplacement à l'existentialisme sartrien et à sa conception de l'engagement. Le structuralisme postule en effet que tout phénomène ne peut être
connu isolément, mais qu'il doit être rapporté au système dans lequel il s'insère et dont il dépend, c'est-à-
dire qu'il ne peut être connu qu'à travers les relations
de solidarité qu'il entretient avec les autres éléments du
système. Ce primat de la structure a pour conséquence
d'évacuer en partie la question du sujet, ainsi que celle
de l'Histoire (puisque tout système ne s'appréhende
qu'en synchronie) : ce sont dès lors les deux fondements
de l'engagement sartrien – l'importance accordée à la
personne singulière et à sa possibilité de se déterminer
librement, ainsi que son insertion dans une époque don-

née prescrivant certains devoirs – qui se trouvent en quelque manière évacués par le structuralisme. De plus, la notion même de structure et l'importance de la linguistique dans le développement de cette pensée déterminent le retour à des préoccupations formelles, voire à un formalisme littéraire, ce qui s'oppose également à l'engagement tel que Sartre le concevait.

Enfin et surtout, de nouvelles tendances littéraires apparaissent qui, sans même s'opposer frontalement à Sartre, déportent insensiblement la doctrine de l'engagement vers les marges de la littérature. D'abord, il faut noter qu'à la fin des années cinquante, le PCF à travers *La Nouvelle Critique* abandonne le dogme du réalisme socialiste. Le fait est d'importance pour la littérature, parce qu'il libère le champ de l'engagement : avec la disparition du réalisme socialiste (et donc d'une littérature de la certitude idéologique), c'est aussi la nécessité de la réponse sartrienne – et donc de la radicalité de sa conception de la littérature engagée – qui s'efface. L'engagement peut alors se définir plus subtilement et, comme on le verra, de façon plus médiate.

Par ailleurs, c'est au cours des mêmes années que l'on commence à prendre vraiment la mesure d'un fait dont la génération sartrienne n'avait pas perçu l'importance fondamentale : celui du génocide et des camps d'extermination. Il provoque une crise majeure de la pensée moderne, bouleversant les certitudes les mieux ancrées et il confronte philosophes et écrivains à un événement qui paraît rigoureusement impensable et à une expérience qui semble indicible. Dès l'immédiat après-guerre, des écrivains tels que Jean Cayrol ou Robert Antelme (avec *L'Espèce humaine*) avaient tenté d'écrire l'inexprimable qui est au cœur de l'expérience concentrationnaire. Mais c'est seulement au cours des années cinquante que cette problématique majeure fait véritablement sentir ses effets et amène des écrivains, tels

Blanchot ou Duras (à la suite de Bataille), à placer au cœur de leur projet d'écriture la question de l'indicible et du silence : à nouveau, c'est ici la positivité de l'engagement sartrien qui se trouve mise en cause, ainsi que sa conception quasi instrumentale du langage.

Apparaît enfin la mouvance du nouveau roman, qui marque le retour d'une littérature préoccupée par la question des formes. Il faut néanmoins éviter ici d'assimiler le prétendu « formalisme du nouveau roman » à la résurgence d'un purisme esthétique, tel que Sartre le dénonçait dans *Situations, II*. Il convient plutôt de voir que, avec cet ensemble d'ailleurs assez hétérogène des nouveaux romanciers, c'est fondamentalement à une mise en cause et à un renouvellement de la conception du romanesque que l'on assiste : en travaillant sur les codes et conventions du genre, ce mouvement visait avant tout à contester et à repenser les relations du récit au monde, à l'histoire et à l'idéologie ; toutes choses que Sartre avait aperçues avant guerre lorsqu'il soulignait qu'« une technique romanesque renvoie toujours à la métaphysique du romancier » (Sartre, 1947 : 66), mais dont il avait été incapable de tirer les conséquences pratiques. En d'autres termes, le nouveau roman a, d'une certaine manière, repris la question des enjeux idéologiques des formes romanesques là où la réflexion de Sartre (et d'autres) l'avait laissée à la Libération. En refusant néanmoins l'impératif de l'engagement littéraire : dans *Pour un nouveau roman* (1963), Alain Robbe-Grillet affirme sa volonté de dissocier création littéraire et engagement politique ; Claude Simon, quant à lui, déclare dans une interview donnée la même année à *L'Express* : « Le romancier et la politique : et si les écrivains révolutionnaires jouaient le rôle de la presse du cœur ? » Provocante, la boutade fait pourtant sens lorsqu'on sait que son auteur, comme Robbe-Grillet, Duras, Sarraute ou Pingaud, avait signé en 1960 le *Manifeste*

des 121 sur le droit à l'insoumission pendant la guerre
d'Algérie : elle signifie que l'écrivain ne se veut pas
indifférent à la politique, mais qu'il pense que l'exigence littéraire est distincte de l'engagement politique,
parce que la littérature agit ailleurs et autrement.

Ce redéploiement littéraire marque bien le recul de la
conception engagée de la littérature qui s'était imposée
à la Libération. Sartre lui-même semble avoir suivi ce
mouvement, dans la mesure où sa production spécifiquement littéraire cède le pas, durant ces années, à des
interventions qui relèvent davantage d'un engagement
exclusivement intellectuel : son dernier roman, *La Mort
dans l'âme*, paraît en 1949 ; sa dernière grande pièce de
théâtre, *Les Séquestrés d'Altona*, est jouée en 1959 ; *Les
Mots*, autobiographie qui se veut en partie un adieu à la
littérature, sont publiés en 1964. En 1966, il donne à
Tokyo trois conférences réunies sous le titre « Plaidoyer
pour les intellectuels » (Sartre, 1990 : 219-281) : significativement, c'est désormais de l'intellectuel dont se
préoccupe l'auteur ; l'écrivain reste certes, par excellence, le candidat idéal à cette fonction, mais il n'est
plus question de littérature engagée...

Pourtant, la « fin » de la littérature engagée ne signifie
pas qu'on entre dans une ère de désengagement, comme
on le soulignait au début de ce chapitre en insistant sur
les grandes mobilisations idéologiques de la période. Il
semble plutôt que les rapports entre littérature et politique s'articulent autrement. Un critique en particulier,
Roland Barthes, semble avoir assuré le passage de la
conception sartrienne de la littérature à celle qui dominera les années soixante et soixante-dix.

1. Sous le signe de Barthes

De dix ans le cadet de Sartre (il est né en 1915), Roland Barthes était particulièrement bien placé pour opérer en douceur la sortie de l'engagement sartrien. Comme la plupart des intellectuels de son temps, il adhérait à une vue marxiste de l'Histoire, mais son marxisme se trouvait en quelque manière corrigé et assoupli par son intérêt pour le théâtre engagé de Brecht, dont il fut, avec Bernard Dort, l'introducteur en France à travers la revue *Théâtre populaire*. Il était par ailleurs, à ses débuts, visiblement influencé par Sartre, comme en témoigne son premier ouvrage, *Le Degré zéro de l'écriture* (1953). Passionnément épris de littérature et manifestement tenté par l'écriture, il est cependant resté un critique, ce qui lui a permis de s'exprimer avec une plus grande latitude, tout en développant une critique littéraire en étroite osmose avec les objets qu'elle se choisissait (le nouveau roman, mais aussi les grands classiques, de Racine à Proust). Enfin, il fut au cœur des avancées intellectuelles des années cinquante et soixante : il fera beaucoup pour la divulgation du structuralisme, activera l'ambition d'une science des signes (la sémiologie), sera la figure tutélaire de la nouvelle critique et du groupe Tel Quel.

Dès *Le Degré zéro*, Barthes élabore ainsi une réponse à l'engagement littéraire sartrien qui évite d'être une dénonciation pure et simple. De la théorie de Sartre, il conserve plusieurs acquis. D'abord, il conçoit la modernité comme un moment de rupture, où la littérature cesse de faire corps avec la société qui l'accueille pour entrer dans un régime d'existence foncièrement problématique (contrairement à Sartre, il considère néanmoins que la modernité, dans l'état présent de la société, est indépassable) ; il reprend aussi la distinction sartrienne entre prose et poésie, cette dernière étant pour lui inengageable également ; enfin, l'horizon de sa conception du littéraire reste l'utopie d'une révolution nécessaire qui, avec l'avènement d'une société sans classes, permettrait d'unifier le public et rendrait à la littérature la positivité perdue aux alentours de 1850 ; le questionnement de Barthes porte dès lors sur la responsabilité de l'écrivain dans ce processus, et son ambition est de définir la nature réelle de l'engagement littéraire.

En effet, Barthes souhaite rendre à la littérature une spécificité que la conception sartrienne tendait à lui faire perdre : celle de la forme, dont Barthes examine de quelle manière elle peut s'avérer le lieu véritable de l'engagement. Pour cela, il invente la notion d'« écriture » qu'il définit comme l'une des trois dimensions (avec la langue et le style) de la forme :

> (…) mais l'identité formelle d'un écrivain ne s'établit véritablement qu'en dehors de l'installation des normes de la grammaire [*i.e.* de la langue] et des constantes du style [décrit comme « produit naturel de la personne biologique »], là où le continuum écrit, rassemblé et renfermé d'abord dans une nature innocente, va devenir enfin un signe total, le choix d'un comportement humain, l'affirmation d'un certain Bien, engageant ainsi l'écrivain dans la communication d'un bonheur ou d'un malaise, et liant la forme à la fois normale et singulière de sa parole à la vaste histoire d'autrui. Langue et style sont des forces aveugles ; l'écriture est un acte de solidarité historique. Langue et style sont des objets ; l'écriture est une fonction : elle est le langage littéraire transformé par sa destination sociale, elle est la forme saisie dans son intention humaine et liée ainsi aux grandes crises de l'Histoire. (Barthes, 1953 : 14.)

On aura remarqué combien Barthes applique à la question de la forme une phraséologie caractéristique de l'engagement sartrien : choix, affirmation, engagement, acte, communication, Histoire, etc. Ainsi, pour Barthes, l'écriture est valeur ; elle est le lieu spécifique où l'écrivain s'engage et prend ses responsabilités par le choix d'une certaine forme, disponible parmi les possibles littéraires existants.

Il n'en reste pas moins que le propos du *Degré zéro* ne peut simplement consister dans le transfert de la problématique de l'engagement du contenu vers la forme (pour prendre une dichotomie commode mais à quelque degré fallacieuse). Barthes mesure les écueils d'une telle démarche. Il perçoit notamment que le travail formel, s'il est ce qui assure la spécificité du littéraire, est aussi ce par quoi la littérature s'institue comme telle. En d'autres termes, la forme est un « pacte » qui lie l'écrivain à la société. Il en résulte que toute forme est toujours, à quelque degré, « convention », c'est-à-dire un ensemble de signes par lesquels la littérature s'affiche comme telle, se montre du doigt et donc s'aliène à la société dans laquelle elle s'insère. D'où ce rêve de tous les écrivains modernes d'inventer une écriture neuve, qui échapperait à la convention et leur permettrait d'atteindre à une « fraîcheur » – métaphore déjà présente chez Sartre –, c'est-à-dire à une parole libérée de l'emprise des conventions et du social, qui dirait le monde et le réel en toute liberté et sur de nouveaux frais. Pour Barthes, l'histoire de la littérature moderne est cette incessante recherche d'une forme neuve et rafraîchissante, cette tentative d'inventer un langage librement produit.

C'est à ce stade qu'apparaissent les divergences les plus profondes avec la théorie sartrienne. La première tient au rapport qu'entretiennent fond et forme : pour Sartre, « il s'agit de savoir de quoi l'on veut écrire (…).

Et quand on le sait, il reste à décider comment on en
écrira. Souvent les deux choix ne font qu'un, mais
jamais, chez les bons auteurs, le second ne précède le
premier » (Sartre, 1948a : 31). Pour Barthes au contraire,

> L'écriture moderne est un véritable organisme indé-
> pendant qui croît autour de l'acte littéraire, le décore
> d'une valeur étrangère à son intention, l'engage
> continuellement dans un double mode d'existence,
> et superpose au contenu des mots des signes opaques
> qui portent en eux une histoire, une compromission
> ou une rédemption secondes, de sorte qu'à la situa-
> tion de la pensée, se mêle un destin supplémentaire,
> souvent divergent, toujours encombrant, de la forme.
> (Barthes, 1953 : 62.)

En d'autres termes, là où Sartre insistait sur la primauté du propos ou de l'idée sur la forme, Barthes
affirme l'autonomie de la forme et sa capacité à signifier
indépendamment, voire contradictoirement, par rapport
à l'intention de l'auteur. C'est donc l'exigence de lucidité et de maîtrise réflexive à laquelle Sartre soumettait
l'écrivain engagé qui se trouve contestée par la prééminence
que Barthes accorde à la forme : l'écrivain n'est
pas totalement maître de son propos, parce qu'il ne peut
mesurer les effets induits par l'écriture qu'il emprunte
ou invente.

Ensuite, et à l'autre bout du procès littéraire, Barthes
refuse de poser la question de l'engagement en termes
de public :

> (…) l'écriture est donc essentiellement la morale
> de la forme, c'est le choix de l'aire sociale au sein
> de laquelle l'écrivain décide de situer la Nature de
> son langage. Mais cette aire sociale n'est nullement
> celle d'une consommation effective. Il ne s'agit pas

> pour l'écrivain de choisir le groupe social pour
> lequel il écrit : il sait bien que, sauf à escompter une
> Révolution, ce ne peut être jamais que pour la même
> société. Son choix est un choix de conscience, non
> d'efficacité. Son écriture est une façon de penser la
> Littérature, non de l'étendre. (Barthes, 1953 : 15.)

On aura compris que ce que Barthes récuse ici, c'est
en fait le rôle de régulation et d'authentification de l'engagement que joue le public dans la doctrine sartrienne :
si l'engagement réside avant tout dans la forme, et
si, sur ce terrain, tout engagement consiste à tenter
d'échapper au carcan des conventions antérieures, la
validité de cette recherche exigeante ne peut être mesu-
rée à l'aune du public qu'elle atteint (il sera nécessairement limité) ; on la reconnaît plutôt à la hauteur de l'ambition que l'écrivain a placée à la source (et non au
terme) de son travail, c'est-à-dire aux choix formels
qu'il a posés.

Enfin, Barthes lui-même reconnaît que cette incessante tentative de produire un langage littéraire neuf et
libre est vouée à l'échec : toute forme nouvelle qui s'oppose aux conventions antérieures finit par s'instituer et
par devenir elle-même une convention qui devra être
détruite à son tour. Il y a donc une impasse de la littérature moderne (celle-là même que dénonçait Sartre), et
il en résulte un « tragique de l'écriture », « puisque
chaque écrivain conscient doit désormais se débattre
contre des signes ancestraux et tout-puissants [les
conventions héritées] qui, du fond d'un passé étranger,
lui imposent la littérature comme un rituel, et non
comme une réconciliation [avec la société et le public] »
(Barthes, 1953 : 64). Or, « la solution de cette problématique ne dépend pas des écrivains » (*ibid.* : 64) : elle
doit venir de la société elle-même, c'est-à-dire d'une
révolution qui, en unifiant le public dans une société

sans classes, permettra de réconcilier la littérature et la collectivité par l'émergence d'une écriture universelle.

Dès lors, si Sartre se disait janséniste, on peut avancer que, à l'inverse, Barthes est *quiétiste* dans sa conception de l'engagement : celui-ci est « choix de conscience et non d'efficacité ». C'est peut-être là que se situe le maillon faible du *Degré zéro de l'écriture*, dans cette façon de reconnaître finalement que la résolution de la problématique moderne de l'écriture n'appartient pas aux écrivains eux-mêmes. C'est pourquoi, dans la suite de son parcours, Barthes s'est employé, notamment dans ses *Essais critiques* (1964), à définir comment la littérature pouvait agir sur le monde. L'article fameux « Écrivains et écrivants » (qui date de 1960) avance ainsi, dans la continuité du *Degré zéro*, que « l'écrivain conçoit la littérature comme fin, le monde la lui renvoie comme moyen : et c'est dans cette *déception* infinie, que l'écrivain retrouve le monde, un monde étrange d'ailleurs, puisque la littérature le représente comme une question, jamais, *en définitive*, comme une réponse » (Barthes, 1964 : 149). Le critique est dès lors amené à conclure ainsi :

> Ce qu'on peut demander à l'écrivain, c'est d'être responsable ; encore faut-il s'entendre : que l'écrivain soit responsable de ses opinions est insignifiant ; qu'il assume plus ou moins intelligemment les implications idéologiques de son œuvre, cela même est secondaire ; pour l'écrivain, la responsabilité véritable, c'est de supporter la littérature comme *un engagement manqué,* comme un regard moïséen sur la Terre promise du réel (c'est la responsabilité de Kafka, par exemple). (Barthes, 1964 : 150.)

Ainsi, Barthes oppose à la positivité de l'engagement sartrien, au caractère nécessairement *assertif* de la parole engagée, quelque chose qui n'est pas de l'ordre de la négation, mais bien de l'interrogation : comme il le définit à propos de Kafka – auteur qui devient avec Blanchot et Barthes, et pour beaucoup dans la suite, une figure emblématique de l'écriture –, tout réside dans la capacité pour l'écrivain de présenter le réel sur un mode *allusif* ; dire le monde à demi-mot, c'est en quelque sorte suspendre les certitudes acquises, introduire dans la masse compacte des discours socialisés des failles par lesquelles s'introduisent le doute et le flottement. Tout engagement est de ce point de vue *manqué* en effet – et Dieu sait combien cette formule fera florès – puisqu'il ne peut changer le monde, mais juste faire (pres)sentir la nécessité de le changer.

En refusant donc le mode assertif (ou plutôt : en le subvertissant grâce à l'allusion), la littérature se détourne de la positivité qui a toujours plus ou moins caractérisé l'engagement. Reste que chez Barthes s'introduit une forme de compensation, absolument essentielle : ce que la littérature ne peut prendre en charge (dire le politique ou l'idéologique dans la positivité d'un discours constitué), c'est désormais à la critique qu'il revient de l'assumer. S'introduit ainsi avec Barthes ce « règne de la critique » qui caractérisera les années soixante et soixante-dix : l'œuvre littéraire tend à être constamment escortée d'un discours d'élucidation (tenu par l'auteur lui-même ou par un tiers qui partage ses vues) qui définit les enjeux idéologiques et les implications politiques de l'œuvre, laquelle se trouve en retour dispensée de les afficher clairement. La littérature renégocie ainsi son rapport au politique en transférant la nécessité de l'engagement vers la fonction critique. Barthes définit en ces termes les exigences de la « nouvelle critique » : « le péché majeur en critique, ce n'est pas l'idéologie, mais le silence dont on la couvre » ; « toute critique doit inclure dans son discours (…) un discours implicite sur elle-même. » (Barthes, 1964 : 254.) À bien y regarder, l'auteur ne suggère-t-il pas que l'obligation sartrienne de lucidité de l'écrivain, la nécessité de « passer, pour lui et pour les autres, de l'engagement de la spontanéité immédiate au réfléchi » sont désormais celles du critique ?

Le coup de force de Barthes, à la charnière des années cinquante et soixante, aura donc été celui-là : dissocier littérature et politique en promulguant par contre la nécessité d'une critique engagée (d'un méta-discours théorique) qui assume, délibérément et à la place de la littérature, la nécessité de prendre position sur le terrain idéologique.

2. Théoricisme et contre-culture

De ce point de vue, on peut avancer qu'une bonne part de la littérature « post-sartrienne », dans la façon dont elle a défini son rapport à la politique, est issue de Barthes et de l'appareil critique qu'il a mis en place. Les auteurs du nouveau roman (du moins certains d'entre eux) ont largement théorisé leur pratique, pour en fixer notamment les enjeux idéologiques : *L'Ère du soupçon* (1956) de Sarraute, *Pour un nouveau roman* (1963) de Robbe-Grillet, voire même les *Répertoires* de Butor, avant les travaux de Jean Ricardou, font office de méta-discours par lesquels ces auteurs situent idéologiquement leur projet littéraire, alors même que leurs œuvres, elles, paraissent spectaculairement « dépolitisées » et même, à certains égards, abstraites.

L'acmé de ce mouvement est sans doute atteint avec le groupe Tel Quel, dont la revue éponyme est sous-titrée *science/littérature*. C'est là une façon d'indiquer que théorie et pratique littéraires sont ici étroitement congruentes, l'une relançant l'autre, au point qu'elles

finissent à certains égards par se confondre. Comme le
montre suffisamment *Théorie d'ensemble* (1968), l'ouvrage programmatique du groupe (placé significativement sous le triple patronage de Foucault, Barthes et
Derrida), on assiste à ce moment à une véritable inflation du discours théorique, lequel prend, dans de nombreuses contributions, une orientation ouvertement politique (à titre d'exemples, on citera Philippe Sollers :
« Écriture et révolution », « L'écriture fonction de transformation sociale » ; Jean-Louis Baudry : « Écriture, fiction, idéologie » ; Jean-Joseph Goux : « Marx et l'inscription du travail », etc.). Tous ces titres suffisent à
indiquer combien l'ultime avant-garde de ce siècle a
poussé loin le « théoricisme » et combien celui-ci peut
apparaître comme la seule manière de donner un sens
politique à une démarche par ailleurs très formaliste. On
ajoutera que, en contrepoint, Tel Quel se livre aussi à
une déconstruction radicale des notions mêmes de littérature et d'auteur, considérées comme des constructions
idéologiques (bourgeoises) dont il faut se défaire : à la
notion d'œuvre, à laquelle s'attache le fétichisme de la
création individuelle, on préfère celle de texte, objet collectif et anonyme, produit de l'Histoire et des conditions
de production. On peut mesurer l'importance de cette
orientation du discours littéraire dans la manière dont
La Nouvelle Critique, revue communiste qui, dans
l'immédiat après-guerre, défendait la doctrine du réalisme socialiste, s'associe à la charnière des années
soixante et soixante-dix avec *Tel Quel* en vue d'établir
« un formalisme marxiste ».

Parallèlement à cette effervescence théorique, qui
consacre la critique comme le lieu spécifique de l'engagement littéraire, se développent aussi de nouvelles
formes de contestation culturelle, spectaculairement
mises en évidence par la révolte étudiante de Mai 68.
On constate en effet que l'engagement tend alors à se

déporter aux marges de la littérature : la chanson engagée connaît ses grandes heures ; de même que des
genres jusque-là peu valorisés, comme la bande dessinée, deviennent le support d'une contestation souvent
joyeuse : des périodiques tels que *Hara-Kiri, L'Écho
des savanes, Charlie*, des créateurs tels que Gotlib, Bre-
técher, Reiser, Wolinski, Mandryka, etc., mélangent
avec jubilation provocations érotiques, satire sociale et
revendication du « goût vulgaire », comme autant de
moyens de s'en prendre à la culture officielle et aux
normes de la bienséance bourgeoise.

   Inspirée en partie des mouvements contestataires
américains, se développe une « contre-culture » qui
touche à dessein des domaines que ne reconnaît pas la
culture instituée : elle investit des arts mineurs ou
moyens (la photographie), valorise des genres populaires ou triviaux (la science-fiction, la BD), réhabilite
les « petites cultures » ou les folklores, s'empare des
médiums comme le slogan ou l'affiche publicitaires,
qu'elle détourne de leur office premier à des fins sub-
versives. Le champ de la contestation culturelle prend
ainsi une extension très large et finit par se manifester
dans les modes de vie et les attitudes (les beatniks ou
hippies importés des États-Unis).

   À la fois représentative de ce mouvement général et
en décrochage par rapport à lui en raison de son activisme et de son intransigeance théorique, se trouve l'Internationale situationniste (IS), fondée par Guy Debord
en 1957 et qui jouera un rôle important dans le mouvement de Mai 68. Inspirés par Claude Lefort et Corné-
lius Castoriadis, les situationnistes se sont livrés à une
critique radicale de la littérature et de l'art institués,
considérés comme incapables d'innover réellement
depuis l'expérience surréaliste. Refusant de s'intégrer
dans les circuits culturels classiques, fonctionnant
essentiellement à travers tracts et revues, l'IS a notam-

ment cherché à mettre au point de nouvelles formes d'interventions culturelles : les membres de ce groupe font un usage très incisif du slogan, se livrent au détournement subversif d'œuvres d'art consacrées, travaillent à la « construction de situations » (*i.e.* création de conditions particulières, destinées à susciter, dans un groupe donné, une série d'attitudes et de comportements), ou pratiquent la « dérive » (*i.e.* découverte erratique d'un environnement, toujours urbain, inspirée de la déambulation surréaliste), etc.

Attentifs aux formes les plus divulguées de la culture contemporaine (bande dessinée, cinéma, publicité), les situationnistes ont centré leur action subversive sur la vie quotidienne plutôt que sur la culture la plus légitime ; le concept de *spectacle*, qui représente la principale originalité théorique du mouvement, soutient en effet une critique globale de la société contemporaine : à la fois moyen et fin d'un monde fondé sur la production et la consommation des marchandises, le spectacle est la substitution des images et des représentations à la vie réelle et au vécu et il constitue de ce fait un mode d'aliénation unique et indépassable (voir Debord, 1967 : *La Société du spectacle*).

Les années soixante-dix présentent donc le profil singulier d'être un moment de grande mobilisation idéologique et de contestation radicale durant lequel il faut pourtant noter un très net recul de la littérature engagée. L'engagement paraît s'être déporté dans les pourtours de la littérature : qu'il s'agisse du théoricisme de Tel Quel ou d'une contre-culture, souvent joyeuse et subversive, tout se passe un peu comme si la littérature engagée de type « classique » avait cédé la place.

3. Un engagement à la fois impossible et nécessaire

On pourrait penser cependant que ce sont les années quatre-vingt qui ont signé définitivement la disparition de la littérature engagée. L'effondrement du bloc soviétique et les révisions idéologiques déchirantes qu'il a entraînées chez les intellectuels en seraient responsables, d'autant qu'avec ce que l'on nomme fallacieusement la « fin des idéologies » et le mouvement de désinvestissement du politique qu'elle a généré, l'exercice de l'engagement littéraire aurait perdu sa raison d'être. Il est vrai que la fin de l'utopie révolutionnaire, qui a si puissamment mobilisé les écrivains pendant près d'un siècle, a privé la littérature d'un horizon idéologique qui lui était sans doute essentiel dans la perspective qui nous occupe. Mais il faut aussi admettre que l'engagement ne se résume pas à telle ou telle prise de position politique, qu'il suffirait d'inscrire plus ou moins distinctement dans l'œuvre.

Fondamentalement, l'engagement est une confrontation de la littérature au politique, au sens le plus large. C'est une interrogation sur la place et la fonction de la littérature dans nos sociétés. Pour les écrivains qui l'ont pratiqué, cela a été, entre autres choses, une manière d'examiner dans quelle mesure la littérature pouvait être simultanément objet esthétique et force agissante ou, pour le dire autrement, comment la gratuité qu'elle possède n'était pas exclusive d'une manière d'efficacité dans l'ordre du discours et de l'action. En posant ainsi le problème, on constate que cette réalité à la fois familière et opaque que l'on nomme la littérature perd l'évidence qui la caractérise habituellement. Ce n'est pas un hasard en effet si la réflexion sur l'engagement littéraire s'est souvent développée sur le mode du « qu'est-ce que... ? » (*Qu'est-ce que la littérature ?* chez Sartre,

« Qu'est-ce que l'écriture ? » chez Barthes, etc.) : l'engagement aboutit toujours plus ou moins à un questionnement sur l'*être* de la littérature, à une tentative de fixer ses pouvoirs et ses limites.

C'est également la raison pour laquelle, depuis le roman à thèse barrésien et l'écriture pamphlétaire d'un Péguy jusqu'aux spéculations théoriques d'un Barthes, l'évolution possède une certaine cohérence : des genres qui paraissent les plus « naturellement » faits pour l'engagement, la perspective s'élargit à la littérature tout entière, parce que le sens de l'engagement est précisément d'inscrire le fait littéraire dans le monde et dans la société et de le faire participer à l'histoire immédiate. Que l'écrivain qui adopte cette démarche rencontre inévitablement les contradictions constitutives de la conception moderne du littéraire ne doit pas étonner : l'engagement est presque fait pour les faire éclater et les porter à leurs limites extrêmes.

Si l'on accepte d'envisager sous cet angle la question de l'engagement littéraire, on conclura qu'on n'en aura jamais fini avec lui, parce qu'il est une manière de déterminer une éthique de la littérature et parce que tout écrivain exigeant doit, à un moment ou à un autre, s'interroger sur le sens de son entreprise. L'engagement est ainsi pour la littérature un horizon à la fois nécessaire et impossible à atteindre ; une question à poser plus qu'une réponse à apporter, un désir ou une volonté plus qu'une réalité effective.

C'est en tout cas, dans le sillage de Barthes, le sens du travail de bien des auteurs qui écrivent aujourd'hui sous le coup des grandes déceptions idéologiques de l'« ère post-révolutionnaire » et qui ont choisi de dire, avec modestie, que la littérature n'a pas de certitudes à délivrer mais seulement des questions à poser, que l'engagement est toujours *manqué*, mais que c'est ainsi qu'il passe au plus près de la vérité.

L'œuvre de Pierre Mertens, parmi d'autres possibles, est exemplaire de ce point de vue : engagé, l'écrivain l'est incontestablement par ses prises de position intellectuelles ; mais une interrogation sur la possibilité même de l'engagement en littérature traverse son œuvre de part en part. D'abord, l'auteur s'inscrit explicitement dans un réseau d'amitiés et de connivences qui rassemble des écrivains (Julio Cortázar, Milan Kundera, Vassili Vassilikos, etc.) appartenant à des pays ou des régions qui ont connu des régimes d'oppression : de ce fait, ces écrivains ont pratiqué la littérature comme une forme de résistance et ils possèdent sans doute un sens de l'engagement plus grand et plus essentiel que le nôtre, sens de l'engagement auquel Pierre Mertens entend s'associer. Ensuite, ses romans ne cessent de mettre en scène les ambiguïtés et les impossibilités qui guettent toute démarche d'engagement : dans *Les Bons Offices* (1974), le protagoniste central, significativement nommé Paul Sanchotte (il est donc un mixte de Sancho Pança et de Don Quichotte), est médiateur des Nations unies et de l'Unesco ; il ne cesse de se rendre sur les points chauds du globe, pour s'apercevoir qu'il arrive toujours trop tard et que la position de neutralité « humanitaire » n'est pas tenable jusqu'au bout, échec « politique » qui le mine autant que celui d'une vie privée qui s'effiloche. Dans *Les Éblouissements* (1987), Mertens explore par la fiction la vie de Gottfried Benn, poète expressionniste allemand et médecin, fasciné et horrifié par la misère des corps, et pourtant converti un temps au nazisme ; l'effort du romancier est ici de comprendre comment l'erreur a pu ainsi s'insinuer chez un homme dont l'œuvre semblait pourtant exclure ce type de dérive.

Aussi, l'œuvre littéraire de Mertens porte moins le deuil de l'engagement qu'elle n'en indique avec lucidité l'inévitable nostalgie. Elle développe une réflexion qui, entre déploration et constat, ne cesse de dire cette néces-

sité impossible de l'engagement. Oscillant entre dévoilement des blessures intimes de personnages écrasés par
leur propre impuissance et volonté d'une ouverture la
plus large sur le monde, entrelaçant également (auto)bio-
graphie et fiction, les romans de Mertens parviennent,
grâce à ces va-et-vient incessants, à ménager une place à
l'engagement : celle d'un entre-deux ou d'une empreinte
indiquant en creux sa présence problématique.

Là est finalement le paradoxe : ce « manque à l'engagement » qui paraît aujourd'hui le signe sous lequel
s'écrit la littérature la plus lucide s'avère aussi sa
chance ; l'espace laissé à découvert par le reflux de l'engagement, la littérature s'emploie à le reconquérir en faisant de cet engagement manqué sa marque distinctive,
son drame intime et magnifique. Car, en définitive, au
jeu du qui-perd-gagne, la littérature l'emporte toujours.

Sélection bibliographique

ŒUVRES ET TEXTES CITÉS

ARAGON (Louis), *Les Beaux Quartiers*, Paris, Gallimard,
     coll. « Folio », 1972.
ARAGON (Louis), *Les Cloches de Bâle*, Paris, Gallimard,
     coll. « Folio », 1972.
BARRÈS (Maurice), *L'Appel au soldat*, Paris, Le Livre de Poche,
     1975.
BARRÈS (Maurice), *Les Déracinés*, Paris, Le Livre de Poche,
     1967.
BARRÈS (Maurice), *Leurs figures*, Paris, Le Livre de Poche, 1967.
BARTHES (Roland), *Le Degré zéro de l'écriture* (suivi de *Nou-
     veaux Essais critiques*), Paris, Éd. du Seuil, coll. « Points
     Essais », 1972.
BARTHES (Roland), *Essais critiques*, Paris, Éd. du Seuil,
     coll. « Points Essais », 1981.
BAUDELAIRE (Charles), *Fusées. Mon cœur mis à nu. La Belgique
     déshabillée*, Paris, Gallimard, coll. « Folio classique », 1986.
     Éd. d'André Guyaux.
BEAUVOIR (Simone de), BERGER (Yves), FAYE (Jean-Pierre),

RICARDOU (Jean), SARTRE (Jean-Paul), SEMPRUN (Jorge), *Que peut la littérature ?*, Paris, UGE, coll. « L'inédit 10/18 », 1965.

BERNANOS (Georges), *Les Grands Cimetières sous la lune*, dans *Essais et Écrits de combats*, Paris, Gallimard, coll. « Bibliothèque de la Pléiade », 1971.

BRETON (André), *Manifeste du surréalisme* et *Second Manifeste du surréalisme*, dans *Œuvres complètes*, vol. I, Paris, Gallimard, coll. « Bibliothèque de la Pléiade », 1988.

DRIEU LA ROCHELLE (Pierre), *Gilles*, Paris, Gallimard, coll. « Folio », 1973.

DRIEU LA ROCHELLE (Pierre), *L'Homme à cheval*, Paris, Gallimard, coll. « L'imaginaire », 1992.

FRANCE (Anatole), *Crainquebille*, Paris, Calmann-Lévy, 1947.

FRANCE (Anatole), *L'Île des Pingouins*, Paris, Calmann-Lévy, 1908.

GIDE (André), *Littérature engagée*, Paris, Gallimard, 1950. Textes réunis par Yvonne DAVET.

GIDE (André), *Retour de l'URSS*, suivi de *Retouches à mon « retour de l'URSS »*, Paris, Gallimard, 1936.

GIDE (André), *Voyage au Congo*, suivi de *Le Retour du Tchad. Carnets de route*, Paris, Gallimard, coll. « Folio », 1995.

MALRAUX (André), *L'Espoir*, Paris, Gallimard, coll. « Folio », 1972.

MALRAUX (André), *La Condition humaine*, Paris, Gallimard, coll. « Folio », 1971.

MALRAUX (André), *Les Conquérants*, Paris, Le Livre de Poche, 1992.

MERTENS (Pierre), *Les Bons Offices*, Paris, Éd. du Seuil, 1974.

MERTENS (Pierre), *Les Éblouissements*, Paris, Éd. du Seuil, coll. « Points », 1989.

Paul NIZAN, *Aden Arabie*, Paris, Éd. du Seuil, coll. « Points », 1996.

Paul NIZAN, *Antoine Bloyé*, Paris, Grasset, coll. « Les Cahiers rouges », 1985.

Paul NIZAN, *La Conspiration*, Paris, Gallimard, coll. « Folio », 1973.

Paul NIZAN, *Le Cheval de Troie*, Paris, Gallimard, coll. « L'imaginaire », 1994.

PAULHAN (Jean), *Lettre aux directeurs de la Résistance*, Paris, Jean-Jacques Pauvert, 1968.

PÉGUY (Charles), *Notre jeunesse*, dans *Œuvres en prose complètes*, Paris, Gallimard, coll. « Bibliothèque de la Pléiade », 1992.

SARTRE (Jean-Paul), *Œuvres romanesques*, Paris, Gallimard, coll. « Bibliothèque de la Pléiade », 1981.

SARTRE (Jean-Paul), *Théâtre*, Paris, Gallimard, 1947.

TEL QUEL, *Théorie d'ensemble*, Paris, Éd. du Seuil, coll. « Tel Quel », 1968.

VALLÈS (Jules), *L'Enfant*, Paris, Gallimard, coll. « Folio classique », 1973.

VALLÈS (Jules), *Le Bachelier*, Paris, Le Livre de Poche, 1985.

VALLÈS (Jules), *L'Insurgé*, Paris, Le Livre de Poche, 1986.

Concernant la révolution de 1848 et ses conséquences littéraires, on se reportera à l'excellent ouvrage de :

OELER (Rolf), 1996 : *Le Spleen contre l'oubli. Juin 1848*, Paris, Payot (trad. Guy Petitdemange et Sabine Cornille).

Sur l'histoire politique des intellectuels, de nombreux ouvrages sont disponibles, parmi lesquels on retiendra, pour leur lisibilité :

ORY (Pascal) et SIRINELLI (Jean-François), 1986 : *Les Intellectuels en France. De l'affaire Dreyfus à nos jours*, Paris, Armand Colin.

WINOCK (Michel), 1999 : *Le Siècle des intellectuels*, Paris, Éd. du Seuil, coll. « Points ».

Sur les relations entre parti communiste et littérature :

MOREL (Jean-Pierre), 1985 : *Le Roman insupportable. L'Internationale littéraire et la France (1920-1932)*, Paris, Gallimard, coll. « Bibliothèque des idées ». [Un ouvrage de référence, très bien documenté.]

ROBIN (Régine), 1986 : *Le Réalisme socialiste. Une esthétique impossible*, Paris, Payot. [Une analyse du corpus soviétique qui met essentiellement en évidence les apories de la doctrine du réalisme socialiste.]

Sur la droite littéraire et intellectuelle :

STERNHELL (Zeev), 1972 : *Maurice Barrès et le Nationalisme français*, Paris, Presses de la fondation nationale des sciences politiques.

STERNHELL (Zeev), 1983 : *Ni droite, ni gauche. L'idéologie fasciste en France*, Paris, Éd. du Seuil. [Les thèses de cet historien du fascisme sont contestées, mais elles sont stimulantes et courageuses.]

LOUBET DEL BAYLE (Jean-Louis), 1969 : *Les Non-Conformistes des années 30. Une tentative de renouvellement de la pensée politique française*, Paris, Éd. du Seuil. [Sur ce sujet, ce livre est un classique inégalé.]

Sur la résistance et la collaboration littéraires, ainsi que sur l'épuration des intellectuels à la Libération :

SAPIRO (Gisèle), 1999 : *La Guerre des écrivains (1940-1953)*,

Paris, Fayard. [Un ouvrage exhaustif, à lire pour sa richesse documentaire et la rigueur de ses analyses.]

Sur Sartre :

BOSCHETTI (Anna), 1985 : *Sartre et « Les Temps modernes ». Une entreprise intellectuelle,* Paris, Éd. de Minuit, coll. « Le sens commun ». [Une analyse de la trajectoire de Sartre après guerre qui reconstitue l'espace intellectuel et littéraire dans lequel la doctrine de l'engagement s'est déployée.]

HOLLIER (Denis), 1982 : *Politique de la prose. Jean-Paul Sartre et l'an quarante,* Paris, Gallimard, coll. « Le Chemin ». [Un essai intelligent, qui met en évidence les difficultés de Sartre à concilier engagement et littérature.]

Bibliographie

ADERETH (M.), 1967 : « Commitment in modern french literature. A brief study of "littérature engagée" », dans *The Works of Péguy, Aragon and Sartre*, Londres, V. Gollancz.

ALTMAN (Thierry), 1993 : *Paul Nizan. Les conséquences du refus*, Bruxelles, De Boeck-Université, « Culture & communication ».

ANGENOT (Marc), 1982 : *La Parole pamphlétaire. Typologie des discours modernes*, Paris, Payot.

ANGLÈS (Auguste), 1978 : *André Gide et le Premier Groupe de* La Nouvelle Revue française. *La formation du groupe et les années d'apprentissage (1890-1910)*, Paris, Gallimard.

ARON (Paul), 1995 : *La Littérature prolétarienne en Belgique francophone depuis 1900*, Bruxelles, Labor, coll. « Un livre. Une œuvre ».

ASSOULINE (Pierre), 1985 : *L'Épuration des intellectuels*, Bruxelles, Complexe.

BARTHES (Roland), 1953 : *Le Degré zéro de l'écriture* (suivi de *Nouveaux Essais critiques*), Paris, Éd. du Seuil, coll. « Points Essais », 1972.

BARTHES (Roland), 1964 : *Essais critiques*, Paris, Éd. du Seuil, coll. « Points Essais », 1981.

BATAILLE (Georges), 1957 : *La Littérature et le Mal*, Paris, Gallimard, coll. « Idées », 1967.

BAUDELAIRE (Charles), 1986 : *Fusées. Mon cœur mis à nu. La Belgique déshabillée*, Paris, Gallimard, coll. « Folio classique » [éd. André Guyaux].

BEAUVOIR (Simone de), 1963 : *La Force des choses*, t. I, Paris, Gallimard, coll. « Folio », 1972.

BEAUVOIR (Simone de), BERGER (Yves), FAYE (Jean-Pierre), RICARDOU (Jean), SARTRE (Jean-Paul), SEMPRUN (Jorge), 1965 : *Que peut la littérature ?*, Paris, UGE, coll. « L'inédit 10/18 ».

BELOFF (Max), 1970 : *The Intellectual in Politics*, New York, The Library Press.

BÉNICHOU (Paul), 1973 : *Le Sacre de l'écrivain (1750-1830). Essai sur l'avènement d'un pouvoir spirituel laïque dans la France moderne*, Paris, Corti.

BÉNICHOU (Paul), 1977 : *Le Temps des prophètes. Doctrines de l'âge romantique*, Paris, Gallimard, coll. « Bibliothèque des idées ».

BÉNICHOU (Paul), 1988 : *Les Mages romantiques*, Paris, Gallimard, coll. « Bibliothèque des idées ».

BERNARD (Jean-Pierre), 1972 : *Le Parti communiste français et la Question littéraire (1921-1939)*, Grenoble, Presses universitaires de Grenoble.

BOSCHETTI (Anna), 1985 : *Sartre et « Les Temps modernes ». Une entreprise intellectuelle*, Paris, Éd. de Minuit, coll. « Le sens commun ».

BOURDIEU (Pierre), 1971 : « Le marché des biens symboliques », dans *L'Année sociologique*, n° 22, p. 49-126.

BOURDIEU (Pierre), 1991 : « Le champ littéraire », dans *Actes de la recherche en sciences sociales*, n° 89, p. 4-46.

BOURDIEU (Pierre), 1992 : *Les Règles de l'art. Genèse et structure du champ littéraire*, Paris, Éd. du Seuil, coll. « Libre examen ».

BROMBERT (Victor), 1960 : *The Intellectual Hero. Studies in the french novel (1880-1955)*, Chicago, University of Chicago Press.

CAMUS (Albert), 1965 : *Essais*, Paris, Gallimard, coll. « Bibliothèque de la Pléiade ».

CARLSON (Marvin), 1970 : *Le Théâtre de la Révolution française*, Paris, Gallimard, coll. « Bibliothèque des idées ».

CAUTE (David), 1964 : *Communism and the French Intellectuals*, New York, MacMillan.

CHARLE (Christophe), 1990 : *Naissance des « intellectuels » (1880-1900),* Paris, Éd. de Minuit, coll. « Le sens commun ».

CONDÉ (Michel), 1989 : *La Genèse sociale de l'individualisme romantique. Esquisse historique de l'évolution du roman en France du dix-huitième au dix-neuvième siècle,* Tübingen, Niemeyer, coll. « Mimesis ».

DARNTON (Robert), 1983 : *Bohème littéraire et Révolution. Le monde des livres au XVIIIe siècle,* Paris, Éd. du Seuil.

DARNTON (Robert), 1992 : *Gens de lettres, Gens du livre,* Paris, Odile Jacob, coll. « Histoire ».

DEBORD (Guy), 1967 : *La Société du Spectacle,* Paris, Gallimard, coll. « Folio », 1996.

DEGUY (Jacques) (éd.), 1993 : *L'Intellectuel et ses miroirs romanesques (1920-1960),* Lille, Presses universitaires de Lille, coll. « Travaux & Recherches-UL3 ».

DERRIDA (Jacques), 1996 : « "Il courait mort" : Salut, salut. Notes pour un courrier aux *Temps modernes* », dans *Les Temps modernes,* n° 587, p. 7-54.

DESANTI (Dominique), 1978 : *Drieu La Rochelle ou la Séduction mystifiée,* Paris, Flammarion.

DIECKMANN (Herbert), 1948 : *Le Philosophe. Texts and Interpretation,* Saint Louis, Washington University Studies, « Language and literature », n° 18.

DOUBROVSKY (Serge), 1980 : *Autobiographiques : de Corneille à Sartre,* Paris, PUF, coll. « Perspectives critiques ».

DUBOIS (Jacques), 1986 : *L'Institution de la littérature. Introduction à une sociologie,* Paris-Bruxelles, Nathan-Labor, coll. « Dossiers Média ».

DUBOIS (Jacques), 1993 : « *L'Assommoir* » *de Zola,* Paris, Belin, coll. « Lettres Sup ».

ECO (Umberto), 1993 : *De Superman au surhomme,* Paris, Grasset.

ELIAS (Norbert), 1996 : *Engagement et Distanciation,* Paris, Fayard, coll. « Pocket-Agora ».

ÉTIEMBLE (René), 1955 : *Hygiène des lettres, II : Littérature dégagée (1942-1953),* Paris, Gallimard.

Fabre (Jean), 1980 : *Lumières et Romantisme. Énergie et nostalgie de Rousseau à Mickiewicz*, Paris, Klincksieck.

Ferrier (Jean-Louis), 1998 : *De Picasso à Guernica. Généalogie d'un tableau*, Paris, Hachette-littératures, coll. « Pluriel » [1re édition : 1985].

Field (Frank), 1975 : *Three French Writers and the Great War. Studies in the rise of communism and fascism*, Cambridge, Cambridge University Press.

Frohock (W. M.), 1952 : *André Malraux and the Tragic Imagination*, Stanford, Stanford University Press.

Genet (Claude), 1993 : *Pensées, Pascal 1670*, Paris, Hatier, coll. « Profil d'une œuvre-littérature », n° 42.

Gide (André), 1950 : *Littérature engagée*, Paris, Gallimard. [Textes réunis par Yvonne Davet.]

Goldmann (Lucien), 1955 : *Le Dieu caché. Étude sur la vision tragique dans les « Pensées » de Pascal et dans le théâtre de Racine*, Paris, Gallimard.

Gouhier (Henri), 1986 : *Blaise Pascal. Conversion et apologétique*, Paris, Vrin.

Goulemot (Jean-Marie) et Oster (Daniel), 1992 : *Gens de lettres. Écrivains et bohèmes. L'imaginaire littéraire 1630-1900*, Paris, Minerve.

Goyet (Thierry) *et al.*, 1991 : *Pascal. Port-Royal*, Paris, Klincksieck.

Grover (Frédéric) et Andrieu (Pierre), 1979 : *Drieu La Rochelle*, Paris, Hachette.

Gutwirth (Rudolf), 1996 : *La Morale et la pratique politique de Sartre*, Bruxelles, VUBPress.

Hollier (Denis), 1982 : *Politique de la prose. Jean-Paul Sartre et l'an quarante*, Paris, Gallimard, coll. « Le Chemin ».

Hollier (Denis), 1993a : *Les Dépossédés (Bataille, Caillois, Leiris, Malraux, Sartre)*, Paris, Éd. de Minuit, coll. « Critique ».

Hollier (Denis) (dir.), 1993b : *De la littérature française*, Paris, Bordas.

Hollier (Denis), 1995 : *Le Collège de sociologie (1937-1939)*, Paris, Gallimard, coll. « Folio-essais ».

IDT (Geneviève), 1980 : « La "littérature engagée", manifeste permanent », dans *Littérature,* n° 39, octobre, p. 61-71.

IRELAND (John), 1995 : *Sartre, un art déloyal. Théâtralité et engagement,* Paris, Jean-Michel Place.

JAMESON (Fredric), 1961 : *Sartre : the Origins of a Style,* New Haven & Londres, Yale University Press.

JAMESON (Fredric), 1974 : *Marxism and Form. Twentieth-century dialectical theories of literature,* Princeton, Princeton University Press.

JAMESON (Fredric), 1981 : *The Political Unconscious,* Ithaca, Cornell University Press.

JULLIARD (Jacques) et WINOCK (Michel) (dir.), 1996 : *Dictionnaire des intellectuels français. Les personnes, les lieux, les moments,* Paris, Éd. du Seuil.

LAQUEUR (Walter) & MOSSE (George L.) (éds.), 1966 : *The Left-Wing Intellectuals between the Wars (1929-1939),* New York, Harper Torchbooks.

LARRAT (Jean-Claude), 1996 : *Malraux, Théoricien de la littérature,* Paris, PUF, coll. « Écrivains ».

LEIRIS (Michel), 1946 : *L'Âge d'homme,* précédé de *De la littérature considérée comme une tauromachie,* Paris, Gallimard, 1990.

LOUBET DEL BAYLE (Jean-Louis), 1969 : *Les Non-Conformistes des années 30. Une tentative de renouvellement de la pensée politique française,* Paris, Éd. du Seuil.

LOUETTE (Jean-François), 1995 : *Silences de Sartre,* Toulouse, Presses universitaires du Mirail, coll. « Cribles ».

LOUETTE (Jean-François), 1996 : *Sartre contra Nietzsche (Les Mouches, Huis clos, Les Mots),* Grenoble, Presses universitaires de Grenoble, coll. « Theatrum mundi-Monographie ».

LYOTARD (Jean-François), 1996 : *Signé Malraux,* Paris, Grasset.

MANDER (John), 1961 : *The Writer and Commitment,* London, Secker & Warburg.

MARCEL (Gabriel), 1935 : *Journal métaphysique,* Paris, Gallimard, coll. « Bibliothèque des idées », 3e éd.

MASSEAU (Didier), 1994 : *L'Invention de l'intellectuel*

dans l'Europe du XVIII*ᵉ siècle*, Paris, PUF, coll. « Perspectives littéraires ».

MARTINOIR (Francine de), 1995 : *La Littérature occupée. Les années de guerre 1939-1945*, Paris, Hatier, coll. « Brèves-Littérature ».

MATHEWSON (Rufus), 1975 : *The Positive Hero in Russian Literature*, Stanford, Stanford Universiy Press.

MÉLY (Benoît), 1985 : *Jean-Jacques Rousseau. Un intellectuel en rupture*, Paris, Minerve.

MOREL (Jean-Pierre), 1985 : *Le Roman insupportable. L'Internationale littéraire et la France (1920-1932)*, Paris, Gallimard, coll. « Bibliothèque des idées ».

NADEAU (Maurice), 1970 : *Histoire du surréalisme. Documents sur-réalistes*, Paris, Éd. du Seuil.

OELER (Rolf), 1996 : *Le Spleen contre l'oubli. Juin 1848*, Paris, Payot (trad. Guy Petitdemange et Sabine Cornille).

ORY (Pascal), 1980 : *Nizan : destin d'un révolté*, Paris Ramsay.

ORY (Pascal) et SIRINELLI (Jean-François), 1986 : *Les Intellectuels en France. De l'affaire Dreyfus à nos jours*, Paris, Armand Colin.

ORY (Pascal), 1994 : *La Belle Illusion. Culture et politique sous le signe du Front populaire (1935-1938)*, Paris, Plon.

PAULHAN (Jean), 1941 : *Les Fleurs de Tarbes* ou *La Terreur dans les Lettres*, Paris, Gallimard, coll. « Folio-essais », 1990.

PÉRU (Jean-Michel), 1991 : « Une crise du champ littéraire français. Le débat sur la "littérature prolétarienne" (1925-1935) », dans *Actes de la recherche en sciences sociales*, n° 89, p. 47-65.

PINEAUX (Jacques), 1971 : *La Poésie des protestants de langue française (1559-1598)*, Paris, Klincksieck.

POMMEAU (René), 1991 : *L'Europe des Lumières*, Paris, Stock.

POMMEAU (René), 1969 : *La Religion de Voltaire*, Paris, Nizet.

REDFERN (W. D.), 1972 : *Paul Nizan. Commited literature in a conspirational world*, Princeton, Princeton University Press.

Rieuneau (Maurice), 1974 : *Guerre et Révolution dans le roman français (1919-1939)*, Paris, Klincksieck.

Robbe-Grillet (Alain), 1963 : *Pour un nouveau roman*, Paris, Éd. de Minuit.

Robin (Régine), 1986 : *Le Réalisme socialiste. Une esthétique impossible*, Paris, Payot.

Rony (Olivier), 1993 : *Jules Romains ou l'Appel au monde*, Paris, Laffont, coll. « Biographies sans masque ».

Said (Edward W.), 1996 : *Des intellectuels et du pouvoir*, Paris, Éd. du Seuil, coll. « Essais ».

Sapiro (Gisèle), 1999 : *La Guerre des écrivains (1940-1953)*, Paris, Fayard.

Sartre (Jean-Paul), 1947 : *Situations, I*, Paris, Gallimard, coll. « Folio essais », 1993 [réédité sous le titre : *Critiques littéraires*].

Sartre (Jean-Paul), 1948a : *Qu'est-ce que la littérature ?*, Paris, Gallimard, coll. « Folio essais », 1985.

Sartre (Jean-Paul), 1948b : *Situations, II*, Paris, Gallimard.

Sartre (Jean-Paul), 1964a : *Les Mots*, Paris, Gallimard, coll. « Folio », 1972.

Sartre (Jean-Paul), 1964b. : *Situations, VI*, Paris, Gallimard.

Sartre (Jean-Paul), 1973 : *Un théâtre de situations*, Paris, Gallimard, coll. « Idées ».

Sartre (Jean-Paul), 1986 : *Mallarmé. La lucidité et sa face d'ombre*, Paris, Gallimard.

Sartre (Jean-Paul), 1990 : *Situations philosophiques (1939-1968)*, Paris, Gallimard, coll. « Tel ».

Sartre (Jean-Paul), 1998 : *La Responsabilité de l'écrivain*, Lagrasse, Verdier, coll. « Philosophie ».

Schalk (David L.), 1979 : *The Spectrum of Political Engagement. Mounier, Benda, Nizan, Brasillach, Sartre*, Princeton, Princeton University Press.

Sirinelli (Jean-François), 1988 : *Génération intellectuelle. Khâgneux et normaliens dans l'entre-deux-guerres*, Paris, Fayard.

Sirinelli (Jean-François, dir.), 1992 : *Histoire des droites en France*, 3 tomes (I. *Politique* ; II. *Cultures* ; III. *Sensibilités*), Paris, Gallimard, coll. « NRF-essais ».

SIRINELLI (Jean-François), 1995 : *Deux Intellectuels dans le siècle. Sartre et Aron*, Paris, Fayard.

STERNHELL (Zeev), 1972 : *Maurice Barrès et le Nationalisme français*, Paris, Presses de la fondation nationale des sciences politiques.

STERNHELL (Zeev), 1978 : *La Droite révolutionnaire (1885-1914). Les origines françaises du fascisme*. Paris, Éd. du Seuil.

STERNHELL (Zeev), *Ni droite, ni gauche. L'idéologie fasciste en France*, Paris, Éd. du Seuil, 1983.

SULEIMAN (Susan RUBIN), 1983 : *Le Roman à thèse ou l'autorité fictive*, Paris, PUF, coll. « Écriture », 1983.

TEL QUEL, 1968 : *Théorie d'ensemble*, Paris, Éd. du Seuil, coll. « Tel Quel ».

VIALA (Alain), 1985 : *Naissance de l'écrivain*, Paris, Éd. de Minuit.

WEBER (Eugen), 1995 : *La France des années 30. Tourments et perplexités*, Paris, Fayard.

WINOCK (Michel), 1999 : *Le Siècle des intellectuels*, Paris, Éd. du Seuil, coll. « Points ».

Index

Table

À paraître
en Points Essais série « Lettres »

Le Siècle des moralistes
Bérengère Parmentier

Questions de littérature générale
Emmanuel Fraisse et Bernard Mouralis

Les Romanciers du réel
De Balzac à Simenon
Jacques Dubois

Dictionnaire des formes et thèmes
de la poésie française
Jean-Michel Maulpoix

RÉALISATION : PAO ÉDITIONS DU SEUIL
IMPRESSION : MAURY-EUROLIVRES - 45300 MANCHECOURT
DÉPÔT LÉGAL : FÉVRIER 2000 - N° 36158 (00/01/76984)